Fahrerlose Shuttlebusse – Akzeptanz durch Vertrauen

Von der Philosophischen Fakultät der Rheinisch-Westfälischen Technischen Hochschule Aachen zur Erlangung des akademischen Grades einer Doktorin der Philosophie genehmigte Dissertation

vorgelegt von
Hannah Biermann

BerichterInnen:
Univ.-Prof. Dr. phil. Martina Ziefle
Univ.-Prof. Dr.-Ing. Dipl.-Wirt. Ing. Günther Schuh

Tag der mündlichen Prüfung: 16. Juli 2024

Hannah Biermann

Fahrerlose Shuttlebusse – Akzeptanz durch Vertrauen

Herausgeber:
HCI Center der RWTH Aachen

Band DIS20

HCIC - Human-Computer Interaction Center | RWTH AACHEN UNIVERSITY

Bibliografische Information der Deutschen Nationalbibliothek
Die Deutsche Nationalbibliothek verzeichnet diese Publikation in der Deutschen Nationalbibliografie; detaillierte bibliografische Daten sind im Internet über https://portal.dnb.de abrufbar.

Hannah Biermann:

Fahrerlose Shuttlebusse – Akzeptanz durch Vertrauen

1. Auflage, 2024

Gedruckt auf holz- und säurefreiem Papier, 100% chlorfrei gebleicht.

Wissenschaftsverlag des Instituts für Industriekommunikation und Fachmedien an der RWTH Aachen
Steinbachstr. 25, 52074 Aachen
Internet: www.apprimus-verlag.de, E-Mail: info@apprimus-verlag.de

Druck: CPI Druckdienstleistungen GmbH
Ferdinand-Jühlke-Straße 7 | 99095 Erfurt

ISBN 978-3-98555-235-1

D 82 (Diss. RWTH Aachen University, 2024)

Inhaltsverzeichnis

Konventionen

Für diese Arbeit gelten folgende Konventionen:

Sprachgebrauch Anstatt ausschließlich männliche oder weibliche Bezeichnungen zu verwenden, werden entsprechend der Empfehlung des Gleichstellungsbüros der Rheinisch-Westfälischen Technischen Hochschule Aachen (2021) neutrale Formulierungen bevorzugt.

Wording In der sozialwissenschaftlichen Forschung werden umgangssprachliche Begriffe verwendet, z. B. „autonomes Fahren", „fahrerloses Fahren", „selbstfahrende Fahrzeuge", die sich im öffentlichen Sprachgebrauch etabliert haben, um einem breiten Personenkreis den Kontext verständlich zu machen. Im Rahmen dieser Arbeit wurden diese oder ähnliche Begriffe für die Datenerhebung (Instruktionen, Szenariobeschreibungen, Fragebogenitems) und damit auch für die Darstellung der Ergebnisse verwendet. Darunter werden Kraftfahrzeuge verstanden, die entsprechend dem Automatisierungsgrad 5 („full driving automation") des Standards J3016 der Society of Automotive Engineers International unter allen Bedingungen vollautomatisiert von einem technischen System gesteuert werden (SAE International, 2021). Die mögliche Unschärfe der oben genannten Begriffe ist bewusst und wurde in den empirischen Studien durch zusätzliche Angaben präzisiert, um Missverständnisse zu vermeiden.

Statistische Textteile Gemäß den Empfehlungen der American Psychological Association (APA) (2020) werden statistische Textteile wie folgt dargestellt: Als Dezimaltrennzeichen wird ein Punkt verwendet. Eine Null vor dem Dezimaltrennzeichen wird nur dann verwendet, wenn der Wert größer als 1 sein kann, ansonsten entfällt sie. Prozentwerte werden ohne Dezimalstelle angegeben und summieren sich durch Rundung nicht immer auf 100%. Altersangaben (Mittelwerte und Standardabweichungen) werden auf eine Dezimalstelle gerundet. Ansonsten werden zwei Dezimalstellen angegeben. p-Werte werden mit zwei bzw. drei Dezimalstellen berichtet.

Referenzen Die Literaturangaben entsprechen dem Stil der APA (2020). Zitationen im Text enthalten Namensangaben zu den Autorinnen und Autoren sowie das Jahr der Veröffentlichung. Das Literaturverzeichnis ist alphabetisch geordnet und enthält Angaben zu Autorenschaft, Datum der Veröffentlichung, Titel und Publikationsformat. Bei Internetquellen wird zusätzlich das Datum des letzten Aufrufs angegeben.

Veröffentlichte Teilergebnisse

Biermann, H., Philipsen, R., Brell, T., & Ziefle, M. (2020). Shut Up and Drive? User Requirements for Communication Services in Autonomous Driving. In H. Krömker (Hrsg.), *Proceedings of the 22nd International Conference on Human-Computer Interaction* (S. 3-14) doi 10.1007978-3-030-50523-3_1

Biermann, H., Philipsen, R., & Ziefle, M. (2021). A Matter of Trust – Identification and Evaluation of User Requirements and Design Concepts for a Trust Label in Autonomous Driving. N. Black, W. Neumann & I. Noy (Hrsg.), *Proceedings of the 21st Congress of the International Ergonomics Association* (S. 560–567) doi 10.1007/978-3-030-74608-7_68

Biermann, H., Philipsen, R., & Ziefle, M. (2023). Crazy Little Thing Called Trust – User-Specific Attitudes and Conditions to Trust an On-Demand Autonomous Shuttle Service. In V. Duffy, S. Landry, J. Lee & N. Stanton (Hrsg.), *Human-Automation Interaction. Automation, Collaboration, & E-Services* (11. Aufl., S. 235–252). Springer Cham.

Philipsen, R., Brell, T., Biermann, H., & Ziefle, M. (2020). On the Road Again – Explanatory Factors for the Users' Willingness to Replace Private Cars by Autonomous on-Demand Shuttle Services. In N. Stanton (Hrsg.) *Proceedings of the 11th International Conference on Applied Human Factors and Ergonomics* (S. 173-185) doi 10.1007/978-3-030-50943-9_23

1 Einleitung

Gegenstand dieser Arbeit ist die sozialwissenschaftliche Evaluation eines Fahrdienstes mit fahrerlosen Shuttlebussen im öffentlichen Personenverkehr der Zukunft aus Sicht der potentiellen Nutzerinnen und Nutzer. Im Mittelpunkt steht die Frage, welche Rolle das Vertrauen für die Akzeptanz spielt und wie damit in der Praxis umgegangen werden kann. Im Folgenden werden die Motivation und Zielsetzung der Forschungsarbeit sowie ihre wissenschaftliche und praktische Relevanz dargestellt. Anschließend wird der Aufbau der Arbeit beschrieben.

1.1 Motivation und Zielsetzung

Im Rahmen der Verkehrswende sollen durch den Ausbau und die Verbesserung des bestehenden öffentlichen Verkehrs Anreize geschaffen werden, den motorisierten Verkehr, insbesondere jenen mit fossilen Energieträgern, zu reduzieren und den Umweltverbund zu stärken (Bundesministerium für Digitales und Verkehr, 2023). Vor diesem Hintergrund eröffnet der Einsatz kommerzieller Fahrdienste mit fahrerlosen Shuttlebussen Vorteile für die Transporteffizienz, die Verkehrssicherheit und die Mobilisierung der Bevölkerung:

- **Transporteffizienz:** In Deutschland hat der motorisierte Individualverkehr den größten Anteil am Modal Split, d. h. an der Verteilung aller zurückgelegten Wege und Personenkilometer auf die verschiedenen Verkehrsmittel (Nobis & Kuhnimhof, 2018). Verkehrsdienstleistungen, welche die Bildung von Fahrgemeinschaften und die Bündelung von Fahrten ermöglichen, haben das Potential, den Personenverkehr effizienter zu gestalten. Positive Nebeneffekte sind, dass durch eine höhere Fahrzeugauslastung und geringere Pkw-Fahrleistungen umwelt- und gesundheitsschädliche Emissionen (Treibhausgase, Schadstoffe, Lärm), insbesondere bei Elektrifizierung des Fahrens, reduziert werden und damit ein Beitrag zum Klimaschutz und zur Verbesserung der Luft- und Lebensqualität geleistet werden kann (Narayanan et al., 2020). Darüber hinaus ist insbesondere in dicht besiedelten Städten mit multimodalem Personenverkehr eine ressourcenschonendere Nutzung und Neuordnung öffentlicher Flächen möglich, indem der Flächenverbrauch durch immer größere Pkw (speziell im ruhenden Verkehr) reduziert und die Flächenkonkurrenz mit möglichen negativen Folgen wie Staus und einer Überlastung der Verkehrsinfrastruktur verringert werden kann (Golbabaei et al., 2021). Die Digitalisierung des Dienstleistungsangebots trägt zur Steigerung der Transporteffizienz bei, indem durch die Nutzung von Echtzeitdaten Fahrten dynamisch gebündelt und die Fahrzeugauslastung optimiert werden können (Kostorz et al., 2021).
- **Verkehrssicherheit:** Sowohl die Reduzierung des Pkw-Verkehrs durch Bündelung von Fahrten als auch die Automatisierung des Fahrens haben das Potential, die Verkehrssicherheit zu erhöhen. Der Pkw ist am häufigsten beteiligt und hauptverantwortlich für Verkehrsunfälle mit Personenschaden in Deutschland (Statistisches

Bundesamt, 2023d). Hauptunfallursache ist menschliches Fehlverhalten am Steuer, insbesondere in den höheren Altersgruppen (Statistisches Bundesamt, 2023a). Die polizeilich registrierten Verkehrsunfälle sind tendenziell rückläufig, was auf technologischen Fortschritt zurückzuführen ist (Statistisches Bundesamt, 2023d). Moderne Assistenzsysteme (z. B. Aufmerksamkeitsmonitoring, Abstandsregeltempomat, Notbremsassistenz) sollen das Fahren sicherer machen, indem sie vor Gefahrensituationen warnen oder aktiv ins Fahrgeschehen eingreifen, um Unfälle zu verhindern (Haas et al., 2020). Positive Auswirkungen auf die Verkehrssicherheit konnten in verschiedenen Verkehrssituationen nachgewiesen werden (Masello et al., 2022). Um die Zahl der Verkehrsunfälle, insbesondere mit Personenschäden, zu reduzieren, ist die Einführung von Fahrzeugsicherheitssystemen in der Europäischen Union (EU) von Juli 2022 an in allen Mitgliedsstaaten verpflichtend.[1] Es wird erwartet, dass vollautomatisiertes Fahren – auch „selbstfahrend“, „fahrerlos“ oder „autonom“ – die Zahl der von Menschen verursachten Unfälle verringern und die Verkehrssicherheit erhöhen kann (Fagnant & Kockelman, 2015).

- **Mobilisierung der Bevölkerung:** Ein bedarfsgerechtes, auf die individuellen Mobilitätsbedürfnisse der Nutzerinnen und Nutzer abgestimmtes Verkehrsangebot, das zudem unabhängig von Fahrplänen und festen Linienführungen ist, ermöglicht einen flexiblen Zugang zum öffentlichen Personenverkehr und leistet damit einen Beitrag zur Daseinsvorsorge. Die Mobilisierung der Bevölkerung wird gestärkt, insbesondere von Personengruppen, die aus Alters-, Gesundheits- oder aus anderen Gründen (z. B. kein Führerschein) nicht selbst Auto fahren können oder für die die Erreichbarkeit fixer Haltestellen von z. B. Bus und Bahn eine Barriere darstellt (Kröger et al., 2019; Rana & Hossain, 2023). Der Einsatz eines Fahrdienstes mit fahrerlosen Shuttlebussen spielt daher auch vor dem Hintergrund des demografischen Wandels eine Rolle.

Den Vorteilen, die sich aus dem Einsatz kommerzieller Fahrdienste mit fahrerlosen Shuttlebussen ergeben können, stehen Risiken gegenüber. Aus verkehrstechnischer Sicht gehören dazu der zusätzliche Energiebedarf durch IT-Systeme im Fahrzeug, der mögliche Umwelt- und Klimaschutzeffekte reduziert, sowie eine erhöhte Fahrleistung und ein eingeschränkter Verkehrsfluss durch Mischverkehr, wenn das neue Verkehrsangebot primär als Ergänzung zum motorisierten Individualverkehr genutzt wird (Albrecht et al., 2023). Darüber hinaus sind aufgrund der Softwarekomplexität Cybersicherheitsrisiken denkbar (Möller & Haas, 2019). Aus Sicht der Bevölkerung stellen die Verlagerung vom motorisierten Individualverkehr auf den öffentlichen Gemeinschaftsverkehr („Modal Shift“) mit möglicherweise unbekannten Mitreisenden und die Übertragung von Fahraufgaben und Verantwortlichkeiten auf ein autonomes System Nutzungshemmnisse dar (Alonso-González et al., 2020; Dolins, Strömberg et al., 2021; Santos, 2018). Wahrgenommene Risiken, insbesondere in Bezug auf die Sicherheit und Privatsphäre, fehlendes Vertrauen sowie ein empfundener Verlust an Flexibilität und Freiheit im Mobilitätsverhalten können die Nutzungsbereitschaft einschränken (Axsen & Sovacool, 2019; Dichabeng et al., 2021; Hick et al., 2024; Salonen, 2018). Für eine wirksame Integration in den öffentlichen Verkehr ist daher die Akzeptanz der Bevölkerung ebenso wichtig wie regulative Rahmenbedingungen.

Für das Verständnis der Akzeptanz ist die Perspektive der zukünftigen Nutzerinnen und Nutzer ein wichtiger Eckpfeiler (Brell et al., 2021). Die Perspektive der zukünftigen

[1] Verordnung (EU) 2019/2144 des Europäischen Parlaments und des Rates vom 27. November 2019.

Nutzerinnen und Nutzer muss demnach frühzeitig in die Entwicklung einbezogen werden. Die Bedürfnisse, Anforderungen und Sorgen müssen verstanden, die Technik und das dazugehörige Dienstleistungsangebot bewertet (z. B. hinsichtlich des wahrgenommenen Nutzens) und Interessenkonflikte identifiziert werden (Bødker et al., 2022). Dabei ist ein wechselseitiger Austausch zwischen den Menschen, die diese Technologie in Zukunft nutzen werden, den Designschaffenden und den Forschenden erforderlich (Bødker et al., 2022). Ziel ist es, in einem iterativen und partizipativen Prozess eine Anwendung zu entwickeln, die leicht zugänglich ist und die Bedürfnisse der verschiedenen Interessengruppen berücksichtigt – es geht explizit nicht darum, eine Technik zu entwickeln, die den zukünftigen Nutzerinnen und Nutzern am besten gefällt (Bødker et al., 2022; Quintero, 2022). Die Aufgabe der Technikakzeptanzforschung ist daher nicht im Sinne der Akzeptanzbeschaffung als Überzeugungsarbeit in der Bevölkerung zu verstehen (Brell et al., 2021). Vielmehr geht es darum, die Perspektiven verschiedener Interessengruppen sichtbar zu machen und in den gesamten Innovationsprozess – von der Entwicklung über die Markteinführung bis hin zur Nutzungsevaluation – einzubringen und hat dementsprechend verschiedene Bezugspunkte (Bevölkerung, Industrie, Kommunen etc.) (Brell et al., 2021). Unternehmen stehen vor der Herausforderung, zukunftsfähige Technologien zu erschließen und nutzbar zu machen (Schuh & Dölle, 2021). Dabei kann die Technikakzeptanzforschung unterstützen. Die Stimme der Bevölkerung ist besonders in der Pilot- und Umsetzungsphase gefragt (Hüsing et al., 2002). Da der Einsatz innovativer Verkehrs- und Mobilitätsdienstleistungen im öffentlichen Personenverkehr, darunter Fahrdienste mit fahrerlosen Shuttlebussen, gerade erst in den realen Betrieb übergeht (Iclodean et al., 2020; Verband Deutscher Verkehrsunternehmen, 2023a), bietet die Erfassung der öffentlichen Meinung und der Nutzungsvorstellungen zu diesem Zeitpunkt einen wertvollen Input: für die wissenschaftliche Bewertung der Mensch-Technik-Interaktion, für die technische Entwicklung und die Gestaltung des Dienstleistungsangebots, für die kommunale Verkehrsplanung sowie für bedarfsgerechte Informations- und Kommunikationsstrategien.

Im Mittelpunkt der empirischen Untersuchung in dieser Arbeit stehen die Einstellungen und die Nutzungsbereitschaft zukünftiger Nutzerinnen und Nutzer und das Verständnis der zugrunde liegenden Motive. Vertrauen spielt hier eine wichtige Rolle (Bala et al., 2023). Denn neben den sachlichen Aspekten der Verkehrsmittelwahl, wie z. B. der Abwägung von Preis und Leistung, sind psychologische Faktoren entscheidend (Urbanek, 2021). Beispielsweise kann die Automatisierung des Fahrens mit Neugier und positiver Aufregung verbunden sein und zu einem erhöhten Sicherheitsgefühl im Straßenverkehr führen, gleichzeitig aber auch Kontrollverlust hervorrufen (Axsen & Sovacool, 2019; Biermann, Liehner et al., 2023; Salonen, 2018). Vertrauen in die Zuverlässigkeit der Technik, der Beteiligten (z. B. aus Forschung und Industrie) und der Mitreisenden kann helfen, wahrgenommene Risiken zu kompensieren und die Nutzungsbereitschaft positiv beeinflussen – aber auch hemmen, wenn Vertrauen nicht ausreichend vorhanden ist oder Misstrauen überwiegt (Axsen & Sovacool, 2019; Hick et al., 2024). Empirische Untersuchungen haben gezeigt, dass Vertrauen ein entscheidender Akzeptanzfaktor bei der Einführung neuer Verkehrs- und Mobilitätsdienstleistungen ist (Liao et al., 2023; Nordhoff et al., 2021; Zoellick et al., 2021). Offen ist jedoch, welche Voraussetzungen und Anforderungen die zukünftigen Nutzerinnen und Nutzer an ein neues Verkehrsangebot stellen, um diesem zu vertrauen. Das heißt, die Einflüsse auf das Vertrauen in diesem Anwendungskontext sind noch nicht ausreichend erforscht. Es ist wichtig zu verstehen, wie die Vertrauensbildung funktioniert, welche Rolle individuelle oder gruppenspezifische Merkmale der Nutzerinnen und Nutzer spielen, inwiefern die Vertrauensbildung situationsspezifisch ist und welche Zusammenhänge mit der Nutzungsbereitschaft bestehen. Aus diesem Wissen können vertrauensbildende Maßnahmen für die Praxis abgeleitet werden.

Ziel der Arbeit ist es, die öffentliche Meinung zu einem zukünftig im Personenverkehr einsetzbaren Fahrdienst mit fahrerlosen Shuttlebussen zu erfassen und Nutzungspräferenzen (Fahrtzwecke und -strecken, Zusammensetzung der Fahrgemeinschaft etc.) herauszuarbeiten. Der Fokus liegt auf den Fragen, welche Risiken wahrgenommen werden und welche Rolle Vertrauen für die Akzeptanz spielt, wie Vertrauen beeinflusst wird und wie dies mit der Nutzungsbereitschaft zusammenhängt. Dazu wird ein empirischer Mixed-Methods-Ansatz verwendet. Im Ergebnis soll gezeigt werden, welche Nutzungsbarrieren bestehen und mit welchen Handlungsstrategien diesen in der Praxis begegnet werden kann, um Vertrauen aufzubauen und die Zugänglichkeit zur Nutzung für verschiedene Zielgruppen zu erleichtern. In diesem Zusammenhang werden vertrauensbildende Maßnahmen für Produktion, Service Provider, kommunale Verkehrsplanung, Bildungspolitik etc. abgeleitet. Der Nutzen der Ergebnisse für die wissenschaftliche Anschlussforschung liegt in der Integration relevanter Faktoren für die Modellierung von Vertrauen und Akzeptanz. Darüber hinaus können weiterführende Forschungsfragen, z. B. zur Zahlungsbereitschaft für vertrauensbildende Maßnahmen, formuliert werden.

1.2 Aufbau der Arbeit

Nachdem in diesem Kapitel die Ausgangssituation und die Problemstellung dargestellt worden sind, werden in Kapitel 2 die Rahmenbedingungen für den Einsatz fahrerloser Shuttlebusse insbesondere im öffentlichen Personenverkehr beschrieben. Diese bilden die Grundlage für die Definition des Forschungsszenarios (Kapitel 3), das den in dieser Arbeit durchgeführten Untersuchungen zugrunde liegt. In Kapitel 4 wird der bisherige sozialwissenschaftliche Forschungsstand zu Akzeptanz und Vertrauen im Zusammenhang mit neuen Verkehrs- und Mobilitätsdienstleistungen dargestellt und Forschungslücken aufgezeigt. In Kapitel 5 wird das methodische Vorgehen beschrieben, um die Forschungslücken zu schließen und die Chronologie der durchgeführten empirischen Studien dargestellt. In Kapitel 6 bis einschließlich Kapitel 11 werden die Ergebnisse dargestellt. In Kapitel 12 werden die gewonnenen Erkenntnisse in den Stand der Forschung eingeordnet und Implikationen für Wissenschaft und Praxis abgeleitet. In Kapitel 13 werden die wichtigsten Erkenntnisse und Schlussfolgerungen dieser Arbeit zusammengefasst.

2 Kontext

Als Grundlage für die Definition des Forschungsszenarios (Kapitel 3) werden im Folgenden die umsetzungsrelevanten Rahmenbedingungen für den Einsatz eines Fahrdienstes mit fahrerlosen Shuttlebussen insbesondere im öffentlichen Personenverkehr beschrieben. Zunächst werden die Begriffe des „autonomen“ und „vernetzten“ Fahrens eingeordnet und es wird beschrieben, inwiefern sich die Rolle des Menschen im Fahrzeug mit zunehmendem Automatisierungsgrad verändert (Kapitel 2.1). Anschließend wird beschrieben, was im Rahmen dieser Arbeit unter neuen Verkehrs- und Mobilitätsdienstleistungen zu verstehen ist, inwiefern sich diese von bekannten Dienstleistungen im Personenverkehr unterscheiden und wie Fahrdienste mit fahrerlosen Shuttlebussen einzuordnen sind (Kapitel 2.2). Da die Bündelung und flächendeckende Integration neuer Verkehrs- und Mobilitätsdienstleistungen sowie die Sicherstellung der Erreichbarkeit für die Bevölkerung eine Aufgabe der öffentlichen Hand, insbesondere der Kommunen ist, werden Handlungsfelder für die kommunale Verkehrsplanung aufgezeigt (Kapitel 2.3). Abschließend werden gesellschaftliche und individuelle Aspekte des Mobilitätswandels beschrieben (Kapitel 2.4).

2.1 Automatisierung und Vernetzung des Fahrens

Für die Beschreibung und Definition der Automatisierung des Fahrens ist der Standard J3016 der SAE International („Society of Automotive Engineers“) etabliert. Fahrautomatisierungssysteme für Straßenkraftfahrzeuge werden in sechs Stufen klassifiziert (SAE International, 2021): In den ersten drei Stufen liegt die Verantwortung für das Fahren bei der Person am Steuer, auch bei aktivierten Fahrassistenzsystemen, die ständig überwacht werden müssen. In Stufe 0 („no driving automation“) bieten die Funktionen Warnungen und temporäre Unterstützung (z. B. Spurhalteassistenz), in Stufe 1 („driver assistance“) Lenk- oder Bremsunterstützung, die in Stufe 2 („partial driving automation“) gleichzeitig ausgeführt werden. In Stufe 3 („conditional driving automation“) wird das Fahrzeug unter bestimmten Bedingungen (z. B. Stau) vom System gesteuert, die Person am Steuer muss nach Aufforderung die Fahraufgabe übernehmen. Auch in Stufe 4 („high driving automation“) übernimmt das System das Fahren unter bestimmten Bedingungen, menschliches Eingreifen ist dabei nicht mehr erforderlich. In Stufe 5 („full driving automation“) entfällt die menschliche Fahraufgabe und -verantwortung gänzlich und das System steuert das Fahrzeug selbstständig unter allen Bedingungen.

In Anlehnung an den SAE-Standard hat die Bundesanstalt für Straßenwesen eine vereinfachte Einteilung entwickelt, die sich an der Rolle der Personen im Fahrzeug orientiert (siehe Abbildung 2.1). Im „assistierten Modus“ unterstützten Assistenzsysteme die Längs- und Querführung unter ständiger Kontrolle der Person am Steuer, welche die Rolle der Fahrerin bzw. des Fahrers ausübt. Eine Herausforderung kann die veränderte subjektive Fahrwahrnehmung darstellen, da die Person am Steuer weiterhin die volle Verantwortung für das Fahrgeschehen trägt, auch wenn es sich durch die systembedingte Fahrentlastung ggf. nicht so anfühlt (Bundesanstalt für Straßenwesen, 2023a). Im „automatisierten Mo-

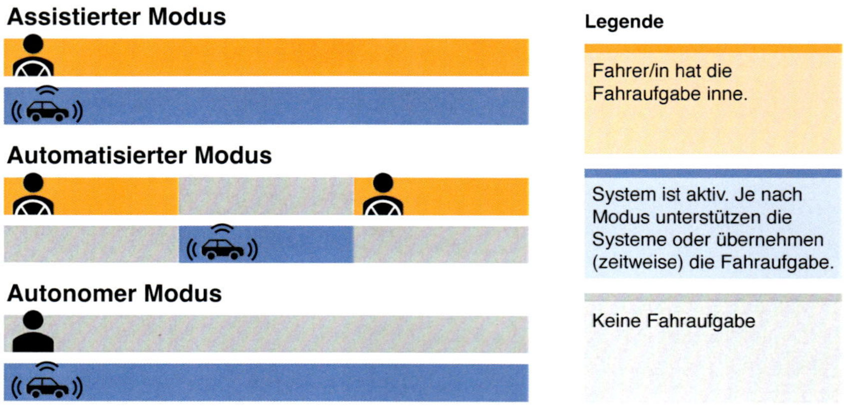

Abbildung 2.1: Assistierter, automatisierter und autonomer Fahrmodus (Bundesanstalt für Straßenwesen, 2021)

dus“ wendet sich die Person in bestimmten Verkehrssituationen vom Steuer ab, während das System (z. B. Stauassistenz) die Fahraufgabe übernimmt, sodass sich die aktive Rolle (Fahrer/in) zeitweise zu einer passiven Rolle (Nutzer/in) verändert. Die Nutzerinnen und Nutzer müssen aufmerksam bleiben, um jederzeit die Fahraufgabe übernehmen zu können, sodass fahrfremde Tätigkeiten situativ möglich sind, aber nicht uneingeschränkt, z. B. ist Schlafen nicht erlaubt (Bundesanstalt für Straßenwesen, 2023b). Im „autonomen Modus“ haben die Personen im Fahrzeug keine fahrbezogenen Aufgaben, ihre Rolle ist die von Mitfahrenden, die sich gänzlich anderen Aktivitäten widmen können (Bundesanstalt für Straßenwesen, 2023c).

Die Realisierung des autonomen Fahrens ist Gegenstand der Gesetzgebung. Dabei ist die nationale Gesetzgebung in Deutschland mit der internationalen Gesetzgebung auf EU-Ebene verknüpft. Zuletzt wurde mit dem Inkrafttreten der „Verordnung zur Genehmigung und zum Betrieb von Kraftfahrzeugen mit autonomer Fahrfunktion in festgelegten Betriebsbereichen“[1] (AFGBV) ein Fortschritt erzielt. Im Zusammenspiel mit dem Gesetz zum autonomen Fahren[2] ermöglicht die AFGBV dem Kraftfahrt-Bundesamt künftig, nationale Betriebserlaubnisse für Kraftfahrzeuge mit hochautomatisierter Fahrfunktion ab SAE Stufe 4 zu erteilen (Kraftfahrt-Bundesamt, 2024). Vorgesehen ist die ständige Überwachung des Betriebs durch eine technische Aufsicht, die sich z. B. in einer Leitstelle befindet und im Einzelfall das Fahrzeug anhalten oder bestimmte Fahrmanöver freigeben kann. Die AFGBV fällt in den Anwendungsbereich der Rahmenverordnung (EU) 2018/858[3], in der die Genehmigung und Marktüberwachung u. a. von Kraftfahrzeugen geregelt ist.

[1] Autonome-Fahrzeuge-Genehmigungs-und-Betriebs-Verordnung vom 24. Juni 2022 (BGBl. I S. 986), die durch Artikel 10 der Verordnung vom 20. Juli 2023 (BGBl. 2023 I Nr. 199) geändert worden ist.

[2] Straßenverkehrsgesetz in der Fassung der Bekanntmachung vom 5. März 2003 (BGBl. I S. 310, 919), das zuletzt durch Artikel 2 des Gesetzes vom 12. Juli 2021 (BGBl. I S. 3091) geändert worden ist.

[3] Verordnung (EU) 2018/858 des europäischen Parlaments und des Rates vom 30. Mai 2018.

Voraussetzung für die erfolgreiche Integration autonomer Kraftfahrzeuge in den öffentlichen Straßenverkehr ist die interne und externe Vernetzung der Fahrzeuge, u. a. zur Erfassung der Verkehrsumgebung und zur Vermeidung von Kollisionen mit anderen Verkehrsbeteiligten (Coppola & Morisio, 2016). Die interne Vernetzung umfasst die Vernetzung mit allen Sensoren und elektrischen Komponenten innerhalb des Fahrzeugs, z. B. zur Gewährleistung der Fahrzeugsicherheit sowie zur Steuerung des bordeigenen Infotainments und der Komfortfunktionen (Zidi et al., 2023). Die externe Vernetzung umfasst die Vernetzung mit anderen Fahrzeugen, mit der Verkehrsinfrastruktur (z. B. Ampeln), mit anderen Verkehrsbeteiligten im Straßenverkehr (z. B. Fußverkehr, Zweiräder), mit dem Mobilfunk- und Energieversorgungsnetz sowie mit mobilen Endgeräten (z. B. Smartphone) (Zidi et al., 2023). Die verschiedenen Formen der Vernetzung werden unter dem Begriff „vehicle-to-everything“ (kurz: V2X) gebündelt (Rana & Hossain, 2023). Die V2X-Kommunikation erfolgt drahtlos (Lu et al., 2014). Die erfassten Daten werden ausgewertet und falls erforderlich in Steuerbefehle an z. B. Lenkung, Bremse und Gaspedal umgesetzt (Bundesamt für Sicherheit in der Informationstechnik, 2024). Der Einsatz von künstlicher Intelligenz kann die Datenauswertung unterstützen und zur Vorhersage, z. B. zum Verkehrsfluss, genutzt werden (Tong et al., 2019).

Da die drahtlose Vernetzung nicht nur die Erfassung von Daten, sondern auch den Austausch von Informationen (z. B. Position, Fahrmanöver, Verkehrshindernisse) in Echtzeit ermöglicht, spricht man in diesem Zusammenhang auch von „kooperativem Fahren“ (Zidi et al., 2023). Die V2X-Technologie kann die Interaktion zwischen Fahrzeugen und anderen Objekten im Straßenverkehr erleichtern, um z. B. Störungen durch Spurwechsel oder plötzliches Bremsen zu minimieren (Zidi et al., 2023). Für eine zuverlässige Echtzeitkommunikation ist die Entwicklung drahtloser Kommunikationstechnologien und -netze entscheidend, z. B. die flächendeckende Einführung des Mobilfunkstandards 5G oder der speziell für den Verkehrssektor entwickelten WLAN-Technologie ETSI ITS-G5 (Bagheri et al. 2021; Maglogiannis et al. 2021). Dies gilt auch für den zuverlässigen mobilen Zugang zu digitalen Mobilitätsplattformen, die im Kontext neuer Verkehrsdienstleistungen zur Reiseplanung und -buchung zunehmend an Bedeutung gewinnen (siehe Kapitel 2.2).

2.2 Neue Verkehrs- und Mobilitätsdienstleistungen

Der Begriff „Verkehr“ umfasst das gesamte Verkehrssystem, die dazugehörige Infrastruktur und die Verkehrsmittel zur Fortbewegung. Er bezieht sich auf das physische Angebot, um von A nach B zu gelangen (Wolking, 2021). Der Begriff „Mobilität“ umfasst die subjektive Wahrnehmung des Verkehrs durch die Nutzerinnen und Nutzer, ihre Einstellungen, Fähigkeiten und Mobilitätsbedürfnisse, unabhängig davon, ob es tatsächlich zu einer Ortsveränderung kommt (Schwedes et al., 2018). Erfolgt der Personenverkehr gegen Entgelt, spricht man von einer Verkehrsdienstleistung, die in der Regel von öffentlichen oder privatwirtschaftlichen Verkehrsunternehmen erbracht wird (Wolking, 2021). Im konventionellen öffentlichen Personenverkehr wird darunter ein kollektiver Verkehr verstanden, der Fahrten zeitlich und räumlich bündelt und an Fahrpläne und Haltestellen gebunden ist (Dziekan & Zistel, 2018). „Öffentlich“ bedeutet in diesem Zusammenhang, dass der Zugang für die Allgemeinheit gewährleistet ist (Wolking, 2021). In der Praxis stehen Kapazitätsengpässe und geringe Anpassungsfähigkeit steigenden Nutzungszahlen und individuellen Mobilitätsbedürfnissen gegenüber, was zur Entwicklung von Verkehrsdienstleistungen beiträgt, die flexibler und bedarfsgesteuerter sind (Wolking, 2021).

Für den Straßenpersonenverkehr ist die gewerbsmäßige Beförderung von Personen im Personenbeförderungsgesetz[4] (PBefG) geregelt. Die Gesetzesnovelle aus dem Jahr 2021 ermöglicht künftig einen zeitlich unbegrenzten Linienbedarfsverkehr im öffentlichen Personennahverkehr (ÖPNV) ohne festen Linienweg zwischen bestimmten Einstiegs- und Ausstiegspunkten innerhalb eines festgelegten Gebietes und zu festgelegten Zeiten (§ 44 PBefG). Außerdem wird ein gebündelter Bedarfsverkehr, bei dem Personen mit ähnlicher Wegstrecke gemeinsam befördert werden, ermöglicht (§ 50 PBefG). Diese Änderungen bilden die rechtliche Grundlage für die langfristige Integration von Bedarfsverkehren und tragen damit zur Schließung von Lücken im öffentlichen Personenverkehr bei.

Grundsätzlich ist der bedarfsorientierte Personenverkehr nicht neu. Wie das folgende Praxisbeispiel zeigt, liegen die Unterschiede z. B. zu herkömmlichen Anruf- und Sammeltaxis in der Digitalisierung: Nutzerinnen und Nutzer buchen über eine mobile App eine Fahrt und werden einem Fahrzeug und einer virtuellen Haltestelle zugewiesen; andere Personen mit ähnlichem Start- und Zielpunkt können zusteigen; durch Algorithmen werden die Fahrten dynamisch gebündelt (Kostorz et al., 2021). Vor diesem Hintergrund umfassen neue Verkehrs- und Mobilitätsdienstleistungen einerseits die Erweiterung des bestehenden Verkehrsangebots (z. B. durch On-Demand-Fahrdienste mit elektrisch angetriebenen Shuttlebussen) und andererseits digitale Plattformen, die Zugang zu Informationen für die Reiseplanung und ggf. Buchung und Bezahlung bieten und Personenverkehre in Echtzeit vermitteln (Wolking, 2021). Zunehmend an Bedeutung gewinnen multimodale Buchungsplattformen, die einen angebotsübergreifenden Überblick über verschiedene Verkehrsdienstleistungen bieten und damit die individuellen Informationsbedürfnisse diverser Nutzerinnen und Nutzer bedienen (Wolking, 2021). Praxisbeispiele für multimodale Mobilitätsplattformen in Nordrhein-Westfalen finden sich auf der Website des Programms „Mobility-as-a-Service NRW“ (Mobility-as-a-Service NRW, 2024). Neue Verkehrs- und Mobilitätsdienstleistungen verbinden somit Produktinnovationen, die auf technischem Fortschritt basieren (z. B. Elektrifizierung und Automatisierung des Fahrens, Digitalisierung) mit Nutzungsinnovationen, die Verkehr als Dienstleistung gestalten (Wolking, 2021).

Es werden verschiedene Begriffe und Definitionen verwendet, um Verkehrsdienstleistungen zu beschreiben, die auf einer gemeinsamen Nutzung ohne Eigentum bezogen auf die Nutzerinnen und Nutzer beruhen (Bala et al., 2023; Carrese et al., 2023; Hansen & Sener, 2023; Narayanan et al., 2020; Shaheen & Cohen, 2018): Unterschiede bestehen im Gegenstand, d. h. ob es sich um die gemeinsame Nutzung eines Fahrzeugs wie beim Carsharing oder um die gemeinsame Nutzung einer Fahrdienstleistung handelt. Darüber hinaus gibt es Unterschiede in der Buchungslogik (Reservierung oder on demand), dem Zugang (App, Telefon etc.) und der Organisationsform (Peer-to-Peer, Business-to-Consumer). Weitere Merkmale betreffen u. a. die Preisgestaltung und die Transportkapazität (Golbabaei et al., 2021). Ausgehend vom Grad der Privatsphäre während der Fahrt teilen Bala et al. (2023) die verschiedenen Nutzungsformen in zwei Kategorien ein: asynchrone und synchrone gemeinsame Nutzung (siehe Abbildung 2.2). Die asynchrone Kategorie umfasst Sharing-Dienste (z. B. Carsharing), die den öffentlichen Zugang zum privaten Individualverkehr und damit Fahrzeugbesitz auf Zeit ermöglichen, und Fahrdienste, die on demand, d. h. flexibel auf Abruf bestellt werden (Bala et al., 2023; Wolking, 2021). Zu diesen Fahrdiensten zählen Taxis, die am Straßenrand angehalten werden dürfen, und taxiähnliche Fahrdienste

[4]Personenbeförderungsgesetz in der Fassung der Bekanntmachung vom 8. August 1990 (BGBl. I S. 1690), das zuletzt durch Artikel 23 des Gesetzes vom 2. März 2023 (BGBl. 2023 I Nr. 56) geändert worden ist.

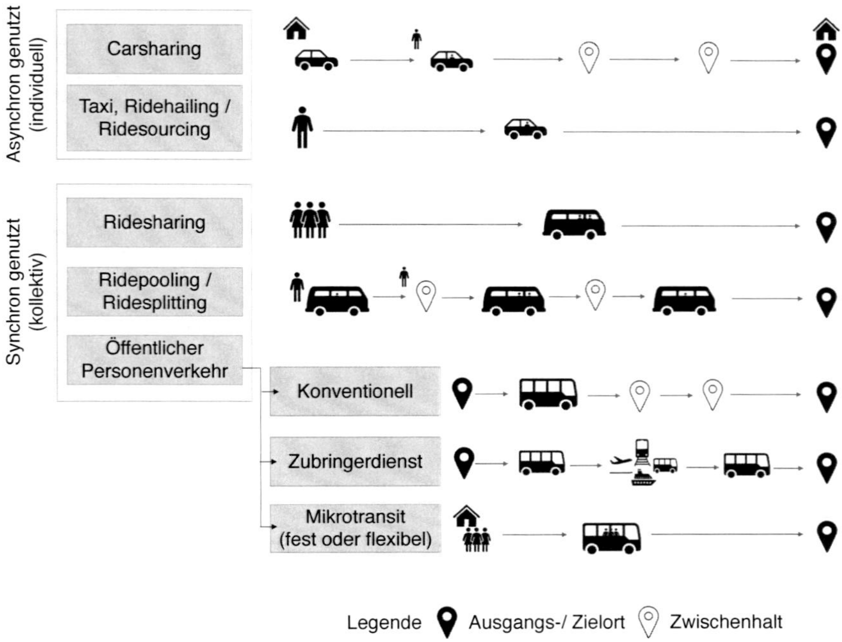

Abbildung 2.2: Klassifikation von Verkehrsdienstleistungen nach asynchronen und synchronen Nutzungsformen adaptiert von Bala et al. (2023)

(Ridehailing, Ridesourcing[5]), die typischerweise über eine App bestellt werden (das Heranrufen am Straßenrand ist dabei nicht möglich) (Bala et al., 2023; Hansen & Sener, 2023). Die synchrone Kategorie umfasst Mitfahrgelegenheiten für unterschiedlich große Personengruppen mit gleichem Start- und Zielpunkt (z. B. Ridesharing, Car-/ Vanpooling) und bedarfsgesteuerte Fahrdienste, bei denen Reisende auf der Grundlage ähnlicher Strecken und Zeitfenster zusammengeführt werden und sich dann die Kosten der Fahrt teilen (Ridepooling, Ridesplittig) (Bala et al., 2023; Hansen & Sener, 2023). Darüber hinaus umfasst die synchrone Nutzung den konventionellen öffentlichen Personenverkehr (z. B. ÖPNV), Zubringerdienste (z. B. für die erste und/oder letzte Meile) und den Mikrotransitverkehr außerhalb der Hauptverkehrszeiten auf festen oder dynamischen Linien und nach Fahrplan oder Bedarf, auch speziell für Menschen mit besonderen Bedürfnissen (d. h. Paratransitverkehr) (Bala et al., 2023).

Künftig könnten die oben beschriebenen Verkehrsdienstleistungen auch ohne menschliches Fahrpersonal realisiert werden, z. B. in Form von Fahrdiensten mit fahrerlosen Shuttlebussen (Bala et al., 2023; Carrese et al., 2023; Golbabaei et al., 2021; Narayanan

[5]In Deutschland ist derzeit nur das Ridehailing gesetzlich erlaubt, bei dem Personen durch gewerbsmäßiges Fahrpersonal mit Personenbeförderungsschein befördert werden, während beim Ridesourcing Fahrten an Privatpersonen mit deren eigenem Pkw vermittelt werden (Wolking, 2021).

Abbildung 2.3: Die fahrerlosen Shuttlebusse „Altstadtstromer“ in Monheim am Rhein (Foto: Stadt Monheim am Rhein/Tim Kögler)

et al., 2020). Je nach Nutzung (z. B. asynchron oder synchron) lassen sich unterschiedliche Mobilitätsbedürfnisse befriedigen, sodass fahrerlose Shuttlebusse Bestandteil verschiedener Anwendungsfälle sein können (z. B. Ridehailing, Ridepooling oder integriert in den ÖPNV als Zubringerdienst). Eine spezifischere Einordnung für diese Arbeit wird in Kapitel 3 (Forschungsszenario) vorgenommen. Iclodean et al. (2020) geben einen Überblick über Flotten fahrerloser Shuttlebusse, die weltweit in Pilotprogrammen eingesetzt werden. Eine Übersicht über die wissenschaftliche Forschungsliteratur zum Stand der Technik findet sich in Narayanan et al. (2020). In Deutschland listet der „Verband Deutscher Verkehrsunternehmen“ für den Zeitraum 2016 bis 2024 Projekte für fahrerlose Shuttlebusse in 45 Städten (Verband Deutscher Verkehrsunternehmen, 2023a).[6] Ziele dieser insgesamt 63 Projekte sind die Erprobung und teilweise Integration innovativer Verkehrsdienstleistungen (u. a. als Ergänzung im ÖPNV) sowie die Konzeption und der Aufbau von digitalen Mobilitätsplattformen. Ein Leuchtturmprojekt ist der sogenannte „Altstadtstromer“ in Monheim am Rhein (siehe Abbildung 2.3). Seit 2020 verkehren insgesamt fünf elektrisch angetriebene fahrerlose Shuttlebusse mit Platz für jeweils bis zu 11 Personen auf einer 1.7 km langen Strecke im regulären Linienverkehr mit einer Geschwindigkeit von 18 km/h (Bahnen Monheim, 2024a). Zusätzlich zu einer zentralen Leitwache ist Sicherheitspersonal an Bord, das Steuerungs- und Überwachungsaufgaben übernimmt (Bahnen Monheim, 2024a). Zukünftig sollen der Betrieb und die Automatisierung des Fahrens weiter optimiert werden, d. h. höhere Fahrgeschwindigkeiten und eine flüssigere Fahrdynamik ermöglicht

[6]Stand 31.12.2023

werden (Bahnen Monheim, 2024b). Auch sollen die Fahraufgaben vollautomatisiert ohne menschlichen Eingriff gesteuert werden, sodass kein Sicherheitspersonal mehr an Bord erforderlich ist (Bahnen Monheim, 2024b).

2.3 Handlungsfelder kommunaler Verkehrsplanung

Die kommunale Verkehrsplanung wird von der Verfügbarkeit und Qualität des Verkehrsangebots und der Verkehrsinfrastruktur, der Siedlungsstruktur, technologischen Entwicklungen, ökonomischen, politischen, rechtlichen und soziodemografischen Rahmenbedingungen sowie gesellschaftlichen Trends, Wertevorstellungen oder Lebens- und Mobilitätsstilen bestimmt (Rohs & Flore, 2023). Komplexität entsteht durch die Beteiligung unterschiedlicher Interessensgruppen (u. a. gesellschaftliche Gruppen, Personen aus Kommunalpolitik und -verwaltung, lokale Unternehmen, Bildungseinrichtungen) und daraus möglicherweise resultierende Interessenskonflikte (Rauber et al., 2022). Ziel der integrierten Verkehrsplanung ist die Koordination mit angrenzenden Planungsfeldern, um das Leitbild einer interdisziplinären Verwaltungskooperation und nachhaltigen Verkehrsentwicklung zu erreichen und soziale Teilhabe, wirtschaftlichen Austausch und Umweltverträglichkeit zu gewährleisten (Rammert, 2019). Für die Planung und Umsetzung neuer Verkehrs- und Mobilitätsdienstleistungen im öffentlichen Personenverkehr der Zukunft ergeben sich für die Kommunen folgende Handlungsfelder und Aufgaben im Zusammenhang mit der Einrichtung, dem Betrieb und der Akzeptanz in der Bevölkerung:

- **Umverteilung der Verkehrsflächen:** Die kommunale Verkehrsplanung legt fest, wie viel Verkehrsfläche für die verschiedenen Verkehrsmittel des aktiven und ruhenden Verkehrs zur Verfügung steht. Für die Integration neuer Verkehrsdienstleistungen müssen Betriebsbereiche, in denen fahrerlose Shuttlebusse verkehren, und Stellflächen, auf denen sie geladen, gewartet und abgestellt werden können, ausgewiesen werden. Herausfordernd sind mögliche Nutzungskonflikte mit anderen Verkehrsbeteiligten (z. B. Pkw). Eine vielfältige Stadtstruktur mit hoher Aufenthalts- und Nutzungsqualität erfordert eine interdisziplinäre Zusammenarbeit innerhalb der Verwaltung (z. B. zwischen Stadt- und Verkehrsplanung), eine interkommunale Zusammenarbeit zur Nutzung von Synergien, Ressourcenschonung und gegenseitigem Lernen sowie die Integration unterschiedlicher Nutzungsansprüche und -anforderungen, die durch Beteiligungsprozesse erreicht werden kann (Rohs & Flore, 2023).
- **Digitalisierung des Verkehrssystems:** Die Integration neuer Verkehrsdienstleistungen erfordert den Ausbau der digitalen Infrastruktur zur Optimierung der Fahrzeugvernetzung durch den Mobilfunkstandard 5G (Chaalal et al., 2023). Kommunen können den Netzbetrieb bei der Suche nach geeigneten Trägerinfrastrukturen und Standorten unterstützen (Bundesministerium für Verkehr und digitiale Infrastruktur, 2020). Darüber hinaus müssen Lösungen zur Optimierung der Betriebssteuerung (z. B. durch Algorithmen) für mehr Effizienz bei der Routenplanung sowie im Flotten- und Energiemanagement bei Elektrifizierung des Fahrens entwickelt werden (Chaalal et al., 2023). In diesem Zusammenhang ist der Ausbau digitaler Mobilitätsdienstleistungen relevant, die in bereits bestehende ÖPNV-Apps integriert werden können (Kostorz et al., 2021). Neben der vereinfachten Reiseplanung für die Nutzerinnen und Nutzer ergeben sich daraus auch Vorteile für die lokalen Verkehrsbetriebe und die kommunale Verkehrsplanung (Wolking, 2021): Durch die Erfassung

von Mobilitätsdaten (z. B. Verfügbarkeit, Auslastung, Nutzungsverhalten) können Strategien, Ziele und Maßnahmen entwickelt und evaluiert werden.

- **Finanzierung:** Die Aufgaben der kommunalen Verkehrsplanung umfassen die Grundfinanzierung und Betriebszuschüsse (Rohs & Flore, 2023). Es stehen dabei verschiedene Instrumente zur Verfügung, darunter Einnahmen aus Push-Maßnahmen, die die Attraktivität des motorisierten Individualverkehrs senken (z. B. Innenstadtmaut), zur Finanzierung von Pull-Maßnahmen, die die Attraktivität neuer Verkehrsdienstleistungen steigern (Rauber et al., 2022; Rohs & Flore, 2023). Im Sinne sozialer Teilhabe soll der Zugang zu neuen Verkehrs- und Mobilitätsdienstleistungen für alle Gesellschaftsgruppen gewährleistet werden. Dies bedeutet, dass Zugangsbeschränkungen, etwa durch einen steigenden Anteil der Mobilitätskosten am Haushaltseinkommen, insbesondere vor dem Hintergrund der Energiekrise, abgebaut werden sollen (Naumann, 2023). Wird ein neuer Fahrdienst mit fahrerlosen Shuttlebussen als Bestandteil des ÖPNV eingesetzt, der in Deutschland Teil der Daseinsvorsorge[7] ist, ist eine Subventionierung der Fahrkarten denkbar.

- **Öffentlichkeitsbeteiligung:** Neue Verkehrsdienstleistungen, die sich vom konventionellen Verkehrsangebot abheben, z. B. weil sie automatisiert und vernetzt sind oder anstelle des Individualverkehrs einen kollektiven Verkehr anbieten, erfordern nicht nur Maßnahmen zur Bereitstellung und Implementierung. Entscheidend für eine erfolgreiche Umsetzung ist es, die Bevölkerung durch Beteiligungsprozesse „mitzunehmen“ (Rauber et al., 2022). Um ferner Anreize für die Nutzung zu schaffen, ist es wichtig, die Einstellungen, Anforderungen und möglichen Hemmnisse bei der Verkehrsmittelwahl zu verstehen und frühzeitig in die Verkehrsplanung einzubeziehen. Ein mögliches Format sind offene Dialoge, in denen die Menschen, welche die neuen Dienste in Zukunft nutzen werden, ihre Perspektive, einschließlich individueller Bedürfnisse und Bedenken sowie Ideen für die Umsetzung einbringen können (Brell et al., 2021). Darüber hinaus können Kommunen Modell- und Forschungsprojekte, die ein Ausprobieren und Erleben neuer Verkehrsdienstleistungen ermöglichen (z. B. Reallabore), in Zusammenarbeit mit anderen Interessengruppen, darunter Bildungseinrichtungen, vor Ort unterstützen, und damit ihrer Vorbildfunktion gerecht werden (Rohs & Flore, 2023).

- **Begleitende Kommunikation:** Die Einführung neuer Verkehrsdienstleistungen führt zu Veränderungen im öffentlichen Raum, z. B. Wegfall von Parkplätzen durch Umverteilung von Verkehrsflächen. Entscheidend für die gesellschaftliche Akzeptanz ist nicht nur, welche Veränderungen stattfinden, sondern auch, wie diese kommuniziert werden (Rauber et al., 2022). Begleitende Kommunikation ist daher ein zentrales Instrument, um der Öffentlichkeit Informationen transparent und möglichst leicht zugänglich zu machen, Wissenslücken zu schließen und Falschinformationen vorzubeugen. Sie können auch genutzt werden, um Fachleute (z. B. Verkehrsbetriebe) für die nicht immer erkennbaren psychologischen Motive der Verkehrsmittelwahl und die Anforderungen der Nutzerinnen und Nutzer zu sensibilisieren (Dolins, Wong et al., 2021). In diesem Sinne trägt die kommunale Verkehrsplanung an verschiedenen Stellen zur Bewusstseinsbildung bei (Kurzweil & Raimund, 2022). Die Herausfor-

[7] Regionalisierungsgesetz vom 27. Dezember 1993 (BGBl. I S. 2378, 2395), das zuletzt durch Artikel 1 des Gesetzes vom 20. April 2023 (BGBl. 2023 I Nr. 107) geändert worden ist.

derung besteht darin, entsprechende Informations- und Kommunikationsstrategien an die Bedürfnisse der unterschiedlichen Zielgruppen (einschließlich Kinder) anzupassen. Hier können Impulse aus der sozialwissenschaftlichen Forschung hilfreich sein.

2.4 Gesellschaftliche und individuelle Aspekte des Mobilitätswandels

Die Nutzung des privaten Pkw ist nicht unbedingt pragmatisch motiviert (z. B. durch den Wunsch nach Zeitersparnis). Insbesondere Flexibilität, Freiheit und Komfort werden mit dem Auto in Verbindung gebracht und bilden Barrieren für die Nutzung alternativer Verkehrsmittel (Kent, 2014). Dennoch sind Veränderungen im Mobilitätsverhalten und in der Verkehrswahrnehmung zu beobachten, die die historisch gewachsene „Autokultur" in Deutschland in eine neue Richtung lenken könnten (Wolking, 2021). Der Erfolg der Verkehrswende hängt also nicht nur von technischen Innovationen und regulativen Rahmenbedingungen ab, sondern entscheidend auch von gesellschaftlichen und individuellen Faktoren. Im Folgenden werden soziodemografische Rahmenbedingungen, Einstellungen zu Umwelt und Verkehr sowie Persönlichkeitsmerkmale beschrieben, die das Mobilitätsverhalten und die Präferenzen bei der Verkehrsmittelwahl beeinflussen.

In der Gesamtschau nimmt der Pkw einen hohen Stellenwert in der Alltagsmobilität in Deutschland ein, wenngleich die Nutzungsanteile der öffentlichen Verkehrsmittel und des Fahrradverkehrs steigen (Nobis & Kuhnimhof, 2018). Differenzierte Betrachtungen zeigen gegenläufige Entwicklungen im Mobilitätsverhalten in Abhängigkeit von soziodemografischen Rahmenbedingungen: Insbesondere in den höheren Altersgruppen ist eine zunehmende Autoorientierung zu beobachten, während diese Tendenz bei den jungen Erwachsenen, speziell in den Städten, rückläufig ist (Nobis & Kuhnimhof, 2018). Die Gründe hierfür liegen sowohl in ökonomischen Faktoren (Kaufkraft und finanzielle Unabhängigkeit aufgrund der Lebensphase) als auch in der Qualität der Verkehrsinfrastruktur, die in Städten mit multimodalem Personenverkehr positiver bewertet wird (Kuhnimhof, 2021; Nobis & Kuhnimhof, 2018). Gleichzeitig sind die jüngeren Generationen weniger an das Auto gebunden als in früheren Jahren (Nobis & Kuhnimhof, 2018). Inwiefern sich die wahrgenommene Bedeutung und Wichtigkeit des Autos und Autobesitzes verändert, lässt sich gegenwärtig nicht abschließend beurteilen.

Längst werden der Autonutzung nicht nur funktionale Funktionen, sondern auch symbolische und affektive Funktionen zugeschrieben, die mit Status und Prestige, Markenbewusstsein und Fahrspaß verbunden sind (Steg, 2005). In der Gegenwart sind zusätzlich die sozialen Funktionen der Verkehrsmittelwahl relevant (Axsen & Sovacool, 2019). Im Hinblick auf die Wahrnehmung neuer Verkehrsmittel und -dienstleistungen, darunter elektrifizierte und vollautomatisierte Fahrzeuge sowie Sharing-Dienste, sind dies insbesondere die Umweltverträglichkeit und die Erfüllung sozialer Vorbildfunktionen (Axsen & Sovacool, 2019). Ein Grund dürfte das steigende Umweltbewusstsein sein: Wegen umweltrelevanter Ereignisse wie Unwetterkatastrophen, Industrieskandale und politischer Vereinbarungen ist in Deutschland in den letzten Jahrzehnten ein Aufwärtstrend zu beobachten (Bauske & Kaiser, 2019). Auch eine aktuelle Eurobarometer-Umfrage zeigt, dass der Klimawandel von den Menschen als eines der weltweit größten Probleme angesehen wird (Europäische Union, 2023). Obwohl im Mobilitätsbereich, wie in anderen Lebensbereichen auch, eine Diskrepanz zwischen Einstellungen bzgl. der Umwelt und Verhalten besteht (Venghaus et al., 2022), lassen sich Veränderungen im Mobilitätsverhalten beobachten, die auf ein steigendes Umweltbewusstsein zurückzuführen sind. So neigt z. B. die „Generation Z" (Personen, die zwischen 1996 und 2010 geboren wurden) als Reaktion auf Veränderungen in der physischen Umwelt eher dazu, umweltbewusst zu reisen als vor einigen Jahrzehnten Gleichaltrige (X. Chen et al., 2023). Dennoch bleibt der Pkw ein zentrales Hemmnis für die Verkehrswende. Zwar ist die öffentliche Wahrnehmung neuer Verkehrs- und Mobilitätsdienstleistungen grundsätzlich positiv – besonders die Integration multimodaler Reisemöglichkeiten auf einer digitalen Plattform wird als übersichtlich und komfortabel empfunden, ebenso wie der App-basierte Zugang, der bereits aus anderen Anwendungen bekannt und daher vertraut ist – jedoch begrenzen die wahrgenommenen Annehmlichkeiten des Autofahrens (u. a. Komfort und Freiraum) die Bereitschaft, das gewohnte Mobilitätsverhalten zu ändern (Alyavina et al., 2020). Für die Etablierung von Nutzungsinnovationen stellen das Besitzstreben und der empfundene Statusverlust durch die Aufgabe des Autobesitzes zentrale Barrieren dar (Alonso-González et al., 2020; Axsen & Sovacool, 2019).

Für die Bereitschaft, vom privaten Individualverkehr auf den öffentlichen Kollektivverkehr umzusteigen, sind neben ökonomischen auch psychologische Faktoren entscheidend (Urbanek, 2021). Dies gilt mit Blick auf die Zukunft insbesondere für die Automatisierung des Fahrens. Unter dem Begriff „sharing anxiety" werden Bedenken gegenüber der Nutzung einer Verkehrsdienstleistung mit unbekannten Mitreisenden (z. B. Ridepooling) zusammengefasst, die insbesondere bei vollautomatisierten Fahrzeugen ohne Personal mit Autoritätsfunktion stark ausgeprägt sind (Dolins, Strömberg et al., 2021). Dazu gehören Bedenken hinsichtlich der Sicherheit und Privatsphäre aufgrund möglicherweise unvorhersehbaren Verhaltens anderer Personen und Einschränkungen des persönlichen Freiraums an Bord (Dolins, Strömberg et al., 2021). Gleichzeitig existieren Bedenken im Umgang mit der Automatisierungstechnik, Cybersicherheitsrisiken und ein wahrgenommener Kontrollverlust (Axsen & Sovacool, 2019). Vertrauen ist ein entscheidender Faktor, um die wahrgenommene Unsicherheit und Vulnerabilität zu kompensieren, kann jedoch auch zu Nutzungshemmnissen führen, wenn es nicht ausreichend vorhanden ist (Axsen & Sovacool, 2019; P. L. Morgan et al., 2019). Dabei sind verschiedene Facetten relevant (Deng et al., 2023). Soziales und institutionelles Vertrauen ist entscheidend, z. B. Vertrauen gegenüber Mitreisenden und Verkehrsbetrieben (Axsen & Sovacool, 2019; Dolins, Strömberg et al., 2021). Darüber hinaus ist das Technikvertrauen relevant: zum einen das Vertrauen in die technische Zuverlässigkeit und Sicherheit der Fahrzeuge (Axsen & Sovacool, 2019), zum anderen spielt das Vertrauen in die digitale Mobilitätsdienstleistung und technischen Schnittstellen (z. B. Smartphone) eine Rolle. Diesbezügliche Bedenken potenzieller Nutzerinnen und Nutzer beziehen sich u. a. auf die wahrgenommene Verlässlichkeit der Informationen auf einer Mobilitätsplattform, die tatsächliche Effizienz der algorithmisch optimierten Routenplanung (im Vergleich zur Selbstplanung) und die Abhängigkeit von mobilen Endgeräten für die Reiseplanung (u. a. stabile Internetverbindung, Akkuleistung) (Alyavina et al., 2020). Die von den potenziellen Nutzerinnen und Nutzer wahrgenommenen Chancen und Risiken von neuen Verkehrs- und Mobilitätsdienstleistungen prägen die Akzeptanzbildung (Bala et al., 2023). Sie erfordern die Untersuchung konkreter Anwendungsbeispiele, um spezifische Nutzungsanreize und -hemmnisse zu identifizieren und empirisch fundierte Impulse für praxistaugliche Maßnahmen, z. B. zur Vertrauensbildung, geben zu können.

3 Forschungsszenario

Da Fahrdienste mit fahrerlosen Shuttlebussen zum Zeitpunkt der Befragungen nicht flächendeckend im realen Personenverkehr betrieben wurden, erfolgte die Untersuchung in allen Studien szenariobasiert, d. h. die Bewertung basierte auf der Beschreibung von möglichen Anwendungsszenarien und Nutzungssituationen. Bei der Konzipierung wurden aktuelle technologische Entwicklungen, Trends bei Verkehrs- und Mobilitätsdienstleistungen sowie Leuchtturmprojekte aus Forschung und Praxis berücksichtigt, um eine hohe Realitätsnähe zu gewährleisten. Der Einsatz des neuen Fahrdienstes wurde als Ergänzung zum öffentlichen Personenverkehr, der prinzipiell für alle zugänglich ist, betrachtet (in Abgrenzung zu vollautomatisierten Kraftfahrzeugen in Privateigentum). Dies bot aus Sicht der sozialwissenschaftlichen Forschung den Vorteil, dass alle Personen als potenzielle Nutzende angesprochen werden konnten, um Fragen zur Mobilität der Zukunft zu beantworten und individuelle Vorstellungen, Bedürfnisse und Anforderungen an die Nutzung und Ausgestaltung des Dienstleistungsangebotes zu teilen. So bestand Perspektivenvielfalt.

Der Aufbau und die Beschreibung des Forschungsszenarios wurden in den verschiedenen Studien weitgehend konstant gehalten, um eine studienübergreifende Vergleichbarkeit der Ergebnisse zu gewährleisten. Teilweise wurden ergänzende Angaben gemacht, um einen intuitiven Einstieg in das Szenario im jeweiligen Forschungskontext zu ermöglichen. Die Szenariobeschreibung wurde direkt formuliert (z. B. durch Personalpronomen), um die Befragten persönlich anzusprechen und Nähe herzustellen. Eine Übersicht der verwendeten Forschungsszenarien findet sich in Anhang A.1 sowie in der methodischen Vorgehensbeschreibung in den Kapiteln 7 bis 11.

Kernmerkmale des Forschungsszenarios sind die Automatisierung des Fahrens und der Bedarfsverkehr: In Anlehnung an den SAE-Standard wurden die Shuttlebusse als vollautomatisiert (SAE Stufe 5) eingestuft. Die Nutzung wurde als on demand, d. h. bedarfsorientiert ohne feste Fahrpläne, Haltestellen und Streckenplanung mit der Möglichkeit zur Individualisierung der Fahrt beschrieben, z. B. in Bezug auf die Route und Ausstattungsmerkmale. Die ergänzenden Angaben waren wie folgt: Die Antriebsart wurde überwiegend als batterieelektrisch beschrieben. Vereinzelt wurde auf das vernetzte Fahren und die dafür eingesetzten Technologien (z. B. Sensorik, Planungsalgorithmen) hingewiesen. Weiterhin wurde beschrieben, dass der neue Fahrdienst sowohl Einzelpersonen als auch Fahrgemeinschaften mit bis zu 15 Personen befördern kann und der gesamte Prozess von der Planung über die Buchung bis zur Bezahlung über eine digitale Mobilitätsplattform (App) abläuft. Damit ist das Forschungsszenario definitorisch am ehesten dem Ridehailing bzw. Ridepooling zuzuordnen (vgl. Kapitel 2.2), was übergeordnet auch mit dem Begriff „Rideselling“ beschrieben wird (Wolking, 2021).

4 Theoretischer Rahmen

In diesem Kapitel werden ausgewählte theoretische Ansätze und Erkenntnisse vorgestellt, die für das Verständnis der Vorgehensweise und die Einordnung der empirischen Ergebnisse dieser Arbeit in einen größeren Forschungskontext relevant sind. Auf weiterführende Literatur wird verwiesen. Der Fokus liegt auf den Themen Akzeptanz und Vertrauen, die im Zusammenhang mit der erfolgreichen Einführung und Nutzung innovativer Technologien, hier speziell im Mobilitätsbereich beim autonomen Fahren, als wichtige Voraussetzung, aber auch als großes Hemmnis gesehen werden (P. L. Morgan et al., 2019; Zhang et al., 2019). Ziel ist es, eine Definition von Akzeptanz und Vertrauen für die vorliegende Arbeit sowie relevante Dimensionen herauszuarbeiten, die Messung dieser kritisch zu reflektieren und zentrale Erkenntnisse und Forschungslücken im aktuellen Forschungsstand aufzuzeigen, an welche die empirischen Untersuchungen anknüpfen.

Technikakzeptanz (Kapitel 4.1) und Vertrauen in Automatisierung (Kapitel 4.2) werden nacheinander in Unterkapiteln dargestellt. Dabei werden jeweils zunächst die konzeptionellen Grundlagen beschrieben (Definition von Akzeptanz bzw. Vertrauen und Beschreibung der Akzeptanz- bzw. Vertrauensbildung), gefolgt von einer Auseinandersetzung mit empirischen Messinstrumenten. Anschließend wird der sozialwissenschaftliche Stand der Forschung zu neuen Verkehrs- und Mobilitätsdienstleistungen zusammengefasst. Auch wenn hier in der Fachliteratur unterschiedliche Begriffe (z. B. „autonomous shuttle service", „autonomous mobility-on-demand", „pooled shared autonomous vehicles", „autonomous demand-responsive transport") verwendet und die Funktionsprinzipien in der Praxis unterschiedlich sein können (vgl. Kapitel 2.2), mag die Fahrdienstleistung von den Menschen ähnlich wahrgenommen werden (Bala et al., 2023). Aus diesem Grund wurde bei der Literaturauswahl weniger auf den Wortlaut als vielmehr auf die Beschreibung der Dienste als fahrerlos, bedarfsgesteuert, eigentumslos und gemeinsam genutzt geachtet. Es wurden Studien berücksichtigt, die das Forschungsszenario, das im Fokus dieser Arbeit steht (vgl. Kapitel 3), bestmöglich abbilden. Abschließend (Kapitel 4.3) werden die Erkenntnisse im Hinblick auf Wirkungszusammenhänge von Akzeptanz und Vertrauen und noch offene Fragen überleitend zur Beschreibung des Forschungsdesigns (Kapitel 5) zusammengefasst.

4.1 Technikakzeptanz

Die Technikakzeptanzforschung untersucht, wie bereits eingeführte oder zukünftige Technologien von potenziellen Nutzerinnen und Nutzern und der breiten Öffentlichkeit wahrgenommen und bewertet werden (Renn, 2005). Im Folgenden werden zunächst die für die vorliegende Arbeit relevanten theoretischen Grundlagen der sozialwissenschaftlichen Technikakzeptanzforschung dargestellt. Eine ausführliche Übersicht und Chronologie findet sich z. B. in Schäfer und Keppler (2013). Anschließend wird ein Überblick über den aktuellen Stand der empirischen Forschung zur Akzeptanz von neuen Verkehrs- und Mobilitätsdienstleistungen im Personenverkehr gegeben.

4.1.1 Ziel und Gegenstand sozialwissenschaftlicher Forschung

Ziel der sozialwissenschaftlichen Technikakzeptanzforschung ist das Verständnis von akzeptanzfördernden und -hemmenden Faktoren (z. B. wahrgenommene Chancen und Risiken der Nutzung) als Grundlage für die Technikgestaltung (Schäfer & Keppler, 2013). Technikakzeptanz wird in diesem Sinne nicht als reaktives Verhalten verstanden, sondern als „konstruktiv nutzbares Phänomen" (S. 2), das Anforderungen an die Gestaltung und den Umgang mit (zukünftigen) Technologien zum Ausdruck bringt und damit wichtige Informationen für die Praxis liefert (Hüsing et al., 2002). Technikakzeptanzforschung kann so Beteiligungsprozesse unterstützen. Es haben sich verschiedene Forschungsstränge mit unterschiedlichen Schwerpunkten herausgebildet: einerseits die individuelle Nutzungsakzeptanz in Bezug auf einzelne technische Produkte, andererseits die gesellschaftliche Akzeptanz von innovativen Technologien, die potentiell risikobehaftet sind (Schäfer & Keppler, 2013). Das in dieser Arbeit vorgestellte Forschungsszenario eines Fahrdienstes mit fahrerlosen Shuttlebussen kann grundsätzlich aus beiden Perspektiven betrachtet werden, da die Nutzung des Fahrdienstes eine individuelle Abwägung wahrgenommener Vor- und Nachteile voraussetzt, die Automatisierung des Fahrens aber auch ein Thema des Gemeinwohls, z. B. im Hinblick auf die Verkehrssicherheit, ist und damit in den Bereich der gesellschaftlichen Akzeptanz fällt (Fraedrich & Lenz, 2015). Gegenstand der Technikakzeptanzforschung sind u. a. technikbezogene Einstellungen, sozialpsychologische Analysen zur Aufdeckung von Motiven und Hintergründen spezifischer Technikeinstellungen sowie Wirkungsabschätzungen, die sich auf die tatsächliche Nutzung und Marktdurchdringung einer technischen Innovation beziehen (Petermann & Scherz, 2005). Die sozialwissenschaftliche Technikakzeptanzforschung stützt sich dabei auf verschiedene Theorien und modellbasierte Ansätze zur Vorhersage von Handlungen und Verhaltensweisen sowie der Verbreitung von Innovationen (Ajzen, 1985; Rogers, 1962; Schäfer & Keppler, 2013).

Auch wenn es keine allgemeingültige Definition von Akzeptanz gibt, so ist eine gängige Beschreibung, dass Akzeptanz das Ergebnis eines Entwicklungsprozesses ist, der auf individuellen oder kollektiven Wahrnehmungen, Bewertungen und Entscheidungen zu einem bestimmten Zeitpunkt beruht und aus dem Einstellungen und möglicherweise Handlungen hervorgehen (Schäfer & Keppler, 2013). In der Theorie wird explizit zwischen der einstellungsbezogenen und der handlungsbezogenen Dimension von Akzeptanz unterschieden (Kollmann, 1998; Lucke, 1995). Die Einstellungsakzeptanz betrachtet die Meinungsbildung vor der Nutzung (Kollmann, 1998). Diesbezügliche Fragestellungen beziehen sich auf die öffentliche Wahrnehmung einer technischen Innovation, auf das Interesse daran, auf persönliche Erwartungen und Bewertungen, die eine Handlungsabsicht beinhalten können, nicht aber das tatsächliche Handeln (Kollmann, 1998). Letzteres ist Gegenstand der Handlungsakzeptanz. Hierbei geht es um die möglichen Konsequenzen, die sich aus der Einstellung ergeben und die sich in sichtbaren Handlungen niederschlagen können (z. B. Produkt kaufen, verwenden, weiterempfehlen) (Kollmann, 1998). Folglich kann Akzeptanz unterschiedliche Formen annehmen, die positiv ausgeprägt im Spektrum von passiver Zustimmung bis hin zu aktivem Handeln liegen können, sich aber auch negativ in Ablehnung oder Widerstand (z. B. Protesthandlungen) ausdrücken können (Sauer et al., 2005; Walk et al., 2011). Der Forschungsgegenstand in der vorliegenden Arbeit ist die Einstellungsdimension der Akzeptanz, da diese szenariobasiert erfasst werden kann und eine Handlungsintention (hier: Nutzungsbereitschaft) hat, aber keine Markteinführung und damit keine tatsächliche Nutzung voraussetzt (Kollmann, 1998). In Anlehnung an Dethloff (2004) wird unter Akzeptanz die „positive Annahme oder Übernahme einer Idee, eines Sachverhaltes oder eines Produktes, und zwar im Sinne aktiver Bereitwilligkeit und nicht nur im Sinne reaktiver Duldung" (S. 18) verstanden.

Der Prozess der Akzeptanzbildung wird durch das Zusammenwirken von Akzeptanzsubjekt, -objekt und -kontext geprägt und entscheidet sich situations- und kontextspezifisch, d. h. Akzeptanz kann je nach Situation und Kontext unterschiedlich ausfallen und ist somit ein dynamisches Konstrukt (Lucke, 1995; Schäfer & Keppler, 2013). In diesem Zusammenhang bedeutet Akzeptanz, „dass *jemand* (bzw. ein näher zu definierendes Akzeptanzsubjekt) *etwas* (das Akzeptanzobjekt) *innerhalb der jeweiligen Rahmen- oder Ausgangsbedingungen* (Akzeptanzkontext) akzeptiert oder annimmt" (S. 16) (Schäfer & Keppler, 2013). In der vorliegenden Arbeit werden Akzeptanzsubjekt, -objekt und -kontext wie folgt definiert: Das Akzeptanzsubjekt sind die Befragten als Individuen in ihrer Rolle als zukünftige Nutzerinnen und Nutzer sowie kollektiv als Gesellschaft. Das Akzeptanzobjekt sind die fahrerlosen Shuttlebusse sowie damit verbundene Technologien, z. B. Informations- und Kommunikationstechnik zur Mensch-Fahrzeug-Interaktion und Vernetzung und digitale Mobilitätsdienstleistungen. Den soziokulturellen Rahmen des Akzeptanzkontextes bildet zunächst die bestehende Mobilitätskultur in Deutschland, die durch einen starken motorisierten Individualverkehr geprägt ist (Nobis & Kuhnimhof, 2018). Im Zusammenhang mit der Verkehrswende sind zwei Kernelemente des beschriebenen Forschungsszenarios von entscheidender kontextueller Bedeutung: die Automatisierung des Fahrens und damit die Abgabe der menschlichen Fahraufgabe und -verantwortung an ein technisches System sowie die Verlagerung vom privaten Individualverkehr auf den öffentlichen Personenverkehr. Darüber hinaus spielen situative Eigenschaften einer konkreten Nutzungssituation eine Rolle, z. B. auf welchen Verkehrsflächen die fahrerlosen Shuttlebusse betrieben werden und ob ein Mischverkehr mit konventionellen Fahrzeugen entsteht, was von ordnungspolitischen Vorgaben abhängt.

4.1.2 Empirische Messung von Technikakzeptanz: Modellbasierte Ansätze und ihre Grenzen

Akzeptanz ist ein mehrdimensionales Konstrukt, das nicht direkt messbar ist und für das es keine allgemeingültigen Messinstrumente gibt (Hüsing et al., 2002). Daher bedarf es geeigneter Indikatoren, um relevante Akzeptanzfaktoren indirekt erfassen und bewerten zu können (Renn & Zwick, 1997). Die Forschungsarbeiten auf diesem Gebiet laufen spätestens seit den 1980er Jahren (Davis, 1985). Ein Meilenstein ist das „Technology Acceptance Model" (TAM), das in erster Linie auf die wahrgenommene Nützlichkeit und Benutzungsfreundlichkeit im Sinne einer einfachen bzw. unkomplizierten Bedienung eines Systems zurückgreift, um die Nutzungsabsicht und damit das tatsächliche Nutzungsverhalten vorherzusagen (Davis et al., 1989). In den darauf aufbauenden Modellen (TAM2 und TAM3) werden zusätzlich soziale Einflüsse, kognitive Prozesse und affektive Faktoren berücksichtigt (Venkatesh & Bala, 2008; Venkatesh & Davis, 2000). Auf der Grundlage von TAM und anderen modellbasierten Ansätzen wurde ein einheitliches Modell, „Unified Theory of Acceptance and Use of Technology" (UTAUT), formuliert, das verschiedene Hauptdeterminanten, darunter intrinsische und extrinsische Faktoren wie persönliche Motivation oder Kosten-Nutzen-Abwägungen, und Moderatorvariablen (u. a. Alter, Geschlecht, Erfahrung) mit dem Ziel konsolidiert, die Akzeptanzbildung besser zu verstehen, um geeignete Maßnahmen zur Akzeptanzförderung für verschiedene Zielgruppen zu entwickeln (Venkatesh et al., 2003; Venkatesh et al., 2012). Im Hinblick auf die Anwendung dieser modellbasierten Ansätze werden verschiedene Unzulänglichkeiten diskutiert, die sich auf die Kontextabhängigkeit und Situationsdynamik der Akzeptanzbildung, die Diversität der Nutzerinnen und Nutzer sowie die Betrachtung einer bereits verfügbaren Technologie im Vergleich zu einer noch unbekannten, zukünftigen Technologie beziehen:

- **Kontextabhängigkeit und Situationsdynamik:** Das TAM und seine Nachfolgemodelle wurden ursprünglich im Arbeitskontext entwickelt und beziehen sich auf die Nutzung und Akzeptanz von Informations- und Kommunikationstechnologien am Arbeitsplatz (Davis et al., 1989). Für die Übertragung auf andere Anwendungsbereiche bedeutet dies, dass einige der identifizierten Akzeptanzfaktoren, wie z. B. die Relevanz für die Arbeit (Venkatesh & Davis, 2000), möglicherweise gar nicht bedeutsam sind, während andere Faktoren unberücksichtigt bleiben. Um die Erfolgsaussichten einer Technologieeinführung vorhersagen zu können, müssen daher im Rahmen der Akzeptanzmodellierung die wahrgenommenen Vorteile und Risiken einer Technologie in verschiedenen Anwendungskontexten und für verschiedene Zielgruppen miteinander verknüpft werden (Ziefle, 2013). Dies ist in zahlreichen empirischen Studien geschehen, auch im Mobilitätsbereich zur Modellierung der Akzeptanz von vollautomatisierten Kraftfahrzeugen im Personenverkehr, mit dem Ergebnis, dass die bestehenden Modelle um kontextspezifische Akzeptanzfaktoren wie Vertrauen, Sicherheitsgefühl, Privatsphäre und Risikowahrnehmung erweitert wurden (Choi & Ji, 2015; Hewitt et al., 2019; Kaur & Rampersad, 2018; Nordhoff et al., 2021; Zhang et al., 2019). Bei der Überführung von Akzeptanz in messbare Variablen bleibt jedoch zu beachten, dass mit der gewählten Operationalisierung im Rahmen empirischer Untersuchungen immer nur Teilaspekte des Konstrukts erfasst werden können (Hüsing et al., 2002). Da Akzeptanz dynamisch ist und je nach Kontext und Situation neue Aspekte an Bedeutung gewinnen können (Schäfer & Keppler, 2013), bedarf es gerade im Hinblick auf Produkt- und Nutzungsinnovationen einer iterativen Erfassung individueller und kollektiver Einstellungen (Ziefle, 2013). Diese können in Strukturmodelle einfließen, müssen aber kontinuierlich überprüft und ggf. modifiziert werden.

- **Diversität der Nutzerinnen und Nutzer:** Akzeptanzentscheidungen sind typischerweise mehrdimensional und die Nutzerinnen und Nutzer wägen die wahrgenommenen Vorteile einer Technologie gegen mögliche Nachteile und schädliche Folgen ab. So kann eine Technologie als nützlich empfunden und dennoch abgelehnt werden. Eine technikzentrierte Betrachtung von Akzeptanz als statische Technologiebewertung mit Fokus auf klassische Usability-Faktoren und pragmatische Aspekte wie Systemperformance greift daher zu kurz und bildet die komplexen Akzeptanzentscheidungen nicht ab (Ziefle & Jakobs, 2010). Vor dem Hintergrund der Durchdringung verschiedener Lebensbereiche mit immer komplexeren Technologien sind menschzentrierte Ansätze notwendig, um die vielfältigen Perspektiven sichtbar zu machen (Ziefle, 2013). Eine Beschränkung auf direkt messbare Faktoren wie Alter, Geschlecht und Erfahrung ist dabei unzureichend, da die damit möglicherweise transportierten Motivationen und Dispositionen unentdeckt bleiben. So ist z. B. die Angst, im Umgang mit Technik etwas falsch zu machen, bei älteren Personen ausgeprägter als bei jüngeren Personen (Yap et al., 2022). Im vorliegenden Forschungsszenario gibt es nicht nur eine Zielgruppe, sondern es kommen prinzipiell alle Personen mit sehr unterschiedlichen Hintergründen (ältere Menschen, Kinder, Personen mit und ohne Führerscheinbesitz usw.) als Nutzerinnen und Nutzer in

Frage, deren Bedürfnisse und mögliche Ängste verstanden und adressiert werden müssen, was nicht in einem einzigen Modell abgebildet werden kann.

- **Vorhandensein vs. Nicht-Vorhandensein der Technologie:** Akzeptanzuntersuchungen sind nicht nur am Ende einer Produktentwicklung entscheidend, sondern müssen auch parallel zur technischen Entwicklung berücksichtigt werden, um der Komplexität und Dynamik gerecht zu werden (Brell et al., 2021). Im Gegensatz zu Akzeptanzmodellierungen, die sich auf die Nutzung bereits verfügbarer und weit verbreiteter Technologien beziehen, mit denen die Nutzerinnen und Nutzer Erfahrung haben, besteht die Herausforderung bei der Betrachtung zukünftiger Technologien darin, dass ein neu entstehender Kontext das Akzeptanzverhalten in bisher unbekannter Weise beeinflussen kann, z. B. weil die regulatorischen Rahmenbedingungen noch nicht endgültig festgelegt sind. Dies macht es schwieriger, die relevanten Akzeptanzfaktoren zu definieren und damit zu modellieren, bietet aber auch Vorteile für die potentiellen Nutzerinnen und Nutzer und für die praktische Gestaltung: Erstere sind unabhängig von bereits feststehenden realen Produkteigenschaften und können ihre Bedürfnisse und Wünsche frei äußern; Letztere haben die Chance, auf die Anforderungen und Erwartungen einzugehen und diese frühzeitig zu adressieren (Kollmann, 1998).

Da es sich bei dem Forschungsszenario in dieser Arbeit um ein Zukunftsszenario mit unterschiedlichen Zielgruppen handelt und die (situativen, individuellen usw.) Nutzungsbedingungen noch zu definieren sind, wird kein bestehendes Strukturmodell verwendet, wenngleich einzelne Akzeptanzfaktoren zur Bewertung des Forschungsszenarios herangezogen werden (siehe Kapitel 5.3.4). Vielmehr sollen aufbauend auf dem bisherigen Forschungsstand zunächst weitere, möglicherweise gruppenspezifisch relevante Akzeptanzfaktoren identifiziert werden. Neben der Einstellungsanalyse zur Einführung eines Fahrdienstes mit fahrerlosen Shuttlebussen steht die Frage im Vordergrund, welche Rolle psychologische Faktoren, insbesondere Vertrauensdispositionen, bei der Wahrnehmung, Bewertung und Nutzungsbereitschaft spielen.

4.1.3 Stand der Forschung: Akzeptanz neuer Verkehrs- und Mobilitätsdienstleistungen

Im Folgenden wird ein Überblick über den Stand der Forschung zur Akzeptanz neuer Verkehrs- und Mobilitätsdienstleistungen, die fahrerlose Ridehailing- und Ridepooling-Dienste einschließen, aus Sicht potenzieller Nutzerinnen und Nutzer gegeben. Zunächst werden grundlegende Befunde beschrieben: Die Wahrnehmung, Bewertung und Nutzungsbereitschaft hinsichtlich neuer Verkehrs- und Mobilitätsdienstleistungen ist grundsätzlich positiv (Bala et al., 2023). Die wahrgenommenen Nutzungsvorteile beziehen sich auf Umwelt und Verkehr (Umweltverträglichkeit durch Elektrifizierung des Fahrens, Reduktion des Autoverkehrs in städtischen Gebieten), auf den konventionellen ÖPNV (bessere Reisemöglichkeiten, insbesondere für ältere und beeinträchtige Menschen; höhere Verfügbarkeit und mehr Flexibilität) sowie auf geringere Mobilitätskosten durch Ridesplitting (Bernhard et al., 2020; Golbabaei et al., 2023; Nordhoff et al., 2019; Pakusch & Bossauer, 2017; Patel et al., 2023; Portouli et al., 2017; Roche-Cerasi, 2019). Neben der Neugier auf den Einsatz und die Nutzung neuer Verkehrsdienstleistungen, wie z. B. fahrerlose Shuttlebusse, gibt es aber auch Skepsis (Zoellick et al., 2021). Diese wird in Form von

Bedenken und wahrgenommenen Risiken geäußert. Z. B. bezüglich der Genauigkeit und Zuverlässigkeit der von digitalen Mobilitätsdienstleistungen geschätzten Informationen über die Wartezeit (Patel et al., 2023) oder über die wahrgenommene Sicherheit an Bord aufgrund von fehlendem Personal und möglicherweise fremden Mitreisenden (Dichabeng et al., 2021; Etminani-Ghasrodashti et al., 2021; Roche-Cerasi, 2019). Unsicherheiten beziehen sich auch auf das autonome Fahren im Allgemeinen, z. B. im Hinblick auf die Zuverlässigkeit des Steuerungssystems (Golbabaei et al., 2023). Die Abwägung zwischen wahrgenommenen Vorteilen und Risiken und die Entscheidung für oder gegen die Nutzung neuer Verkehrs- und Mobilitätsdienstleistungen wird von heterogenen Faktoren bestimmt (Bala et al., 2023; Golbabaei et al., 2021; Narayanan et al., 2020). Diese werden im Folgenden strukturiert nach Akzeptanzsubjekt, -objekt und -kontext beschrieben. Dabei sind inhaltliche Überschneidungen möglich. Beispielsweise kann das Sicherheitsempfinden aus unterschiedlichen Perspektiven betrachtet werden, etwa als persönliche Eigenschaft oder als Reaktion auf fahrzeugbezogene Aspekte, z. B. ein bestimmtes Fahrverhalten.

Subjektbezogene Akzeptanzfaktoren

Subjektbezogene Akzeptanzfaktoren umfassen bewertende Einstellungen (z. B. Ablehnung oder Interesse) und Erwartungen (Fraedrich & Lenz, 2015). Sie umfassen auch die Motivation zur Autonutzung und zum Autobesitz und damit verbunden die wahrgenommenen Vor- und Nachteile von Verkehrsalternativen (Fraedrich & Lenz, 2015). In diesem Zusammenhang spielen soziodemografische, mobilitätsbezogene und psychologische Faktoren eine Rolle:

- **Soziodemografische Faktoren:** Studien zeigen, dass Geschlecht, Alter, Bildung und Einkommen akzeptanzrelevant sind (Bala et al., 2023; Chng et al., 2022; Golbabaei et al., 2023): Männer, jüngere und besser ausgebildete Personen haben eine höhere Bereitschaft, neue Verkehrs- und Mobilitätsdienstleistungen zu nutzen (Golbabaei et al., 2023; Krueger et al., 2016; Pakusch & Bossauer, 2017; Pettigrew et al., 2019; Philipsen et al., 2019; Portouli et al., 2017; Webb et al., 2019). In diesem Zusammenhang wird vermutet, dass Frauen sich mit fremden Personen in einem Fahrzeug unwohler fühlen und daher weniger Mitfahrbereitschaft zeigen, dass ältere Menschen weniger technikaffin und daher zurückhaltender sind und dass mit höherer Bildung auch ein höheres technisches Wissen einhergeht, das sich positiv auf die Nutzungsbereitschaft auswirkt (Bala et al., 2023). Darüber hinaus variiert die Nutzungsbereitschaft in Abhängigkeit vom Einkommen. Personen mit höherem Einkommen neigen eher zur Nutzung neuer Verkehrs- und Mobilitätsdienstleistungen (Chng et al., 2022; Golbabaei et al., 2023). Auch spielt der Kultur- und Lebensraum eine Rolle, in dem die Menschen sozialisiert wurden und leben. Dies gilt für verschiedene Regionen und Siedlungsstrukturen: Befragte aus Nordamerika, Europa und Australien zeigen tendenziell eine geringere Bereitschaft zur Nutzung von u. a. vollautomatisierten Ridepooling- und Ridehailing-Diensten als Befragte aus Asien (Bala et al., 2023). Gleichzeitig sind Menschen aus Regionen, in denen Forschungs- und Pilotprojekte besonders gefördert werden, speziell in europäischen Städten, positiver eingestellt (Bala et al., 2023). Für Deutschland wurde eine grundsätzliche Aufgeschlossenheit gegenüber neuen Verkehrs- und Mobilitätsdienstleistungen festgestellt, insbesondere im öffentlichen Personenverkehr (Nordhoff et al., 2018; Pakusch & Bossauer, 2017; Philipsen et al., 2019).

- **Mobilitätsbezogene Faktoren:** Das Mobilitätsverhalten und Präferenzen bei der Verkehrsmittelwahl sind akzeptanzrelevant (Bala et al., 2023; Golbabaei et al., 2021; Narayanan et al., 2020). Personen, die regelmäßig ein privates Auto nutzen, sind weniger bereit, neue Verkehrs- und Mobilitätsdienstleistungen zu nutzen als Personen, die den öffentlichen Verkehr oder Alternativen wie Carsharing nutzen (Krueger et al., 2016; Pakusch & Bossauer, 2017; Webb et al., 2019). Die Meinungen dazu, ob Fahrzeugbesitz bei flächendeckender Marktdurchdringung neuer Verkehrsdienstleistungen notwendig ist, gehen auseinander und deuten auf eine unterschiedliche Wahrnehmung und Einstellung zu Automobilität hin (Feys et al., 2020). In diesem Zusammenhang wird diskutiert, inwiefern die Bindung der Nutzerinnen und Nutzer an ein gemeinsam genutztes Verkehrsmittel gestärkt werden kann, um das Gefühl des Besitzes („psychologisches Eigentum"), das mit der Nutzungsbereitschaft zusammenhängt, zu fördern (J. Lee et al., 2019). Darüber hinaus spielt die persönliche Erfahrung mit dem autonomem Fahren eine Rolle (Pakusch & Bossauer, 2017; Portouli et al., 2017). Feldstudien zeigen, dass die Einstellung nach einer Testfahrt in einem vollautomatisierten Kraftfahrzeug positiver ist als davor (Bernhard et al., 2020; Paddeu, Parkhurst et al., 2020). Dabei sind vor allem affektive Aspekte ausschlaggebend, d. h. wie angenehm oder unangenehm eine Fahrt empfunden und wie viel Fahrspaß erlebt wird (Bernhard et al., 2020; Feys et al., 2020). Persönliche Erfahrungen können auch die Bereitschaft erhöhen, vom privaten Individualverkehr auf öffentliche Verkehrsdienstleistungen umzusteigen (Paddeu et al., 2021).

- **Psychologische Faktoren**: Die wahrgenommene Sicherheit und Privatsphäre sowie das Vertrauen der Nutzerinnen und Nutzer sind entscheidende psychologische Akzeptanzfaktoren (Bala et al., 2023; Lavieri & Bhat, 2019; Liao et al., 2023). Sicherheitsaspekte sind vielfältig und beziehen sich auf die Automatisierung des Fahrens im Allgemeinen (z. B. Sicherheit im Straßenverkehr, sichere Technik) sowie auf die Sicherheit an Bord (Dichabeng et al., 2021; Golbabaei et al., 2023; Nordhoff et al., 2020; Salonen, 2018). Insbesondere das Alleinsein mit einer fremden Person ohne möglichen Schutz durch Personal wird als risikobehaftet wahrgenommen (Dichabeng et al., 2021; Paddeu, Shergold et al., 2020) und führt zu Ängsten, eine Verkehrsdienstleistung mit anderen zu teilen („sharing anxiety", vgl. Kapitel 2.4) (Dolins, Strömberg et al., 2021; Dolins, Wong et al., 2021). Die gemeinsame Nutzung wirft auch Bedenken hinsichtlich der Privatsphäre auf, z. B. die Sorge, nicht ungestört zu sein oder in ungewollte Gespräche verwickelt zu werden, und daher das Bedürfnis, den persönlichen Freiraum zu wahren (Dichabeng et al., 2021). Vertrauen wird als Strategie zur Verringerung wahrgenommener Risiken, z. B. in Bezug auf Sicherheit und Privatsphäre, beschrieben (J. Lee & See, 2004). So gaben Nutzerinnen und Nutzer an, sich während einer Fahrt in einem fahrerlosen Shuttlebus sicher zu fühlen, weil sie der Technik und den Beteiligten vertrauten (Nordhoff et al., 2020). Basierend auf einem Literaturreview stellen Bala et al. (2023) Wirkungszusammenhänge zwischen den drei beschriebenen psychologischen Faktoren und der Nutzungsbereitschaft neuer Verkehrs- und Mobilitätsdienstleistungen im öffentlichen Personenverkehr dar: Während Privatsphärebedenken negativ mit der wahrgenommenen Nützlichkeit zusammenhängen, die wiederum die Einstellung und damit die Nutzungsbereitschaft bestimmt, steht das Sicherheitsempfinden in direktem Zusammenhang mit der Nutzungsbereitschaft; Vertrauen hängt sowohl direkt als auch indirekt über einstellungsbezogene Faktoren mit der Nutzungsbereitschaft zusammen. Inwiefern Sicherheit, Privatsphäre und Vertrauen untereinander zusammenhängen, ist noch zu evaluieren.

Objektbezogene Akzeptanzfaktoren

Objektbezogene Akzeptanzfaktoren umfassen seitens der Nutzenden die wahrgenommenen Eigenschaften eines technischen Systems, z. B. in Bezug zu Sicherheit und Komfort (Fraedrich & Lenz, 2015). Im Hinblick auf das vorliegende Forschungsszenario wird zwischen fahrzeug- und dienstleistungsbezogenen Faktoren unterschieden:

- **Fahrzeugbezogene Faktoren:** Funktionalität und technische Zuverlässigkeit sind akzeptanzrelevante Fahrzeugeigenschaften und werden häufig im Zusammenhang mit Sicherheitsaspekten thematisiert. Bemerkenswert ist, dass das Sicherheitsempfinden unterschiedlich wahrgenommen wird und die Nutzungseinstellung sowohl positiv als auch negativ beeinflussen kann (Bala et al., 2023). Einerseits gibt es Personen, die autonomes Fahren generell für sicherer halten, z. B. im Hinblick auf die Reduzierung von Verkehrsunfällen, und daher fahrerlose Verkehrsdienstleistungen bevorzugen; andererseits werden Einschränkungen des Sicherheitsgefühls durch erlebte Fahrmanöver (abruptes oder ruckartiges Bremsen bei Testfahrten), mangelndes Vertrauen in die Technik und fehlende Erfahrung geschildert, die dazu führen, dass manuell gesteuerte Fahrzeuge bevorzugt werden (Bernhard et al., 2020; Etminani-Ghasrodashti et al., 2021; Feys et al., 2020; Nordhoff et al., 2019; Pakusch & Bossauer, 2017; Portouli et al., 2017; Rehrl & Zankl, 2018). Auch hinsichtlich der Sicherheit im Fahrzeug gehen die Meinungen auseinander. Während das Fehlen von Personal nicht immer als akzeptanzkritisch angesehen wird (Portouli et al., 2017), werden diesbezüglich auch Bedenken geäußert. Diese beziehen sich auf sicheres Einsteigen, Hilfe in Notfällen und Kriminalität an Bord (Etminani-Ghasrodashti et al., 2021; Roche-Cerasi, 2019). Die heterogene Studienlage unterstreicht die Relevanz von zielgruppenspezifischen und Use-Case-bezogenen Analysen.
- **Dienstleistungsbezogene Faktoren:** Hinsichtlich der Fahrdienstleistung ist vor allem das Preis-Leistungs-Verhältnis akzeptanzrelevant. Entscheidende Faktoren sind die Kosten (Fahrpreis, Kosten für eine Mitgliedschaft), die Zeit (Wartezeit, Fahrzeit, unerwartete Verzögerungen) und das Nutzungserlebnis (Sitzplatzkapazität, Komfort) (Bala et al., 2023; Dichabeng et al., 2021). Auch Erwartungen an die Leistungsfähigkeit hinsichtlich der Kompatibilität mit individuellen Mobilitätsbedürfnissen im Vergleich zum konventionellen ÖPNV und Erwartungen zur erfolgreichen Integration und Marktdurchdringung prägen die Akzeptanz (Bernhard et al., 2020; Feys et al., 2020; Nordhoff et al., 2021). Darüber hinaus sind Faktoren, welche die Reise selbst betreffen relevant, wie die Festlegung der Reiseroute und der Mitreisenden, die als wichtig erachtet werden, während die Ausstattung und die Unterhaltungsmöglichkeiten an Bord als eher unwichtig eingestuft werden (Philipsen et al., 2019). Für die Entscheidung, ein neues Verkehrsangebot langfristig in Anspruch zu nehmen, spielt die Servicequalität eine Rolle (Chee et al., 2021).

Kontextbezogene Akzeptanzfaktoren

Unter kontextbezogenen Akzeptanzfaktoren werden im Folgenden Entwicklungsperspektiven im Zusammenhang mit der Verlagerung vom privaten Individualverkehr auf den öffentlichen Kollektivverkehr sowie Aspekte der Implementierung neuer, insbesondere fahrerloser Verkehrsdienstleistungen in den Regelbetrieb verstanden (Fraedrich & Lenz, 2015):

- **Umsetzung in den Regelbetrieb:** Die Akzeptanzbildung ist abhängig davon, ob die Implementierung neuer Verkehrsdienstleistungen als Ergänzung zum konventionellen öffentlichen Verkehr (z. B. außerhalb der Hauptverkehrszeiten) oder unabhängig davon (d. h. substituierend) erfolgt (Bala et al., 2023; Carrese et al., 2023). Im nichtöffentlichen Verkehr (z. B. „Robotaxis" in Privateigentum) sind Aspekte wie die Funktionstüchtigkeit und wahrgenommene Nützlichkeit entscheidend, während im öffentlichen Personenverkehr insbesondere die Zufriedenheit mit der Dienstleistung ausschlaggebend für die Nutzung ist (Bala et al., 2023). Darüber hinaus spielt der Betriebsbereich, d. h. die Fläche, auf der ein neues Verkehrsmittel verkehrt, eine Rolle für die Akzeptanz. Bedenken hinsichtlich des Mischverkehrs und eines möglichen Verkehrschaos, wenn fahrerlose und konventionelle Kraftfahrzeuge im gleichen Betriebsbereich verkehren, führen dazu, dass vollautomatisierte Kraftfahrzeuge aus Sicht der potenziellen Nutzerinnen und Nutzer vorzugsweise auf geschlossenen Flächen verkehren sollen und nicht dort, wo sich viele andere Verkehrsbeteiligte bewegen (Bala et al., 2023; Feys et al., 2020; Patel et al., 2023).

- **Mitfahrbereitschaft:** Die Mitfahrbereitschaft wird in empirischen Studien zur Akzeptanz neuer Verkehrsdienstleistungen häufig als spezifische Bewertungsdimension neben der allgemeinen Nutzungsbereitschaft betrachtet und bezieht sich vor allem auf die Anwesenheit anderer, möglicherweise fremder Personen im Fahrzeug (Alonso-González et al., 2021; Bala et al., 2023). Die gemeinsame Nutzung neuer Verkehrsdienstleistungen und die Bildung von Fahrgemeinschaften werden nicht grundsätzlich abgelehnt (Alonso-González et al., 2021; König et al., 2021). Allerdings kann die zusätzliche Fahrzeit, die durch die Bedienung von Mitreisenden und Umwege entsteht, ein Hindernis für die gemeinsame Nutzung darstellen (König & Grippenkoven, 2020), sogar eher noch als die Anwesenheit von Unbekannten (Lavieri & Bhat, 2019). Die Möglichkeit, die Reisezeit produktiv zu nutzen, kann dazu beitragen, dieses Hindernis zu überwinden (Lavieri & Bhat, 2019). Auch der Zweck der Fahrt spielt eine Rolle: Bei Freizeitfahrten reagieren die Nutzerinnen und Nutzer empfindlicher auf zusätzliche Personen an Bord als bei beruflichen Fahrten (z. B. Pendelverkehr) und sind bei Freizeitfahrten eher bereit, Fahrten mit Unbekannten durch Aufpreise zu vermeiden als im Pendelverkehr (Lavieri & Bhat, 2019). Darüber hinaus wird die Mitfahrbereitschaft von der Qualität der Informationen über Mitreisende (z. B. Name, Geschlecht) beeinflusst und steigt, wenn mehr Informationen angeboten werden (König et al., 2021).

- **Bereitschaft zum Modal Shift:** Das Umsteigeverhalten wird durch einstellungsbezogene Faktoren wie Innovationsfreude und Umweltbewusstsein, wahrgenommene Nützlichkeit einer Verkehrsdienstleistung und Mitfahrbereitschaft positiv beeinflusst, während sich Sorgen um die Privatsphäre negativ auswirken (Aboutorabi Kashani, Abbasi et al., 2023). Auch soziodemografische Faktoren wie Alter, Geschlecht und Haushaltsgröße spielen eine Rolle: So sind Männer aus Singlehaushalten weniger bereit, auf ein eigenes Auto zu verzichten, und jüngere Personen aus Mehrpersonenhaushalten mit mehreren Fahrzeugen verzichten eher auf ein Auto (Menon et al., 2018). Bei den reisebezogenen Faktoren reagieren Personen, die regelmäßig das Auto nutzen, empfindlicher auf Wartezeiten als Personen, die den ÖPNV nutzen und stärker auf die Reisekosten achten (Aboutorabi Kashani, Abbasi et al., 2023). Darüber hinaus spielt die Unfallerfahrung eine Rolle (Menon et al., 2018). Die Bereitschaft, auf neue Verkehrsdienstleistungen umzusteigen, ist bei Personen, die einen Unfall mit Personenschaden erlitten haben, geringer, da das Vertrauen in die Technik gesunken ist (Aboutorabi Kashani, Abbasi et al., 2023).

Nachdem in diesem Kapitel Akzeptanz definiert, der Prozess der Akzeptanzbildung erläutert und die aktuelle Forschungsliteratur zur Akzeptanz neuer Verkehrs- und Mobilitätsdienste dargestellt wurde, wird im Folgenden das Vertrauen in die Automatisierung als wichtiger psychologischer Akzeptanzfaktor beschrieben.

4.2 Vertrauen in Automatisierung

Mit „Automatisierung" werden Technologien bezeichnet, die aktiv Daten erfassen, Informationen verarbeiten, Entscheidungen treffen oder Prozesse steuern (J. Lee & See, 2004). Zunächst soll geklärt werden, warum Vertrauen im technischen Kontext, speziell im Zusammenhang mit Automatisierung, verstanden und berücksichtigt werden muss. Anschließend wird Vertrauen definiert und Vertrauensbildung als informationsbasierter und dynamischer Prozess beschrieben. Abschließend wird der Stand der Vertrauensforschung im Zusammenhang mit neuen Verkehrs- und Mobilitätsdienstleistungen dargestellt.

4.2.1 Bedeutung von Vertrauen im technologischen Kontext

Automatisierte Technologien werden zunehmend in verschiedenen Lebensbereichen (u. a. Produktion, Medizin, Mobilität) eingesetzt. Teils werden sie vermenschlicht, z. B. in Form von anthropomorphen Robotern sowie selbstständig „denkenden" und lernenden Systemen (künstliche Intelligenz). Und sie werden komplexer und damit insbesondere für Nichtfachleute undurchschaubarer. Neben vielen Vorteilen, wie z. B. der Entlastung des Menschen, bringen technische Innovationen daher aus Sicht derjenigen, die sie nutzen, auch Unsicherheiten mit sich. Mit Blick auf das autonome Fahren kann dies die Sorge zukünftiger Nutzerinnen und Nutzer sein, ob sie sicher von A nach B kommen (Brell, Philipsen & Ziefle, 2019). Vertrauen kann einerseits zur Unterstützung von Mensch-Maschine-Teams beitragen, da die Reaktionen der Nutzerinnen und Nutzer auf responsive Technologien auch sozialer und emotionaler Natur sind und somit mit zwischenmenschlichen Beziehungen vergleichbar sind (J. Lee & See, 2004). Vertrauen ermöglicht es andererseits, wahrgenommene Risiken zu kompensieren und Komplexität zu reduzieren, insbesondere dann, wenn Wissen und Informationen nicht in ausreichendem Maße vorhanden sind oder deren Beschaffung zu aufwändig wäre (Siegrist, 2001). Vertrauen wird in diesem Zusammenhang definiert als die Bereitschaft des Menschen, sich in unsicheren Situationen auf automatisierte Systeme zu verlassen (Hoff & Bashir, 2015; J. Lee & See, 2004). Entscheidend ist, dass das subjektiv empfundene Vertrauen mit der objektiven Vertrauenswürdigkeit, also der tatsächlichen Leistungsfähigkeit eines Systems, übereinstimmt (Muir, 1994). Diskrepanzen, z. B. wenn sich der Mensch auf ein fehlerhaftes System verlässt bzw. die Fähigkeiten des Systems überschätzt, oder wenn er einem funktionierenden System nicht vertraut und deshalb unnötige manuelle Eingriffe vornimmt, können zu Unfällen führen (Parasuraman & Riley, 1997). Ein Beispiel dafür ist ein Autopilot-Unfall mit einem Tesla

Model 3, der sich im März 2019 im US-Bundesstaat Florida ereignete: Das System erkannte einen die Fahrspur kreuzenden Lkw nicht eindeutig als Gefahrenobjekt und bremste nicht ab; auch der Fahrer, der sich irrtümlich blind auf das System verließ, vermutlich abgelenkt war und deshalb Warnhinweise missachtete, griff nicht in das Fahrgeschehen ein, sodass Pkw und Lkw kollidierten und der Autofahrer tödlich verunglückte (Thadani et al., 2023). Für eine sichere und damit erfolgreiche Mensch-Maschine-Interaktion ist es unerlässlich zu verstehen, wie Vertrauen entsteht und was die Vertrauensbildung beeinflusst. Dieses Wissen kann für die Entwicklung und Gestaltung einer vertrauenswürdigen Technik genutzt werden, die weder über- noch unterschätzt wird.

4.2.2 Framework: Definition von Vertrauen, Vertrauensbildung und Einflussfaktoren

Eine allgemeingültige Definition von Vertrauen gibt es nicht, da Vertrauen aus verschiedenen Perspektiven (u. a. Psychologie, Philosophie, Ökonomie) betrachtet werden kann und verschiedene Bezugspunkte (u. a. Menschen, Organisationen, Technologie) umfasst. Während Vertrauen zunächst als eine allgemeine Disposition des Menschen gegenüber seiner Umwelt verstanden wurde (Rotter, 1967), haben spätere Arbeiten Vertrauen in verschiedenen Kontexten analysiert und zwischen zwischenmenschlichen Beziehungen (Rempel et al., 1985), dem Verhältnis von Individuum und Organisation (Tan & Tan, 2000) sowie der Mensch-Technik-Interaktion (Muir, 1987) differenziert.[1] Vor diesem Hintergrund wurden verschiedene Formen des Vertrauens abgeleitet, darunter interpersonales, organisationales und technisches Vertrauen, die individuellen Mechanismen folgen, aber miteinander in Beziehung stehen können (Söderström, 2009). Beispielsweise kann die Wahrnehmung einer Technologie als nützlich, zuverlässig oder riskant davon abhängen, wie viel Vertrauen in Personen oder Organisationen aus der beteiligten Forschung und Industrie gesetzt wird (Siegrist & Cvetkovich, 2000). Im Zusammenhang mit Automatisierung wird Vertrauen häufig nach J. Lee und See (2004) als *Einstellung* definiert, die auf Annahmen über die Eigenschaften einer Technologie beruht und aus der sich Absichten ergeben, ein bestimmtes Verhalten zu zeigen, z. B. sich auf ein System zu verlassen. Damit unterscheiden die Autoren Vertrauen von Wahrnehmung und Verhalten, wobei Vertrauen zwischen diesen Faktoren vermittelt (J. Lee & See, 2004).

Vertrauensbildung als informationsbasierter Prozess

Vertrauen wird grundsätzlich zwischen zwei Parteien ausgehandelt: einem Vertrauensgeber und einem Vertrauensnehmer (kann auch ein technisches System sein) (J. Lee & See, 2004). Dabei geht es um die Fähigkeit des Vertrauensnehmers, eine wichtige Handlung auszuführen, und um die Erwartungen des Vertrauensgebers, dass der Vertrauensnehmer diese Leistung erbringen wird oder dass man sich auf ihn verlassen kann (J. Lee & See, 2004). In zwischenmenschlichen Beziehungen kann dies das Vertrauen in die Loyalität einer Person sein, in der Mensch-Maschine-Interaktion das Vertrauen in die zuverlässige Funktion eines Systems. Grundlegend für die Notwendigkeit von Vertrauen ist die Wahrnehmung von Unsicherheit und Risiko (J. Lee & See, 2004). Vertrauen ist somit immer dann relevant, wenn etwas auf dem Spiel steht, d. h. wenn der Vertrauensgeber davon abhängig ist, dass der Vertrauensnehmer in einer risikobehafteten Situation in seinem Sinne

[1] Eine ausführliche Übersicht und Chronologie der Vertrauensforschung findet sich z. B. in Hoff und Bashir; J. Lee und See (2015; 2004).

handelt, z. B. weil die Folgen einer Erwartungsverfehlung gravierend sein können (J. Lee & See, 2004). In diesem Zusammenhang ist Vertrauen die Strategie der Risikoakzeptanz (Mayer et al., 1995). Grundlage für die Vertrauensbildung sind verfügbare Informationen, Erfahrungen und Beobachtungen, die von der Demonstration technischer Fähigkeiten bis hin zu Wissen oder Vermutungen über die Handlungsabsichten des Vertrauensnehmers reichen können (J. Lee & See, 2004). Die Vertrauensbildung ist somit kontextabhängig, je nachdem, ob sich das Vertrauen auf eine Person, ein organisiertes oder ein technisches System bezieht und welche Bewertungsgrundlage vorliegt (J. Lee & See, 2004). In Abhängigkeit von der Beziehung zwischen Vertrauensgeber und Vertrauensnehmer, der Verfügbarkeit von Informationen und der Art der Informationsdarbietung erfolgt die Vertrauensbildung kognitiv oder affektiv (J. Lee & See, 2004; Lewis & Weigert, 1985). Wenn genügend Wissen vorhanden ist, ist es wahrscheinlich, dass der Mensch bei seinen Entscheidungen auf analytische Prozesse, d. h. rationale Bewertungen, zurückgreift (Hoff & Bashir, 2015; Kanawattanachai & Yoo, 2002; J. Lee & See, 2004). Sind die kognitiven Ressourcen jedoch begrenzt, greift der Mensch eher auf analoge und affektive Prozesse zurück, die unbewusst ablaufen können (Hoff & Bashir, 2015; J. Lee & See, 2004). Bei analogen Prozessen wird die wahrgenommene Vertrauenswürdigkeit durch soziale Normen und die Meinung anderer beeinflusst (Hoff & Bashir, 2015). Affektive Prozesse sind durch emotionale Reaktionen gekennzeichnet (Hoff & Bashir, 2015; J. Lee & See, 2004) und spielen bei der Vertrauensbildung eine große Rolle, da Vertrauen nicht nur etwas ist, über das die Menschen nachdenken, sondern etwas, das sie fühlen (Biermann, Otten et al., 2023; Fine & Holyfield, 1996). Die affektive Vertrauensbildung ist vor allem dann relevant, wenn z. B. noch keine anwendbaren Regelsysteme existieren (wie häufig bei innovativen Technologien, die sich noch in der Entwicklung befinden) und somit keine kalkulierten rationalen Entscheidungen getroffen werden können (J. Lee & See, 2004). Im Folgenden wird Vertrauen in zwischenmenschliche Beziehungen, in organisierte Systeme und in technische Systeme beschrieben, um die konzeptionellen Unterschiede zu verdeutlichen:

- **Vertrauen in zwischenmenschliche Beziehungen:** Interpersonales Vertrauen beschreibt das Ausmaß, in dem eine Person den Worten, Handlungen und Entscheidungen einer anderen Person vertraut und bereit ist, entsprechend zu handeln (McAllister, 1995). Interpersonales Vertrauen kann sich auf bekannte Personen oder Personengruppen in privaten oder beruflichen Beziehungen beziehen, aber auch auf unbekannte oder nicht näher definierte Gruppen wie die Gesellschaft oder die Menschheit im Allgemeinen (Barber, 1983; Rempel et al., 1985; Tan & Tan, 2000). Im letzteren Fall, der auch als „generisches" oder „soziales" Vertrauen bezeichnet wird, geht es um die Vertrauenswürdigkeit des abstrakten, verallgemeinerten Anderen, über den nur wenige Informationen vorliegen (Barber, 1983; Sønderskov & Dinesen, 2016). In zwischenmenschlichen Beziehungen basiert die Vertrauensbildung u. a. auf Integrität, Wohlwollen und gemeinsamen Werten (Mayer et al., 1995; Sitkin & Roth, 1993).

- **Vertrauen in organisierte Systeme:** Vertrauen kann sich nicht nur auf Personen, sondern auch auf organisierte Systeme beziehen (Vanhala & Tzafrir, 2021). Dazu gehören privatwirtschaftliche Unternehmen und staatliche Institutionen. Organisationales Vertrauen beschreibt einerseits die Sicht der Mitarbeitenden auf das Unternehmen, in dem sie arbeiten, andererseits die Sicht der Kundschaft auf ein werbendes Unternehmen und wird von den unternehmerischen Zielen, Werten und

Strategien geleitet (R. M. Morgan & Hunt, 1994; Tan & Tan, 2000; Vanhala et al., 2011). Institutionelles Vertrauen bezieht sich darauf, wie Individuen die Glaubwürdigkeit, Fairness, Kompetenz und Transparenz staatlicher Institutionen wahrnehmen (Sønderskov & Dinesen, 2016). Vertrauen in organisierte Systeme basiert u. a. auf rechtlichen Verfahren und formalen Regeln, Leistungsfähigkeit (z. B. Wettbewerbsfähigkeit, Nachhaltigkeit), Kommunikation, Unterstützung und Gerechtigkeit (J. Lee & See, 2004; Sitkin & Roth, 1993; Vanhala et al., 2011).

- **Vertrauen in technische Systeme:** Im Zusammenhang mit Technik, speziell Automatisierung, ist Vertrauen die Einstellung der Nutzenden, dass ein technisches System dazu beitragen wird, ihre Ziele zu erreichen bzw. ihre Erwartungen positiv zu erfüllen, und zwar in einer Situation, die durch Unsicherheit und Vulnerabilität gekennzeichnet ist, z. B. weil keine ausreichenden Fachkenntnisse vorhanden sind (J. Lee & See, 2004). Technikvertrauen basiert u. a. auf qualitativen Systemeigenschaften und Systemperformance (z. B. Zuverlässigkeit, Berechenbarkeit, Fähigkeiten) und Wissen darüber, zu welchem Zweck ein System eingesetzt werden kann (J. Lee & See, 2004).

Vertrauensbildung als dynamischer Prozess

Da sich Einstellungen z. B. unter dem Einfluss neuer Informationen schnell ändern können, beschreiben Hoff und Bashir (2015) die Vertrauensbildung als dynamischen Prozess. Sie haben ein Modell entwickelt, das die Vielschichtigkeit von Vertrauen im Automatisierungskontext abbildet, bezogen auf die Nutzenden, den Kontext einer Nutzungssituation und die Systemeigenschaften (Hoff & Bashir, 2015). Das Modell basiert auf drei Ebenen zur Beschreibung von Vertrauen, die miteinander in Beziehung stehen: dispositionales, situatives und erlerntes Vertrauen (siehe Abbildung 4.1). Dispositionales Vertrauen beschreibt die allgemeine (prädisponierte) Tendenz einer Person, Automatisierung zu vertrauen, unabhängig vom Kontext oder einem bestimmten System, und ist eine relativ stabile Persönlichkeitseigenschaft, die sich zwar im Laufe der Zeit ändern kann (z. B. durch Wertewandel, Alter), aber in einer bestimmten Nutzungssituation konstant bleibt (Hoff & Bashir, 2015). Unterschiede im dispositionalen Vertrauen zwischen verschiedenen Nutzerinnen und Nutzern ergeben sich aus der Kultur, die beeinflusst, wie Menschen Technologie wahrnehmen und bewerten, aus demografischen Faktoren (im Modell: Alter und Geschlecht) und aus Persönlichkeitsmerkmalen (Hoff & Bashir, 2015). Situatives Vertrauen hängt sowohl von der äußeren Umgebung (u. a. Art und Komplexität des Systems sowie wahrgenommene Risiken und Vorteile der Nutzung) als auch von den internen, kontextabhängigen Eigenschaften der Nutzenden (u. a. Sicherheit im Umgang mit dem System, Erfahrung) ab (Hoff & Bashir, 2015). Da Nutzerinnen und Nutzer bei der Beurteilung der Vertrauenswürdigkeit neuer Systeme auf Vorkenntnisse zurückgreifen, die sie im Umgang mit Technik in der Vergangenheit erworben haben, ist auch erlerntes Vertrauen wichtig für die Vertrauensbildung und wird direkt durch z. B. Einstellungen und Erwartungen, Erfahrungen, und Systemverständnis sowie die Systemperformance beeinflusst (Hoff & Bashir, 2015). Während das vorhandene Wissen (ebenso wie situative und dispositionale Aspekte) die Vertrauensbildung vor der Interaktion mit einem System beeinflusst und die Bereitschaft bestimmt, sich auf ein automatisiertes System zu verlassen, ist die Systemperformance während der Interaktion wichtig und ausschlaggebend dafür, ob sich die Nutzerinnen und Nutzer tatsächlich auf ein System verlassen (Hoff & Bashir, 2015).

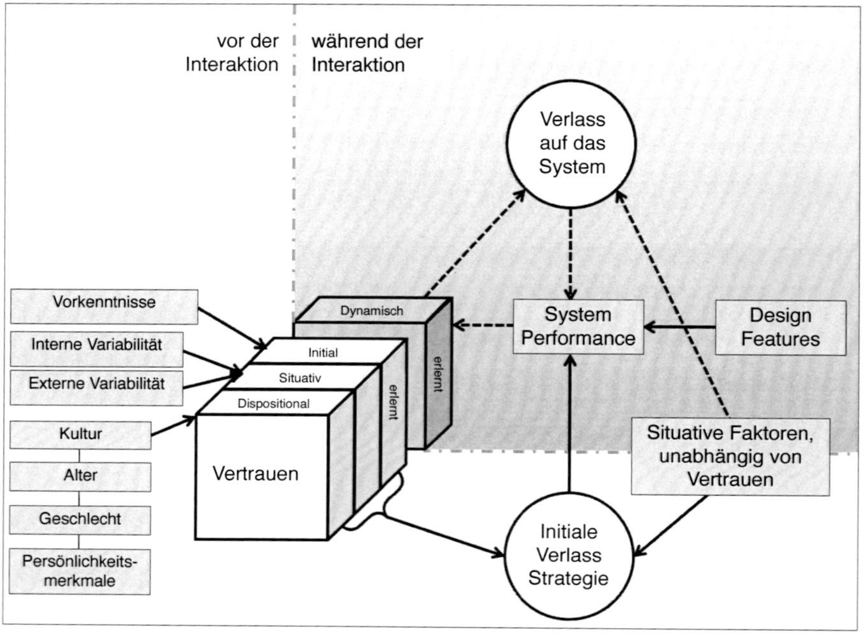

Abbildung 4.1: Faktoren, die Vertrauen in Automatisierung beeinflussen (gestrichelte Pfeile stellen Faktoren dar, die sich während einer einzelnen Interaktion ändern können) adaptiert von Hoff und Bashir (2015)

Neben verschiedenen Einflussfaktoren, die sich auf den Menschen, die Nutzungssituation und das System beziehen, wird im Modell daher auch eine zeitliche Differenzierung der Vertrauensbildung vorgenommen. Das Modell bietet eine geeignete Grundlage, um Vertrauen und die Variabilität der Vertrauensbildung zu erfassen und sichtbar zu machen, ist aber aufgrund des dynamischen Charakters von Vertrauen (als Einstellung) naturgemäß unvollständig und bedarf der kontinuierlichen Ergänzung (Atchley et al., 2023; Hoff & Bashir, 2015). Insbesondere die im Modell abgebildeten situativen Vertrauensfaktoren haben einen Arbeitsfokus und müssen in davon losgelösten Kontexten evaluiert werden. In Vorgängerstudien wurde dies bereits getan, indem z. B. wahrgenommene Vorteile und Risiken der Techniknutzung sowie weitere Einflussfaktoren des Vertrauens in verschiedenen Bereichen, darunter Medizin und Mobilität, untersucht wurden, um das Modell zu ergänzen (Hick et al., 2024; Zoellick et al., 2021).

4.2.3 Empirische Messung von Vertrauen

Da Vertrauen unterschiedlich konzeptualisiert wird (J. Lee & See, 2004; McKnight & Chervany, 2000), variiert auch die Operationalisierung, d. h. die Art und Weise, wie Vertrauen gemessen wird (Alsaid et al., 2023). Ein allgemeingültiges, für alle empirischen Untersuchungen anwendbares Messinstrument gibt es nicht (Kohn et al., 2021). Die Herausforderung besteht darin, ein geeignetes Messinstrument zu finden, das den jeweiligen Forschungskontext, z. B. zwischenmenschliche Beziehung bzw. Mensch-Maschine-Interaktion, Anwendungsbereich und das Vertrauensniveau, d. h. dispositionales, situatives, erlerntes Vertrauen (Hoff & Bashir, 2015), bestmöglich abbildet (Alsaid et al., 2023). Folglich gibt es verschiedene Möglichkeiten der Datenerhebung in Bezug darauf, *wie* (methodisch) und *was* (inhaltlich) erhoben wird, um Vertrauen zu erfassen.

Zum „*Wie*" der Datenerhebung: Eine Möglichkeit zur Datenerhebung besteht darin, Vertrauen indirekt über das Verhalten zu messen, z. B. in Experimenten, in denen untersucht wird, inwieweit Nutzerinnen und Nutzer sich auf ein technisches System verlassen und damit interagieren, siehe z. B. Liehner et al. (2022). Verhaltensbasierte Messinstrumente haben den Vorteil, dass sie Vertrauen diskret erfassen und das Verhalten in einer spezifischen Situation vorhersagen können (Alsaid et al., 2023). Sie sind jedoch häufig an ein bestimmtes experimentelles Design gebunden, und bei der Übertragung von Laborstudien auf reale Szenarien besteht die Gefahr, dass verhaltensbasierte Messungen falsch interpretiert werden, z. B. wenn ein System verwendet wird, ohne dass man ihm vertraut (was unwahrscheinlich, aber möglich ist) (Alsaid et al., 2023). Da Vertrauen, insbesondere im Kontext von Automatisierung, eine Einstellung und kein Verhalten widerspiegelt (J. Lee & See, 2004), ist es wichtig, die Nutzerinnen und Nutzer direkt nach ihren Meinungen und Erwartungen zu befragen, um Vertrauen und Vertrauensbildung zu verstehen (Alsaid et al., 2023). Zu diesem Zweck werden Messinstrumente verwendet, die auf vorformulierten Aussagen beruhen und Vertrauen als Selbsteinschätzung erfassen, z. B. in standardisierten Fragebögen (Alsaid et al., 2023). Selbsteinschätzungen sind zwar auch kein perfektes Maß, da z. B. das Antwortverhalten durch soziale Erwünschtheit verzerrt sein kann (Krumpal, 2013), haben aber den Vorteil, dass sie einfach zu handhaben sind, theoretisch fundiert sind und es etablierte Methoden zur empirischen Validierung gibt (Alsaid et al., 2023).

Zum „*Was*" der Datenerhebung: Inhaltlich hängt die Vertrauensmessung davon ab, ob direkt oder indirekt gemessen wird. Während bei indirekten Messungen u. a. Reaktionszeiten, Interventionen oder physiologische Parameter wie Augenbewegungen und Herzfrequenz erfasst werden, können bei direkten Messungen (Selbstberichte) die Teilnehmenden unmittelbar nach ihrer wahrgenommenen Vertrauenswürdigkeit und der Bereitschaft, sich auf ein System zu verlassen, befragt werden (Kohn et al., 2021). Dass für die Vertrauensbildung in verschiedenen Kontexten andere Faktoren ausschlaggebend sind (vgl. Kapitel 4.2.2), spiegelt sich in den Messinstrumenten zur Erfassung von Vertrauen wider: Während z. B. im Kontext zwischenmenschlicher Beziehungen Fragen nach Ehrlichkeit, Gefühlen und Vertrauensmissbrauch (Betrug) im Vordergrund stehen, sind im Kontext von Automatisierung eher funktionale Aspekte von Bedeutung, darunter technische Zuverlässigkeit, Performance und Funktionalität (Alsaid et al., 2023). Darüber hinaus wird zwischen Fragen zur Messung von Vertrauen und Misstrauen unterschieden, siehe z. B. Pöhler et al. (2016), die das „globale" Vertrauen als zweidimensionales Konstrukt erfassen. Dies ist insofern relevant, als die beiden Dimensionen zwar konzeptionelle Überschneidungen aufweisen, aber dennoch unterschiedlich sind (Biermann, Otten et al., 2023; Lewicki et al., 1998; Muir, 1987). Ein Defizit an Vertrauen ist nicht gleichbedeutend mit Misstrauen, und keine Bedenken zu haben ist nicht gleichbedeutend mit einer vertrauensvollen Einstellung (Lewicki et al., 1998). Ebenso können Vertrauen und Misstrauen gleichzeitig in Erscheinung treten, indem es Gründe gibt, der anderen Seite in mancher Hinsicht zu vertrauen, in anderer jedoch nicht (Lewicki et al., 1998).

In dieser Arbeit wird Vertrauen als Selbsteinschätzung auf der Basis validierter Fragebogenitems gemessen, die eine Vergleichbarkeit zwischen den verschiedenen Studien sowie mit dem bisherigen Forschungsstand ermöglichen (siehe Kapitel 5.3.4). Dabei wird auch zwischen wahrgenommenem Vertrauen und Misstrauen unterschieden, um zu untersuchen, inwieweit sich die potentiellen Nutzerinnen und Nutzer diesbezüglich unterscheiden und was ihre Einstellung beeinflusst, um den Prozess der Vertrauensbildung im vorliegenden Forschungskontext besser zu verstehen (siehe Kapitel 8). Um die verhaltensrelevanten Implikationen des „globalen" Vertrauenskonstrukts sichtbar zu machen, werden Zusammenhänge mit der Akzeptanz (hier: Nutzungsabsicht) gemessen. Es werden Aspekte des dispositionalen Vertrauens, des situativen Vertrauens und des erlernten Vertrauens adressiert, wobei die Untersuchungen vor einer Interaktion mit einem System stattfinden, d. h. das initiale Vertrauen (Anfangsvertrauen) erfasst wird.

4.2.4 Stand der Forschung: Vertrauen in neue Verkehrs- und Mobilitätsdienstleistungen

Vertrauen wird in verschiedenen Kontexten als Schlüsselfaktor für die Nutzung und Akzeptanz von Automatisierung angesehen (Hengstler et al., 2016; Kaur & Rampersad, 2018; J. D. Lee & Moray, 1994; McKnight et al., 2002; Pavlou, 2003). Vertrauen ist eine der wichtigsten Voraussetzungen, aber auch eines der größten Hindernisse für die erfolgreiche Einführung neuer Technologien (P. L. Morgan et al., 2019). Im Mobilitätssektor (insbesondere beim assistierten und autonomen Fahren) wurde Vertrauen als ein entscheidender Faktor identifiziert, der die Akzeptanz direkt und indirekt beeinflusst (Choi & Ji, 2015; Ghazizadeh et al., 2012; Gold et al., 2015; P. Liu et al., 2019; Ward et al., 2017; Xu et al., 2018; Zhang et al., 2019). Obwohl die Wissensbasis vergleichsweise noch gering ist (Paddeu, Parkhurst et al., 2020), zeigen Studien auch für neue Verkehrs- und Mobilitätsdienstleistungen Effekte zwischen Vertrauen und Akzeptanz (siehe Tabelle 4.1). Diese werden im Folgenden näher beschrieben, um die Wirkungszusammenhänge zu verdeutlichen. Anschließend wird ein Überblick über den Forschungsstand zu den Einflussfaktoren von Vertrauen gegeben, der im Zusammenhang mit neuen Verkehrs- und Mobilitätsdienstleistungen bisher kaum erschlossen ist. Abschließend wird dargestellt, inwiefern praktische Maßnahmen am Beispiel eines Gütesiegels die Vertrauensbildung fördern können.

Rolle von Vertrauen als Akzeptanzfaktor

Quantitative Studien haben gezeigt, dass das Vertrauen in einen neuen Verkehrsdienst sowohl direkt als auch indirekt und zu unterschiedlichen Messzeitpunkten (vor bzw. nach der Nutzung) mit der Nutzungsbereitschaft zusammenhängt (siehe Tabelle 4.1). In Strukturmodellen wurde Vertrauen, z. B. in die wahrgenommene Zuverlässigkeit, als positiver Prädiktor für die Nutzungsbereitschaft identifiziert (Herrenkind et al., 2019; Kaye et al., 2020; Liao et al., 2023; Nordhoff et al., 2021). Indirekte Effekte werden über klassische TAM-Faktoren vermittelt, darunter einstellungsbezogene Faktoren, z. B. die Bewertung eines fahrerlosen Shuttlebusses als positive, gute und schöne Idee (C. F. Chen, 2019; Liao et al., 2023; Z. Wu et al., 2021), sowie über die wahrgenommene Nützlichkeit (M. Liu et al., 2022). Während sich also vorhandenes Vertrauen positiv auf die Akzeptanz auswirkt, steht fehlendes Vertrauen in einem negativen Zusammenhang mit der Nutzungsbereitschaft (Hick et al., 2024). Darüber hinaus konnte gezeigt werden, dass sich das

Vertrauensniveau zwischen verschiedenen Personengruppen unterscheidet: So zeigen z. B. Personen mit einer hohen Nutzungsabsicht für neue Verkehrsdienste ein höheres Vertrauen in die Technik allgemein und in einen neuen Verkehrsdienst, während Personen mit einer geringeren Nutzungsabsicht und einer Präferenz für konventionelle Verkehrsdienste (z. B. Taxi) ein höheres Vertrauensdefizit aufweisen (Biermann, Liehner et al., 2023; Kaye et al., 2020). Auch in qualitativen Studien (z. B. Interviews) wurde Vertrauen als Akzeptanzfaktor identifiziert, wobei die Befragten Vertrauensaspekte häufig im Zusammenhang mit wahrgenommenen Risiken, insbesondere im Bereich der Sicherheit, thematisierten (Dichabeng et al., 2021; Nordhoff et al., 2019; Nordhoff et al., 2020; Paddeu, Shergold et al., 2020; Zoellick et al., 2021).

Tabelle 4.1: Übersicht quantitativer Studien zum Zusammenhang von Vertrauen und Akzeptanz im Kontext neuer Verkehrs- und Mobilitätsdienstleistungen im Personenverkehr

	Quelle	Forschungsgegenstand	Methode	Bedeutung von Vertrauen für die Akzeptanz
Erfahrungsbasiert	C. F. Chen (2019)	Autonomer Shuttleservice	Strukturgleichung ($N = 700$)	Indirekter Effekt (über Einstellung)
	Herrenkind et al. (2019)	Autonomer elektrifizierter Bus	Strukturgleichung ($N = 268$)	Positiver Prädiktor (direkter Effekt)
	Nordhoff et al. (2021)	Fahrerloser Shuttlebus	Strukturgleichung ($N = 340$)	Positiver Prädiktor (direkter Effekt)
Szenariobasiert	Hick et al. (2024)	Fahrerloser Shuttlebus	Korrelation ($N = 143$)	Misstrauen ist negativ korreliert
	Kaye et al. (2020)	Fahrerloser Shuttlebus	Regression ($N = 438$)	Positiver Prädiktor (direkter Effekt)
	Liao et al. (2023)	Ridepooling (fahrerlos)	Strukturgleichung ($N = 316$)	Positiver Prädiktor (direkter Effekt) und indirekter Effekt (über Einstellung)
	Lidynia et al. (2022)	Fahrerloser Bus	Regression ($N = 139$)	Positiver Prädiktor (direkter Effekt)
	M. Liu et al. (2022)	Robotaxi	Strukturgleichung ($N = 403$)	Indirekter Effekt (über wahrgenommene Nützlichkeit)
	M. Wu und Yuen (2023)	Gemeinsam genutzte autonome Fahrzeuge	Strukturgleichung ($N = 451$)	Positiver Prädiktor (direkter Effekt)
	Z. Wu et al. (2021)	Autonomer Bus	Strukturgleichung ($N = 401$)	Indirekter Effekt (über Einstellung)

Anmerkung: Das wahrgenommene Vertrauen wurde jeweils in Bezug auf den Forschungsgegenstand gemessen, d. h. als anwendungsspezifisches Technikvertrauen.

Einflüsse auf das Vertrauen

Grundsätzlich werden neue Verkehrs- und Mobilitätsdienstleistungen wie fahrerlose und elektrifizierte Shuttlebusse als vertrauenswürdig wahrgenommen, sowohl nach der ersten Nutzung (Herrenkind et al., 2019) als auch davor, verbunden mit einer hohen Bereitschaft, diese zu nutzen, wenn sie verfügbar sind (Biermann, Liehner et al., 2023). Dies gilt jedoch nicht für alle Menschen gleichermaßen (Biermann, Liehner et al., 2023; Kaye et al., 2020). Um zu verstehen, was die Vertrauensbildung beeinflusst, stellt sich daher die Frage, welche Faktoren das Vertrauen in neue Verkehrs- und Mobilitätsdienste fördern oder hemmen können. Auf der Grundlage der verfügbaren Literatur lässt sich sagen, dass es sich dabei um individuelle Merkmale der Nutzerinnen und Nutzer, Systemeigenschaften und wahrgenommene Risiken handelt, die im Folgenden beschrieben werden.

- **Persönlichkeit, Vorwissen und Einstellung:** Das Anfangsvertrauen in neue Verkehrsdienste (d. h. ohne Nutzungserfahrung) wird von Vertrauensdispositionen wie dem generellen Vertrauen in Automatisierungstechnik und kollektiv genutzte Verkehrsmittel beeinflusst (M. Wu & Yuen, 2023). Grundsätzlich gilt: Je ausgeprägter die Tendenz ist, der Automatisierung und den damit verbundenen Verkehrs- und Mobilitätsdienstleistungen zu vertrauen, desto ausgeprägter ist auch das Vertrauen in eine konkrete Anwendung (M. Wu & Yuen, 2023). Um sich mit neuen Verkehrsdienstleistungen wie fahrerlosen Shuttlebussen vertraut zu machen und eine Vertrauensbasis zu schaffen, werden Vergleiche mit bereits bekannten und vertrauten Verkehrsmitteln (z. B. U-Bahn, Flugzeug, Seilbahn) herangezogen (Zoellick et al., 2021). Dies schließt subjektive Erfahrungswerte zur Abgabe der Fahrverantwortung ein, z. B. in der U-Bahn, wo der Fahrer bzw. die Fahrerin meistens „unsichtbar“ ist, oder in der Seilbahn, wo kein Fahrpersonal anwesend ist und die Kommunikation mit einer Leitstelle z. B. über Lautsprecher erfolgt (Zoellick et al., 2021). Darüber hinaus spielt die Einstellung eine Rolle: Die Annahme oder Überzeugung, dass ein neuer Verkehrsdienst den persönlichen Mobilitätsbedürfnissen und Erwartungen an das Nutzungserlebnis entsprechen wird, fördert das Anfangsvertrauen (M. Wu & Yuen, 2023). Die Vertrauensbasis bilden dabei die erwartete Zuverlässigkeit der Technik, die Reputation der herstellenden und anbietenden Unternehmen und das Vertrauen in die Mitreisenden (Dichabeng et al., 2021; M. Wu & Yuen, 2023).
- **Systemeigenschaften:** Vertrauensrelevante Systemeigenschaften beziehen sich auf die wahrgenommene Einfachheit der Bedienung und den Komfort im Vergleich zu konventionellen öffentlichen Verkehrsmitteln (Liao et al., 2023; Z. Wu et al., 2021). Darüber hinaus zeigt eine Feldstudie, dass die Fahrgeschwindigkeit und die Sitzposition einen Einfluss auf die Vertrauenswahrnehmung haben, wobei eine niedrige Geschwindigkeit und eine Sitzposition in Fahrtrichtung bevorzugt werden (Paddeu, Parkhurst et al., 2020). In einem szenariobasierten Studiendesign haben Hick et al. (2024) gezeigt, dass die Anforderungen zukünftiger Nutzerinnen und Nutzer an die Systemgestaltung zur Vertrauensbildung kontextabhängig sind und im Kontext neuer Verkehrsdienste insbesondere Sicherheits- und Privatsphäreaspekte (geringe Fehlerrate, Datenschutz) eine Rolle spielen. Speziell Personengruppen mit geringer Risikobereitschaft zeigten hohe Zustimmungswerte zu verschiedenen vertrauensbildenden Maßnahmen, was die Autorinnen damit erklären, dass diese der Risikokompensation dienen und daher in der Praxis berücksichtigt werden müssen (Hick et al., 2024).

- **Wahrgenommene Sicherheitsrisiken:** Wahrgenommene Risiken schränken das Vertrauen ein (Z. Wu et al., 2021). Im Zusammenhang mit neuen Verkehrsdienstleistungen werden vor allem Sicherheitsrisiken wahrgenommenen, darunter die Sorge vor Cyberkriminalität, Haftungsunsicherheiten und Gefahren für die eigene Sicherheit (körperliche Unversehrtheit) durch fehlendes Bordpersonal und unbekannte Mitreisende, insbesondere nachts (Dichabeng et al., 2021; Paddeu, Shergold et al., 2020). Sicherheitsrisiken können das wahrgenommene Vertrauen in einen neuen Verkehrsdienst negativ beeinflussen (Liao et al., 2023). Um Vertrauen zu schaffen, wird einerseits Überwachung befürwortet, z. B. durch eine verantwortliche Begleitperson an Bord oder eine externe Leitstelle, die bei technischen Pannen oder anderen Gefahrensituationen eingreifen kann (Dichabeng et al., 2021; Paddeu, Shergold et al., 2020). Andererseits wird Informationstransparenz gefordert, z. B. in unvorhergesehenen Verkehrssituationen (Zoellick et al., 2021). Vor diesem Hintergrund diskutieren Zoellick et al. (2021) den Widerspruch zwischen Kontrollmechanismen und Vertrauensbildung, da Kontrolle und Vertrauen zumindest theoretisch unvereinbare Konstrukte darstellen: Situationen, die unter Kontrolle sind, benötigen kein Vertrauen (J. Lee & See, 2004). Die Autoren lösen diesen Widerspruch auf, indem sie das als Vertrauen beschriebene Gefühl (das durch Kontrollmechanismen wie einen Notrufknopf gefördert wird) eher als Wohlbefinden interpretieren (Zoellick et al., 2021). Vertrauen an sich ist eine Strategie, um sich in einer Situation der Unsicherheit wohl zu fühlen und Verantwortung abzugeben; Kontrollmechanismen können diese Strategie unterstützen (Zoellick et al., 2021).

Vertrauensbildung in der Praxis: Schaffen Gütesiegel Vertrauen?

Liegen Erkenntnisse über die Einflüsse auf die Vertrauensbildung bei neuen Produkten oder Dienstleistungen vor, schließt sich die Frage an, wie diese in der Praxis adressiert werden können, um Vertrauen zu schaffen. Aus Sicht der Verbraucherinnen und Verbraucher sind Gütesiegel ein Instrument, das ihnen die Entscheidung für Produkte oder Dienstleistungen erleichtern kann (Biermann et al., 2021; Thøgersen et al., 2010). Grundsätzlich werden Gütesiegel als vorteilhaft angesehen und haben das Potential, die Vertrauenswürdigkeit eines Produktes oder einer Dienstleistung sowie die Kauf- und Nutzungsbereitschaft positiv zu beeinflussen (Biermann et al., 2021; Linzenich et al., 2019). Auch eine höhere Zahlungsbereitschaft für Produkte mit Gütesiegel wurde festgestellt (Feucht & Zander, 2018). In der Praxis werden Gütesiegel daher bereits in verschiedenen Bereichen eingesetzt. Der Schwerpunkt liegt auf Umweltzeichen („Öko-Label") (Moon et al., 2017), z. B. zur Kennzeichnung des ökologischen Fußabdrucks einzelner Produkte (Thøgersen & Nielsen, 2016) oder um umweltfreundliche Produkte und Dienstleistungen auszuzeichnen (Blauer Engel, 2024), auch im Mobilitätsbereich (Freiburger Verkehrs AG, 2024; Zentralverband Karosserie- und Fahrzeugtechnik, 2024). Aber auch in anderen zukunftsweisenden Technologiefeldern wird die Funktion von Gütesiegeln untersucht. Das wissenschaftliche Interesse ist groß, wie verschiedene Forschungsarbeiten zeigen, z. B. aus dem Energiebereich (Emberger-Klein & Menrad, 2018; Linzenich et al., 2019) oder beim Cloud Computing (Emeakaroha et al., 2017). Auch im Mobilitätsbereich, insbesondere beim autonomen Fahren und den damit verbundenen neuen Verkehrs- und Mobilitätsdienstleistungen, gibt es erste Forschungserkenntnisse zur Förderung der Vertrauensbildung durch Gütesiegel (Biermann et al., 2021), wenngleich die Forschungslage hier noch begrenzt ist. Vor allem für die Zeit während oder kurz nach der Markteinführung zeigen die zukünftigen Nutzerinnen und Nutzer Interesse an einem „Mobilitätssiegel", um potentielle Unsicherheiten, z. B. aufgrund fehlender Erfahrung, zu kompensieren (Biermann et al., 2021).

Inwieweit Verbraucherinnen und Verbraucher Gütesiegel wahrnehmen und bei ihrem Konsumverhalten berücksichtigen, hängt von psychologischen Faktoren ab, u. a. von der wahrgenommenen Vertrauenswürdigkeit eines Gütesiegels (Thøgersen, 2000). Skepsis, etwa im Hinblick auf wirtschaftliche Interessen und mangelnde Kontrollen, kann das Vertrauen einschränken (Biermann et al., 2021). Informationstransparenz spielt daher eine wichtige Rolle für die Vertrauensbildung (Emberger-Klein & Menrad, 2018). Für die Entwicklung eines neuen Gütesiegels ist es entscheidend, relevante Zielgruppen zu identifizieren und deren Informationsbedürfnisse und Anforderungen an die Gestaltung des Siegels zu verstehen. Von einem Mobilitätssiegel erwarten die zukünftigen Nutzerinnen und Nutzer Angaben zur Gewährleistung von Sicherheit, zur gemeinsamen Nutzung und zur Nachhaltigkeit, die mit Vertrauen assoziiert werden (Biermann et al., 2021). Für die Vertrauensbildung ist jedoch nicht nur der Informationsgehalt relevant, sondern auch die Menge und die Präsentation der Informationen (Thøgersen, 2000). Negativ wirkt sich eine Informationsüberflutung aus (Moon et al., 2017). Daher müssen Designaspekte berücksichtigt werden, um Informationen für verschiedene Zielgruppen transparent und leicht verständlich zu kommunizieren. In diesem Zusammenhang wurde gezeigt, dass die Farbgestaltung und die Verwendung von Symbolen die Wahrnehmung beeinflussen und z. B. Ampelfarben, die vertraut sind, und prägnante (speziell eckige) Formen eine positive Wirkung haben (Emberger-Klein & Menrad, 2018; Feucht & Zander, 2018; Linzenich et al., 2021; Thøgersen & Nielsen, 2016). Für einen Fahrdienst mit fahrerlosen Shuttlebussen wünschen sich die zukünftigen Nutzerinnen und Nutzer ein zweiteiliges Mobilitätssiegel: einerseits ein analoges Siegel, das gut sichtbar und fest am Shuttlebus angebracht ist, schlicht gestaltet ist und einen hohen Wiedererkennungswert hat, andererseits ein digitales Siegel, z. B. in der Buchungs-App, das ergänzende Informationen bietet und den Austausch der Nutzerinnen und Nutzer ermöglicht, also Vertrauensbildung als Partizipationsprozess (Biermann et al., 2021).

Die Vergabe spielt eine Rolle für die Vertrauensbildung (Biermann et al., 2021; Linzenich et al., 2021). In diesem Zusammenhang wird eine staatliche Beteiligung in verschiedenen Bereichen, darunter in der Mobilität, befürwortet (Biermann et al., 2021; Sønderskov & Daugbjerg, 2011). Für ein Mobilitätssiegel wünschen sich die zukünftigen Nutzerinnen und Nutzer zudem eine von den herstellenden und betreibenden Unternehmen unabhängige Vergabeinstitution sowie regelmäßige, unangekündigte und unabhängige Prüfverfahren (Supervision) (Biermann et al., 2021). Entscheidend dafür, dass ein Gütesiegel angenommen wird, sind neben dem Anwendungskontext (Branche und Eigenschaften eines Produktes bzw. einer Dienstleistung) auch die persönlichen Eigenschaften der Verbraucherinnen und Verbraucher (Brécard et al., 2012; Thøgersen et al., 2010). So wurde z. B. gezeigt, dass demografische Faktoren wie Alter, Persönlichkeitsmerkmale einschließlich Vertrauensdispositionen und die allgemeine Einstellung zu Gütesiegeln die Vertrauenswürdigkeit beeinflussen (Linzenich et al., 2019). Für Mobilitätssiegel liegen diesbezüglich noch keine ausreichenden Erkenntnisse vor. Es konnte bislang gezeigt werden, dass einstellungsbezogene Faktoren (z. B. die Wahrnehmung eines Mobilitätssiegels als wünschenswert und nützlich) mit einem erhöhten Vertrauen in die Verkehrsdienstleistung zusammenhängen (Biermann et al., 2021).

4.3 Zusammenfassung und Forschungslücken

Vereinfacht ausgedrückt ist Akzeptanz das Ergebnis eines Prozesses, in dem wahrgenommene Chancen und Risiken der Nutzung eines bestimmten technischen Systems gegeneinander abgewogen werden, um zu einer Entscheidung (Befürwortung, Nutzung, Ablehnung) zu kommen (Schäfer & Keppler, 2013). Da innovative Technologien zunehmend komplexer und damit vor allem für Nichtfachleute unverständlicher werden, ist es nicht immer möglich, alle Vor- und Nachteile einer Technikanwendung umfassend abzuschätzen (Siegrist, 2001). Insbesondere wenn nicht genügend Wissen vorhanden ist, können neue Technologien daher zu Verunsicherung führen (Siegrist, 2001). Vertrauen ist in diesem Zusammenhang eine Strategie der Komplexitätsreduktion und Risikoakzeptanz und kann dazu beitragen, dass sich Nutzende auf eine neue Technologie verlassen, z. B. weil sie den beteiligten Fachleuten aus Forschung und Industrie vertrauen (Hoff & Bashir, 2015; J. Lee & See, 2004; Mayer et al., 1995; Nordhoff et al., 2020; Siegrist & Cvetkovich, 2000). Das bedeutet, wie ein System wahrgenommen wird (als vorteilhaft, nützlich, risikobehaftet) hat mit Vertrauen zu tun und bestimmt wiederum, ob ein System genutzt oder abgelehnt wird. Der Zusammenhang zwischen Vertrauen und Akzeptanz kann somit über die Wahrnehmung und Bewertung von Chancen und Risiken beschrieben werden (Siegrist, 2001).

Die Relevanz von Vertrauen für die Akzeptanz neuer Verkehrs- und Mobilitätsdienstleistungen wurde in empirischen Forschungsarbeiten mit qualitativen und quantitativen Methoden herausgearbeitet. Einflussfaktoren auf Akzeptanz und Vertrauen beziehen sich auf die Nutzenden, das System (technische und servicebezogene Eigenschaften) und den Kontext einer Nutzungssituation und können miteinander in Beziehung stehen. Beispielsweise sind Sicherheitsaspekte sowohl für die Nutzungsbereitschaft als auch für das wahrgenommene Vertrauen in einen neuen Verkehrsdienst relevant. Um Verzerrungen und Fehlinterpretationen bei der Übertragung wissenschaftlicher Erkenntnisse in die Praxis zu vermeiden, z. B. wenn Sicherheitsbedenken als akzeptanzrelevant identifiziert werden, die möglicherweise zugrunde liegenden Mechanismen der Vertrauensbildung aber unberücksichtigt bleiben, müssen die Wirkungszusammenhänge und das Beziehungsgefüge zwischen Akzeptanz, Vertrauen und den entsprechenden Einflussfaktoren sorgfältig differenziert und empirisch adressiert werden (Nordhoff et al., 2021). Aus dem Stand der Forschung ergeben sich folgende Forschungslücken, die mit dieser Arbeit geschlossen werden sollen:

1. **„Awareness“ und öffentliches Meinungsbild:** Relevant für die Akzeptanz sind die Einstellungen zu einer neuen Technologie aus der Sicht derjenigen, die sie zukünftig nutzen werden. Grundlegend sind das persönliche Interesse und die Wahrnehmung, Erwartungen und Abwägungen zwischen Vor- und Nachteilen der Nutzung (Kollmann, 1998). Empirische Studien fokussieren dabei häufig auf konkrete Anwendungen. Im Zusammenhang mit neuen Verkehrs- und Mobilitätsdienstleistungen wurden viele verschiedene Anwendungen untersucht. Diese sind mit dem hier fokussierten Forschungsszenario eines Fahrdienstes mit fahrerlosen Shuttlebussen entweder nur teilweise vergleichbar oder die Studien haben andere Schwerpunkte, z. B. Anforderungen an die Ausstattung und Gestaltung des Unterhaltungsprogramms an Bord (Philipsen et al., 2019). Da die Anforderungen an die Vertrauensbildung kontextabhängig sind (Hick et al., 2024), ist es als Grundlage für die empirische Untersuchung von Vertrauen und Akzeptanz erforderlich, zunächst die öffentliche

Meinung am konkreten Fallbeispiel näher zu untersuchen. Für einen Fahrdienst mit fahrerlosen Shuttlebussen sind folgende Aspekte zu evaluieren: Informationsstand und -bedarf, relevante Anwendungsfälle (Fahrtzwecke und -strecken, Konstellation der Fahrgemeinschaft), wahrgenommene Anreize und Hemmnisse der Nutzung (siehe Kapitel 6 und Kapitel 7).

2. **Einflüsse auf das initiale Vertrauen und Zusammenhänge mit der Nutzungsbereitschaft:** Dass Vertrauen ein relevanter Akzeptanzfaktor im Zusammenhang mit neuen Verkehrs- und Mobilitätsdienstleistungen ist, wird durch qualitative und quantitative empirische Studien belegt. Die Forschungsbasis ist im Vergleich z. B. zum autonomen Fahren im Allgemeinen noch weniger umfangreich (Paddeu, Parkhurst et al., 2020). Mit Blick auf die Spannbreite möglicher Anwendungsszenarien muss diese durch konkrete Fallbeispiele ergänzt werden. Was wiederum das Vertrauen beeinflusst, speziell für einen Fahrdienst mit fahrerlosen Shuttlebussen, ist noch weitgehend unerforscht. Forschungsbedarf besteht daher zum einen, um grundsätzlich aufzuzeigen, welche Faktoren das initiale Vertrauen fördern bzw. hemmen können (bezogen auf technische und dienstleistungsbezogene Merkmale und Eigenschaften der Mitreisenden) und wie diese mit der Nutzungsbereitschaft zusammenhängen; zum anderen, um zu klären, inwiefern die Vertrauensbildung in Bezug auf verschiedene Personengruppen und situationsspezifische Merkmale variiert (siehe Kapitel 8, Kapitel 9 und Kapitel 10). Aus den Antworten können Schlüsse gezogen werden, in welcher Weise die Wahrnehmung von Unsicherheiten kompensierbar ist.

3. **Praktische Vertrauensbildung durch Mobilitätssiegel:** Gütesiegel haben das Potential, die Kauf- bzw. Nutzungsbereitschaft von Produkten und Dienstleistungen positiv zu beeinflussen, auch im Mobilitätsbereich (Biermann et al., 2021; Linzenich et al., 2019). Entscheidend ist die wahrgenommene Vertrauenswürdigkeit eines Gütesiegels (Thøgersen, 2000). Daher stellt sich die Frage, was ein Gütesiegel vertrauenswürdig macht (Sønderskov & Daugbjerg, 2011). Dazu gehört Informationstransparenz (Emberger-Klein & Menrad, 2018). Für den Mobilitätsbereich liegen hierzu noch wenige Erkenntnisse vor (Biermann et al., 2021), sodass geklärt werden muss, welche Informationen im Einzelnen erwünscht sind und was ein Mobilitätssiegel inhaltlich vermitteln soll. Es ist klar, dass es nicht nur ein einziges Siegel gibt, das für alle Use-Cases geeignet ist (Linzenich et al., 2019). Entscheidend sind neben dem Anwendungskontext die unterschiedlichen Zielgruppen mit ihren individuellen Bedürfnissen und Anliegen. Was im Mobilitätskontext bisher fehlt, sind Erkenntnisse über zielgruppenspezifische Bewertungsunterschiede, z. B. welche Merkmale (Soziodemografie, Mobilitätsverhalten, Persönlichkeit) der zukünftigen Nutzerinnen und Nutzer die Einstellung zu einem Mobilitätssiegel beeinflussen (siehe Kapitel 11).

Zur Methodik: Die Grundlagenforschung zu Akzeptanz und Vertrauen im Technikkontext unterscheidet danach, ob eine Interaktion mit einem technischen System stattfindet oder nicht. Auch empirische Befunde zeigen, dass die Akzeptanz- bzw. Vertrauensfaktoren in Abhängigkeit vom Messzeitpunkt variieren. In dieser Arbeit liegt der Fokus auf der szenariobasierten Untersuchung von Vertrauen und Akzeptanz *vor* einer Fahrt in einem Fahrdienst mit fahrerlosen Shuttlebussen, d. h. auf dem initialen Vertrauen und der einstellungsbezogenen Dimension von Akzeptanz (Hoff & Bashir, 2015; Kollmann, 1998; Lucke, 1995). Vertrauen und Akzeptanz werden hier als Einstellungen verstanden, die eine Handlungsabsicht beinhalten können (konkret: den Fahrdienst zu nutzen bzw. sich auf ihn zu verlassen) (Kollmann, 1998; J. Lee & See, 2004). Da der beschriebene Fahrdienst noch nicht flächendeckend im Regelbetrieb implementiert ist, kann die Untersuchung der diesbezüglichen Einstellungen aus Sicht der zukünftigen Nutzerinnen und Nutzer wichtige Impulse für die technische Entwicklung und praktische Ausgestaltung des Dienstleistungsangebots im Konsens mit der öffentlichen Meinung liefern. Als Einstellungen unterliegen Akzeptanz und Vertrauen einer gewissen Dynamik und sind wandelbar. Daher müssen sie zu verschiedenen Zeitpunkten im Technologieentwicklungsprozess und auch nach der Markteinführung untersucht werden. Für weiterführende Forschung zur Akzeptanz von fahrerlosen Shuttlebussen und zum dynamisch erlernten Vertrauen während bzw. nach einer Testfahrt sei an dieser Stelle auf die Arbeiten von Sina Nordhoff (Nordhoff et al., 2019; Nordhoff et al., 2021; Nordhoff et al., 2020) und Daniela Paddeu (Paddeu, Parkhurst et al., 2020; Paddeu, Shergold et al., 2020; Paddeu et al., 2021) sowie deren Forschungsteams verwiesen.

5 Methodischer Rahmen

Im Folgenden wird das methodische Vorgehen zur Schließung der identifizierten Forschungslücken beschrieben.

5.1 Forschungsdesign

Das Forschungsdesign ist explorativ-empirisch und basiert auf der kombinierten Anwendung qualitativer und quantitativer sozialwissenschaftlicher Methoden. Dies wird im Folgenden dargestellt und erläutert.

5.1.1 Mixed-Methods-Ansatz

Die Mixed-Methods-Forschung betrachtet qualitative und quantitative Forschung nicht als Gegensätze, sondern setzt sie synergetisch ein, um ein Forschungsproblem aus unterschiedlichen Perspektiven zu betrachten (Kuckartz, 2014). In der sozialwissenschaftlichen Forschung haben Mixed-Methods-Ansätze in den vergangenen Jahren stark zugenommen (Timans et al., 2019). Auch in dieser Arbeit wurde ein Mixed-Methods-Ansatz gewählt, um die Vorteile verschiedener Methoden bei der Datenerhebung und -auswertung zu nutzen, mögliche methodenspezifische Grenzen auszugleichen und den Erkenntnisgewinn durch Perspektivenvielfalt zu maximieren.

Qualitative und quantitative Forschung verfolgen unterschiedliche Ziele und wenden dafür unterschiedliche Methoden an. Qualitative Forschung ermöglicht einen offenen Zugang zum subjektiven Erleben und Verhalten einer Person, das nicht direkt beobachtbar ist, erlaubt z. B. in Interviews persönliche Schilderungen komplexer Sachverhalte und ist besonders geeignet, um anhand weniger Fallberichte viele Aspekte im Detail zu untersuchen (Döring & Bortz, 2016). Quantitative Forschung erreicht durch die zeit- und ortsunabhängige Teilnahme an Online-Befragungen eine breite Masse und ermöglicht so auf der Basis großer Fallzahlen die statistische Analyse ausgewählter Aspekte, um allgemeingültige Aussagen zu treffen (Döring & Bortz, 2016). Die Herausforderung besteht darin, die verschiedenen Ansätze sinnvoll in ein Forschungsdesign zu integrieren (D. L. Morgan, 2014). In dieser Arbeit wurde ein sequentieller Ansatz gewählt, bei dem qualitative und quantitative Studien aufeinander aufbauen und die Ergebnisse der einen Studie zur Konzeption der anderen genutzt werden (Kuckartz, 2014). Zunächst wurden qualitative Vorstudien durchgeführt, um erste Einblicke in ein Forschungsthema zu gewinnen (z. B. Identifikation vertrauensbildender Aspekte durch qualitative Interviews) und Fragestellungen zu entwickeln, die dann in Fragebogenstudien quantitativ untersucht wurden (z. B. Vermessung von vertrauensbildenden Aspekten und Zusammenhängen mit der Nutzungsbereitschaft).

5.1.2 Explorativer Forschungsansatz

Die sozialwissenschaftliche Forschungsliteratur zur Vertrauens- und Nutzungsbereitschaft im Mobilitätsbereich, speziell beim autonomen Fahren, ist umfangreich. Als Forschungsgegenstand wird häufig der motorisierte Individualverkehr, insbesondere der private Pkw, betrachtet (Zoellick et al., 2021). Innovative Verkehrs- und Mobilitätsdienstleistungen, die zukünftig als Teil des öffentlichen Personenverkehrs kommerziell genutzt werden könnten, wie z. B. ein Fahrdienst mit fahrerlosen Shuttlebussen, sind vergleichsweise weniger differenziert untersucht (Paddeu, Parkhurst et al., 2020). Eine ganzheitliche Betrachtung, die unterschiedliche Einsatzszenarien, Zielgruppen, Anforderungen an die Vertrauensbildung und Zusammenhänge mit der Nutzungsbereitschaft berücksichtigt, fehlt bislang. Bestehende quantitative Forschungsarbeiten basieren häufig auf Strukturgleichungsmodellen, um die Beziehungen zwischen Vertrauen und Akzeptanz abzubilden (siehe Tabelle 4.1), was eine Spezifikation der zu berücksichtigenden Faktoren im Vorfeld der Untersuchung erfordert. Als Referenzpunkte wurden häufig klassische TAM-Faktoren modelliert, was für einen ersten Einblick in das Beziehungsgefüge hilfreich sein kann, jedoch kontext- und situationsspezifische Einflussfaktoren vernachlässigen kann. Insbesondere weil die Literatur zu den Einflüssen auf das initiale Vertrauen im Kontext neuer Verkehrs- und Mobilitätsdienstleistungen noch begrenzt ist, war ein hypothesengeleitetes Vorgehen, das umfangreiche Kenntnisse des Forschungsstandes voraussetzt, um präzise Annahmen zur Überprüfung aufstellen zu können, daher nicht zweckmäßig, sodass ein explorativer Forschungsansatz gewählt wurde (Diekmann, 2009). Ziel war es, die erhobenen Daten detailliert zu beschreiben und Strukturen (d. h. Zusammenhänge zwischen Vertrauen, Einflussfaktoren darauf und Akzeptanz) aufzuzeigen. Dazu wurden die Datensätze entlang übergeordneter Forschungsziele und offener Fragestellungen systematisch analysiert.

5.2 Datenerhebung

Die Datenerhebung erfolgte von Oktober 2017 bis September 2023. Die Befragungen fanden im deutschsprachigen Raum und in deutscher Sprache statt. Im Folgenden wird beschrieben, wie die Daten erhoben wurden.

5.2.1 Qualitative Interviews

Alle qualitativen Interviews wurden als halbstrukturierte Interviews durchgeführt. Als Grundlage für die Gesprächsführung diente ein Leitfaden mit offenen Fragen. Inhalt und Reihenfolge der Fragen waren festgelegt. Das leitfadengestützte Vorgehen ermöglichte eine systematische Datenerhebung und gewährleistete die Vergleichbarkeit der Ergebnisse, gleichzeitig waren Anpassungen an die individuelle Interviewsituation (z. B. Nachfragen) möglich. Um tiefe Einblicke in das subjektive Erleben und Empfinden der Befragten zu erhalten, wurden Einzelinterviews durchgeführt. Insbesondere da die Wahrnehmung von Vertrauen individuell und unterschiedlich ist und ein sensibles Thema darstellen kann (Biermann, Otten et al., 2023), bot die Einzelinterviewsituation einen geschützten Rahmen für die Diskussion. Aufgrund der methodenbedingten hohen Reaktivität (Döring & Bortz, 2016) wurden die Interviewenden im Vorfeld hinsichtlich der Zielsetzung der Interviewstudie und der Interviewtechnik geschult, um aussagekräftige Daten zu erheben und mögliche Verzerrungen (z. B. Antwortverzerrungen durch soziale Erwünschtheit oder Suggestivfragen) zu vermeiden. Die Durchführung der Interviews erfolgte vorzugsweise persönlich (d. h. Face-to-Face) in der häuslichen Umgebung der Befragten, alternativ auch computervermittelt (z. B. per Videokonferenz).[1]

Tabelle 5.1: Übersicht der durchgeführten Interviewstudien mit Angaben zur Stichprobe und Themenverteilung

		Interviewstudie				
		1	**2**	**3**	**4**	**5**
		$N = 54$ 19 w/35 m 17-71 J.	$N = 10$ 7 w/3 m 24-29 J.	$N = 12$ 6 w/6 m 25-80 J.	$N = 6$ 3 w/3 m 24-64 J.	$N = 5$ 2 w/3 m 18-83 J.
Thema	Informationsstand		×			
	Informationsbedarf				×	
	Nutzungsanreize und -hemmnisse	×	×	×	×	×
	Nutzungsszenarien	×				
	Vertrauensbildung			×	×	×
	Gütesiegel			×		×

Anmerkung: w = weiblich, m = männlich, J. = Jahre

Insgesamt wurden fünf Interviewstudien durchgeführt ($N = 87$). Ziel war es, bisher fehlende bzw. im Forschungsstand unzureichende Erkenntnisse zur Evaluierung eines Fahrdienstes mit fahrerlosen Shuttlebussen aus Sicht der Öffentlichkeit als Grundlage für weiterführende Studien zu gewinnen. Inhaltlich wurden folgende Themen bearbeitet: Informationsstand und Informationsbedarf, wahrgenommene Nutzungsanreize und -hemmnisse sowie mögliche Nutzungsszenarien, Anforderungen an die Vertrauensbildung und das Potential eines Gütesiegels. Zu Beginn erfolgte jeweils eine Beschreibung des Interviewablaufs und eine thematische Einführung. Die Befragten erklärten ihr Einverständnis zur Dokumentation und wissenschaftlichen Verwertung der anonymisierten Daten. Um die Befragten mit der Interviewsituation vertraut zu machen, war eine einfache Beantwortung der Einstiegsfragen vorgesehen. Einleitend wurden daher z. B. Fragen zum alltäglichen Mobilitätsverhalten gestellt. Anschließend erfolgte eine Beschreibung des Forschungsszenarios, gefolgt von detaillierten Fragen zur persönlichen Wahrnehmung und Bewertung eines Fahrdienstes mit fahrerlosen Shuttlebussen. Zusätzlich wurden Alter und Geschlecht der Befragten erfasst. In Tabelle 5.1 wird ein Überblick über die durchgeführten Interviewstudien mit Angaben zur jeweiligen Stichprobengröße, Altersspanne und Geschlechterverteilung der Befragten sowie zu den Forschungsthemen gegeben. Die verwendeten

[1] Die Datenerhebung fand zeitweise während der COVID-19-Pandemie in Deutschland mit bundesweiten Infektionsschutzmaßnahmen wie z. B. Kontaktbeschränkungen statt.

Forschungsszenarien und eine Liste der in den Interviews gestellten Fragen mit der Zuordnung der einzelnen Fragen zu den Forschungsthemen und Interviewstudien finden sich in Anhang A.1.

5.2.2 Fragebögen

Die quantitativen Erhebungen wurden in Form von vollstandardisierten schriftlichen Fragebögen durchgeführt. Die Durchführung erfolgte online. Insgesamt wurden fünf Fragebogenstudien durchgeführt. Ziel war es, die unterschiedlichen Sichtweisen potenzieller Nutzerinnen und Nutzer auf einen Fahrdienst mit fahrerlosen Shuttlebussen zu quantifizieren und Zusammenhänge zwischen der Vertrauensbildung und der Nutzungsbereitschaft sichtbar zu machen. Der Aufbau aller Fragebögen orientierte sich an etablierten Standards (Döring & Bortz, 2016): Der Titel des Fragebogens gab einen thematischen Hinweis. Die Instruktionen zum Fragebogen erfolgten in einem Einleitungstext, der Erläuterungen zum Thema und zur Zielsetzung der Studie sowie Hinweise zur Forschungsethik (u. a. Anonymität) enthielt. Um die Befragten zu motivieren, wurde ihnen die Bedeutung ihrer Teilnahme erläutert und Hilfestellung bei der Beantwortung gegeben. Sie wurden darauf hingewiesen, dass kein Vorwissen erforderlich ist und dass es keine „falschen“ oder „richtigen“ Antworten gibt. Sie wurden ermutigt, ehrlich und intuitiv zu antworten. Schließlich wurden Kontakt- und Feedbackmöglichkeiten angeboten. Die inhaltlichen Fragen wurden in vier Blöcke unterteilt. Im ersten Teil wurden soziodemografische Daten (u. a. Alter, Geschlecht, Bildungsabschluss) und Persönlichkeitsmerkmale erhoben. Im zweiten Teil wurden mobilitätsbezogene Fragen u. a. zur Verkehrsmittelnutzung gestellt. Der dritte Teil beschrieb das Forschungsszenario. Im vierten Teil erfolgte die Evaluierung des Forschungsszenarios u. a. hinsichtlich der Vertrauens- und Nutzungsbereitschaft.

Die Fragebögen enthielten überwiegend geschlossene Fragen bzw. Statements mit vorgegebenen Antwortmöglichkeiten. Vereinzelt wurden ergänzende Angaben in Freitextfeldern erfasst. Soweit möglich, wurde eine logische Abfolge von allgemeinen zu spezifischen Fragen vorgegeben. Zur Vermeidung von Reihenfolgeeffekten und damit einer verzerrenden Beeinflussung der Antworten wurden die Fragen und Items innerhalb ausgewählter Blöcke randomisiert (Moosbrugger & Brandt, 2020). Waren bestimmte Fragen nur für einen Teil der Befragten relevant, wurden Filterführungen eingesetzt. Als Messinstrumente wurden einzelne Items und psychometrische Skalen verwendet. Validierte Messinstrumente wurden bevorzugt eingesetzt. Diese wurden entweder direkt übernommen oder adaptiert, d. h. ins Deutsche übersetzt und im Wortlaut an das Forschungsszenario angepasst. Sofern keine validierten Messinstrumente zur Verfügung standen, wurden diese auf Basis qualitativer Vorerhebungen selbst entwickelt. Um die Beantwortung zu erleichtern, wurden ähnliche Fragetypen und möglichst einheitliche Antwortformate gewählt. Die Antworten wurden auf den folgenden Skalen erfasst: Nominalskala (binär und polytom, z. B. zur Erfassung der Geschlechtszugehörigkeit), Ordinalskala (z. B. zur Erfassung der Verkehrsmittelnutzung in Häufigkeiten) sowie endpunktbezogene und voll verbale Ratingskalen mit unterschiedlicher Skalenbreite (zwischen 5 und 7 Stufen) zur Erfassung von Einstellungen. Die Ratingskalen wurden unipolar formuliert, z. B. „stimme gar nicht zu“ bis „stimme voll zu“, und bipolar, z. B. „negativ“ bis „positiv“.

5.2.3 Adaptive Choice-based Conjointanalyse

Ergänzend zur konventionellen Fragebogen-Methode wurde eine Adaptive Choice-based Conjointanalyse (ACBC) durchgeführt. Dabei werden Entscheidungssituationen möglichst realitätsnah simuliert, indem relevante Faktoren im Verbund gemessen werden (Baier & Brusch, 2021). Das bedeutet, dass die zur Bewertung vorgelegten Faktoren nicht nacheinander, d. h. isoliert voneinander, wie bei Ratingskalen in konventionellen Fragebögen, sondern in Relation zueinander betrachtet werden. Konkret bewerteten die Befragten verschiedene Szenarien der Nutzung eines Fahrdienstes mit fahrerlosen Shuttlebussen unter Berücksichtigung verschiedener Faktoren (z. B. Zeitpunkt und Zweck der Fahrt, Sicherheitsvorkehrungen an Bord), um durch Abwägen zwischen Alternativen zu einer Entscheidung zu gelangen (hier: Wahrnehmung einer Nutzungssituation als vertrauenswürdig oder nicht vertrauenswürdig, siehe Kapitel 10). Ziel war es, herauszufinden, welche Szenarien bevorzugt als vertrauenswürdig wahrgenommen werden, welche Bedeutung verschiedene Kontext- und Situationsfaktoren für die Vertrauensbildung haben und Zielkonflikte (Trade-offs) sichtbar zu machen. Um ein Beispiel zu nennen: Durch die Analyse wird deutlich, wie wichtig das Verkehrsumfeld, in dem sich der beschriebene Fahrdienst bewegt, für die Vertrauensbildung ist und inwieweit wahrgenommene Unsicherheiten, etwa in Bezug auf die Fahrgeschwindigkeit, akzeptiert und durch vertrauensbildende Sicherheitsvorkehrungen kompensiert werden können. Im Gegensatz zur klassischen Choice-based Conjointanalyse wurden die Entscheidungsaufgaben an die individuellen Präferenzen der Befragten angepasst, indem vorab sogenannte Must-Haves und No-Gos (hier: Mindestanforderungen und Ausschlusskriterien, um Vertrauen zu gewinnen) ausgewählt wurden. Auf diese Weise konnten insgesamt mehr Faktoren zur Bewertung vorgelegt werden, aus denen die Befragten dann nur die jeweils relevanten auswählten. Dieser *adaptive* Ansatz vereinfacht die Entscheidungssituation und stellt sie für die Befragten realistischer und interessanter dar (Brand & Baier, 2021).

5.3 Operationalisierung

Um Wiederholungen in der Methodenbeschreibung zu vermeiden, werden im Folgenden die in den Fragebogenstudien übergreifend verwendeten Variablen (siehe Tabelle 5.2) dargestellt. Studienspezifische Items werden in den jeweiligen Ergebniskapiteln vorgestellt. Eine Übersicht über alle verwendeten Items mit Angabe der Quelle und der Skala findet sich in Anhang A.3, mit Ausnahme der soziodemografischen und mobilitätsbezogenen Fragen und Antwortmöglichkeiten, die im Rahmen der Stichproben- und Ergebnisbeschreibung dargestellt werden.

5.3.1 Soziodemografie

Zur Stichprobenbeschreibung und Überprüfung der Repräsentativität wurden soziodemografische Daten erfasst. In allen Fragebogenstudien wurden das Alter, die Geschlechtszugehörigkeit und der höchste Bildungsabschluss erhoben. Überwiegend wurden auch das monatliche Haushaltsnettoeinkommen und der Wohnort erhoben, da diese in verschiedenen empirischen Studien als akzeptanzrelevant identifiziert wurden (Bala et al., 2023).

Tabelle 5.2: Auflistung der in den Fragebogenstudien übergreifend verwendeten Variablen

Variable	Kapitel					Referenz
	7	8	9	10	11	
Soziodemografie						
Alter	×	×	×	×	×	
Geschlecht	×	×	×	×	×	
Bildungsabschluss	×	×	×	×	×	
Haushaltsnettoeinkommen	×		×	×	×	
Wohnort	×		×	×		
Mobilitätsprofil						
Führerscheinbesitz	×	×	×	×	×	
Pkw-Besitz	×		×	×	×	
Verkehrsmittelnutzung	×	×	×	×	×	
Angewiesenheit Auto	×					
Bevorzugte Rolle im Auto	×					
ÖPNV-Ticket	×					
Persönlichkeit						
Interpersonales Vertrauen		×	×	×	×	Beierlein et al. (2012)
Technikvertrauen						
Variante 1 (allgemein)	×					selbst entwickelt
Variante 2 (allgemein)		×				Jessup et al. (2019)
Variante 3 (Mobilität)			×	×		selbst entwickelt
Risikobereitschaft		×	×	×	×	Beierlein et al. (2014)
Kontrolldisposition						
Variante 1		×				selbst entwickelt
Variante 2				×		Kovaleva et al. (2014)
Privatsphäredisposition	×		×			selbst entwickelt
Forschungsszenario						
Vertrauen		×	×	×	×	Jessup et al.; Pöhler et al. (2019; 2016)
Nutzungsbereitschaft						
Variante 1	×	×	×	×	×	in Anlehnung an Davis et al. (1989)
Variante 2			×			Nordhoff et al. (2021)

5.3.2 Mobilitätsprofil

Um Entwicklungen im Mobilitätsbereich untersuchen zu können, ist ein grundlegendes Verständnis des aktuellen Mobilitätsverhaltens und der Mobilitätsbedürfnisse notwendig. Daher wurden mobilitätsbezogene Merkmale mit Schwerpunkt Land- bzw. Straßenverkehr erhoben. In allen Fragebogenstudien wurden der Besitz eines Pkw-Führerscheins (ja/nein) und die Nutzungshäufigkeit verschiedener Verkehrsmittel (u. a. Pkw, Carsharing, ÖPNV, Fahrrad) erhoben. Überwiegend wurde auch der Besitz eines Pkw erhoben (ja/nein). In der Fragebogenstudie Nr. 1 (Kapitel 7) wurden zusätzlich Angaben zur Angewiesenheit auf ein Auto (ja/nein), zum Besitz eines ÖPNV-Tickets (ja/nein) und zur bevorzugten Position im Auto (Fahrer/in oder Beifahrer/in) erhoben, da in dieser Studie u. a. der Fokus auf dem Ist-Zustand der Verkehrsmittelnutzung lag, während die mobilitätsbezogenen Merkmale in den anderen Studien zur näheren Beschreibung der Stichproben herangezogenen wurden.

5.3.3 Persönlichkeitsmerkmale

Zur näheren Stichprobenbeschreibung und Einordnung der Ergebnisse unter Berücksichtigung individueller Dispositionen wurden Persönlichkeitsmerkmale erhoben. Vertrauen bedeutet, sich unter Unsicherheit auf etwas oder jemanden zu verlassen (Hoff & Bashir, 2015; J. Lee & See, 2004). Daher wurden die Risikowahrnehmung und die Vertrauensdispositionen, aus denen sich die allgemeinen Tendenzen und Neigungen einer Person in dieser Hinsicht ableiten lassen, erhoben. Zusätzlich wurden Kontroll- und Privatsphäredispositionen erfasst, da sich diese im Forschungsstand (Axsen & Sovacool, 2019; Bala et al., 2023) und in den qualitativen Vorstudien als relevant erwiesen haben. Neben validierten Messinstrumenten wurden auf der Basis qualitativer Vorstudien selbst entwickelte Items verwendet in Bezug auf das allgemeine Technikvertrauen (5 Items, z. B. „Man kann Maschinen nie zu hundert Prozent vertrauen“), das Vertrauen in autonomes Fahren (5 Items, z. B. „Autonome Fahrzeuge machen im Durchschnitt weniger Fehler als Menschen“), die Kontrolldisposition (5 Items, z. B. „Ich habe Situationen gerne selbst unter Kontrolle“) und die Privatsphäredisposition (9 Items, z. B. „Es ist mir wichtig zu wissen, was mit meinen Daten passiert“).

5.3.4 Evaluierung des Forschungsszenarios

Zur Bewertung des Forschungsszenarios wurden das wahrgenommene Vertrauen in einen Fahrdienst mit fahrerlosen Shuttlebussen und die Nutzungsbereitschaft erhoben.

Vertrauen

Das initial wahrgenommene („globale“) Vertrauen in einen Fahrdienst mit fahrerlosen Shuttlebussen wurde mit 6 Items gemessen, die den Dimensionen „Vertrauen“ und „Misstrauen“ zugeordnet sind, siehe Tabelle 5.3.[2] Die Items stammen aus den validierten Messinstrumenten „Trust in Automated Systems“ (Jian et al., 2000) nach der deutschen Übersetzung von Pöhler et al. (2016) und „Propensity to Trust Technology“ (Schneider et al., 2017) nach Jessup et al. (2019). „Trust in Automated Systems“ misst die wahrgenommene Vertrauenswürdigkeit einer Technologie. Das Messinstrument ist etabliert (Alsaid et al.,

[2]Eine Strukturprüfung mittels Hauptkomponentenanalyse findet sich in Biermann, Philipsen und Ziefle (2023).

Tabelle 5.3: Studienübergreifend verwendete Items zur Messung des „globalen" Vertrauens in einen Fahrdienst mit fahrerlosen Shuttlebussen

Items	Quelle
Vertrauen	
Ich glaube, der autonome Shuttlebus wäre vertrauenswürdig.	Pöhler et al. (2016)
Im Allgemeinen würde ich dem autonomen Shuttlebus vertrauen.	Jessup et al. (2019)
Ich würde mich auf den autonomen Shuttlebus verlassen.	Jessup et al. (2019)
Misstrauen	
Ich würde den Entscheidungen des autonomen Shuttlebusses misstrauen.	Pöhler et al. (2016)
Ich glaube, die Handlungen des autonomen Shuttlebusses hätten negative Auswirkungen zur Folge.	Pöhler et al. (2016)
Ich würden den Informationen, die ich von dem autonomen Shuttlebus erhalte, nicht vertrauen.	Jessup et al. (2019)

Anmerkung: Der Forschungsgegenstand wurde in der Itemformulierung überwiegend mit „autonomer Shuttlebus", alternativ auch mit „autonomer Fahrdienst" beschrieben. In allen Fällen wurde eine ausführliche Beschreibung des Forschungsszenarios vorangestellt mit dem Hinweis, sich bei der Beantwortung der folgenden Aussagen daran zu erinnern.

2023) und wurde daher zu Vergleichszwecken herangezogen. Einzelne Items können jedoch nur in der konkreten Mensch-Technik-Interaktion intuitiv beantwortet werden (z. B. „Das System verhält sich undurchsichtig"). Diese waren im vorliegenden Forschungskontext nicht sinnvoll einsetzbar. Daher wurden zusätzlich Items aus dem Instrument „Propensity to Trust Technology" übernommen, das die Vertrauensbereitschaft im Umgang mit Technik misst und somit auch szenariobasiert geeignet ist. Die Auswahl der Items erfolgte unter der Prämisse, dass sie im Rahmen einer szenariobasierten Bewertung vor dem Hintergrund einer in der Praxis noch nicht flächendeckend verfügbaren Verkehrsdienstleistung möglichst intuitiv beantwortet werden können. Die Items wurden im Wortlaut an das Forschungsszenario angepasst, d. h. statt eines generischen Systems wurde ein Fahrdienst mit fahrerlosen Shuttlebussen beschrieben. Um die Beantwortung zu erleichtern, wurden Formulierungen wie „Ich glaube, dass ..." oder die Verwendung des Konjunktivs gewählt.

Nutzungsbereitschaft

Die Items zur Messung der Nutzungsbereitschaft orientierten sich an den Variablen des von Davis et al. (1989) beschriebenen Technikakzeptanzmodells in Bezug auf die Verhaltensabsicht (z. B. „Wenn ein autonomer Shuttlebus in meiner Stadt verfügbar wäre, würde ich ihn nutzen"), die wahrgenommene Nützlichkeit (z. B. „Der autonome Shuttlebus wäre eine nützliche Ergänzung zum konventionellen ÖPNV") und Einstellungen wie das persönliche Nutzungsinteresse (z. B. „Mir gefällt der autonome Shuttlebus"). Die Items wurden selbst formuliert oder aus bestehenden Forschungsarbeiten adaptiert. Einmalig wurde die Kompatibilität mit Mobilitätsbedürfnissen vermessen (Nordhoff et al., 2021).

5.4 Stichprobenauswahl

Aus Datenschutzgründen wurde die Altersgrenze für die Teilnahme an den Studien auf 16 Jahre festgelegt.[3] Die Stichprobenkonstruktion erfolgte ad hoc, d. h. durch die Auswahl niedrigschwellig erreichbarer Personen im universitären Umfeld, in sozialen Netzwerken und in Fachforen zum Thema Mobilität. Die Akquise in den Interviewstudien erfolgte durch die persönliche Ansprache von Personen mit bestimmten soziodemografischen Merkmalen (z. B. Alter und Geschlecht). Die Akquise für die Fragebogenstudien erfolgte über öffentliche Aufrufe zur Teilnahme, wie die Bereitstellung des Links zum Fragebogen im Internet, sowie über die gezielte direkte Ansprache von Personen, z. B. über personalisierte E-Mails. Dieser kombinierte Ansatz ermöglichte es, besonders motivierte Personen zu finden (z. B. in Fachforen) und gleichzeitig durch die persönliche Ansprache auch zurückhaltende Personen zu erreichen (Döring & Bortz, 2016). Einmalig wurde eine repräsentative Quotenstichprobe aus dem Zensus über ein Online-Access-Panel herangezogen. Pretests stellten sicher, dass das Befragungsmaterial inhaltlich und sprachlich verständlich im Sinne einer einfachen Beantwortung und – im Falle von Online-Befragungen – einfach zu handhaben war. Die Pretests wurden stufenweise durchgeführt. Zunächst wurden Fachkolleginnen und -kollegen befragt, um inhaltliches und methodisches Feedback zu erhalten. Anschließend wurden Pretests mit Personen mit unterschiedlichem Hintergrund (Demografie, Einstellungenetc.) durchgeführt, die als Teilnehmende in Frage kamen und aus dieser Perspektive Feedback gaben. Die Teilnahme an den Studien war freiwillig und – mit Ausnahme des Online-Access-Panels – ohne Bezahlung oder sonstige Vergütung. Die Befragten hatten jederzeit die Möglichkeit, die Befragung ohne Angabe von Gründen abzubrechen.

5.5 Datenaufbereitung und -analyse

Das Vorgehen zur Datenaufbereitung und -analyse wird im Folgenden getrennt für qualitative und quantitative Daten beschrieben.

5.5.1 Qualitative Daten

Alle Interviews wurden aufgezeichnet (Tonaufnahme) und vollständig transkribiert nach den Kriterien der Minimaltranskription (Selting et al., 2009). Personenbezogene Daten wurden anonymisiert. Die Auswertung der Daten erfolgte mittels qualitativer Inhaltsanalyse (Mayring, 2022). Dabei werden für das Material (hier: Interviewtranskripte) zunächst Analyseeinheiten definiert. Den Analyseeinheiten werden Kodes zugeordnet, um die jeweiligen inhaltlichen Merkmale zu benennen, die dann zu Kategorien zusammengefasst werden. Das Vorgehen ist systematisch, d. h. der Ablauf und die Analysetechnik sind regelgeleitet und gewährleisten intersubjektive Nachvollziehbarkeit (Mayring & Fenzl, 2022). Das Ziel war es, das Material zu strukturieren und auf wesentliche Inhalte zu reduzieren. Im Rahmen der Bearbeitung zusammenhängender Forschungsthemen kann die Analyse der in verschiedenen Studien generierten Datensätze mit dem Ziel eines fallübergreifenden Kategoriensystems verknüpft werden (Döring & Bortz, 2016). Die Gesamtheit aller Inter-

[3] Nach der Datenschutzgrundverordnung (DSGVO) können Minderjährige ab 16 Jahren selbst in die Verarbeitung personenbezogener Daten einwilligen, während bei jüngeren Personen die Einwilligung einer verantwortlichen Person (z. B. eines Elternteils) erforderlich ist (Artikel 8 Absatz 1 DSGVO).

viewtranskripte ($N = 87$) bildete somit die Grundlage der Auswertung (Auswertungseinheit). Die Auswertung erfolgte fallweise, d. h. unter Berücksichtigung der in den einzelnen Interviews gesammelten Informationen (Kontexteinheit). Das Wort (z. B. Substantiv) war die kleinste zu analysierende Textkomponente (Kodiereinheit). Die Kategorienbildung erfolgte deduktiv-induktiv. Zunächst wurden theoriegeleitet auf Basis der Interviewleitfäden Hauptkategorien an das Material herangetragen, die aus Vorüberlegungen und dem Forschungsstand entwickelt wurden (deduktive Kategorienbildung). Anschließend wurden in einem iterativen Prozess Unterkategorien aus dem Datenmaterial entwickelt (induktive Kategorienbildung).

5.5.2 Quantitative Daten

Die erhobenen quantitativen Daten wurden zunächst einer Qualitätskontrolle unterzogen unter Berücksichtigung folgender Kriterien:

- **Vollständigkeit:** Fälle wurden aus dem Datensatz entfernt, wenn die Angaben überwiegend unvollständig waren, z. B. wenn die Szenarienbewertung gänzlich unbeantwortet blieb. Wenn einzelne Fragen unbeantwortet blieben oder einzelne Angaben zu einer Frage fehlten, aber eine Gesamtinterpretation möglich war, wurden die Fälle im Datensatz belassen. Als Grenzwert für fehlende Daten pro Indikator wurden bis zu 5% als tolerierbar angesehen (Schendera, 2007).

- **Bearbeitungszeit:** Fälle mit einer Bearbeitungszeit von weniger als 50% des Medians der Bearbeitungszeit für die gesamte Stichprobe wurden aus dem Datensatz entfernt, da davon ausgegangen wurde, dass eine sorgfältige und realistische Beantwortung in dieser Zeit nicht möglich war (Greszki et al., 2015).

- **Plausibilität:** Die Freitextfelder und Wertebereiche wurden auf Plausibilität geprüft mit dem Ziel, fragwürdige Eingaben zu identifizieren und aus dem Datensatz zu entfernen, z. B. unrealistische Angaben zu Alter und Wohnort. Die auf Ratingskalen erfassten Antworten wurden auf stereotype Muster überprüft, z. B. das systematische Ankreuzen von inhaltlich widersprüchlichen Extremwerten. Als Anhaltspunkt wurde die intraindividuelle Antwortvariabilität verwendet (Dunn et al., 2018). Fälle mit keiner oder geringer Streuung im Datensatz wurden gesichtet und bei inhaltlichen Widersprüchen aussortiert. Zusätzlich wurden Kontrollfragen (z. B. „Klicken Sie hier stimme voll zu an“) eingesetzt, um zu prüfen, ob die Befragten aufmerksam antworteten.

- **Einheitlichkeit:** Das Skalenniveau der Variablen wurde überprüft und ggf. angepasst. Indikatoren mit unterschiedlichen Formulierungen (positiv/negativ) wurden vor der Berechnung der Indexwerte umgepolt.

Für die statistische Datenanalyse wurden studienübergreifende Konventionen festgelegt. Ratingskalen wurden als metrische Skalen betrachtet (Porst, 2009). Zur Beurteilung der Reliabilität von Messinstrumenten mit mehreren Items wurde Cronbach's Alpha (α) berechnet und bei Werten $\geq .7$ die interne Konsistenz als akzeptabel, d. h. als zuverlässige Messung angesehen (Blanz, 2021). Für die Datenanalyse wurden deskriptive und inferenzstatistische Methoden (siehe Liste unten) verwendet. Die Voraussetzungen für die statistischen Analysen wurden geprüft (z. B. Normalverteilung, Homogenität der Varianzen). In Fällen, in denen Verletzungen dieser Annahmen festgestellt wurden, wurden entsprechende Maßnahmen ergriffen, etwa nicht-parametrische Tests oder geeignete Korrekturen angewendet, um die Validität der Ergebnisse sicherzustellen. Als Signifikanzniveau wurde $\alpha = .05$ angenommen (bei multiplen Tests mit Bonferroni-Korrektur). Zur Beschreibung von Effektstärken wurden Cohen's d (Cohen, 1988), Phi-Koeffizient ϕ, partielles Eta-Quadrat (η_p^2) und Korrelationskoeffizienten (r, ρ) angegeben.

- **Korrelationsanalyse:** Bivariate Korrelationen wurden berechnet, um das Ausmaß und die Richtung eines Zusammenhangs zwischen zwei Variablen zu analysieren. Bei Abweichungen von der Normalverteilung wurde für metrische Variablen der Rangkorrelationskoeffizient nach Spearman (ρ) angegeben.

- **Varianzanalyse:** Zur Untersuchung von Gruppenunterschieden wurden Varianzanalysen berechnet. Bei Verletzungen der Varianzhomogenität wurden Welch-Tests durchgeführt. Um eine Verzerrung der F-Werte zu korrigieren, wurde bei wiederholten Messungen die Greenhouse-Geisser-Korrektur verwendet.

- **Regressionsanalyse:** Zur Schätzung der Modellgüte wurde bei der binominalen logistischen Regressionsanalyse Nagelkerkes R^2 und bei der linearen Regressionsanalyse das korrigierte R^2 angegeben. Zur Vorhersage von Zusammenhängen zwischen einer unabhängigen und einer abhängigen Variable unter Berücksichtigung einer dritten Variable wurde eine GLM („Generalized Linear Model")-Mediationsanalyse verwendet.

- **Faktorenanalyse:** Zur Strukturprüfung und Datenreduktion wurden Faktorenanalysen durchgeführt. Die explorative Faktorenanalyse (EFA) wurde verwendet, um die optimale Anzahl zugrunde liegender latenter, d. h. nicht direkt beobachtbarer Faktoren in einem Itemset zu identifizieren (Hauptachsenanalyse mit obliquer Rotation (oblimin direkt)). Die Hauptkomponentenanalyse mit Varimax-Rotation wurde verwendet, um möglichst wenige distinkte Komponenten zu extrahieren. Das Kaiser-Meyer-Olkin-Maß (KMO) und der Bartlett-Test auf Sphärizität wurden herangezogen, um zu prüfen, ob eine Stichprobe angemessen für die Analyse ist und die Items hinreichend korrelieren. KMO-Werte $> .5$ wurden als akzeptabel interpretiert (Field, 2009). Items, die mit allen anderen Items nur schwach ($< .3$) korrelierten, wurden von der Analyse ausgeschlossen, da davon auszugehen war, dass sie wenig zum Verständnis der Datenstruktur beitragen (Tabachnick & Fidell, 2007). Zur Extraktion der Faktoren bzw. Komponenten wurden Eigenwerte > 1.0 und der Screeplot berücksichtigt (Field, 2009).

- **Clusteranalyse:** Mit Hilfe hierarchischer Clusteranalysen wurden die Befragten anhand der Bewertung ausgewählter Indikatoren in Gruppen eingeteilt, die in sich möglichst homogen und untereinander möglichst heterogen sind. Ausreißer wurden von der Analyse ausgeschlossen.

5.6 Studienaufbau

In Abbildung 5.1 ist der Studienaufbau mit Angaben zum Untersuchungsgegenstand, methodischen Zugriff und zu den Ergebnissen sortiert nach den bearbeiteten Forschungslücken und den jeweiligen Kapiteln dargestellt.

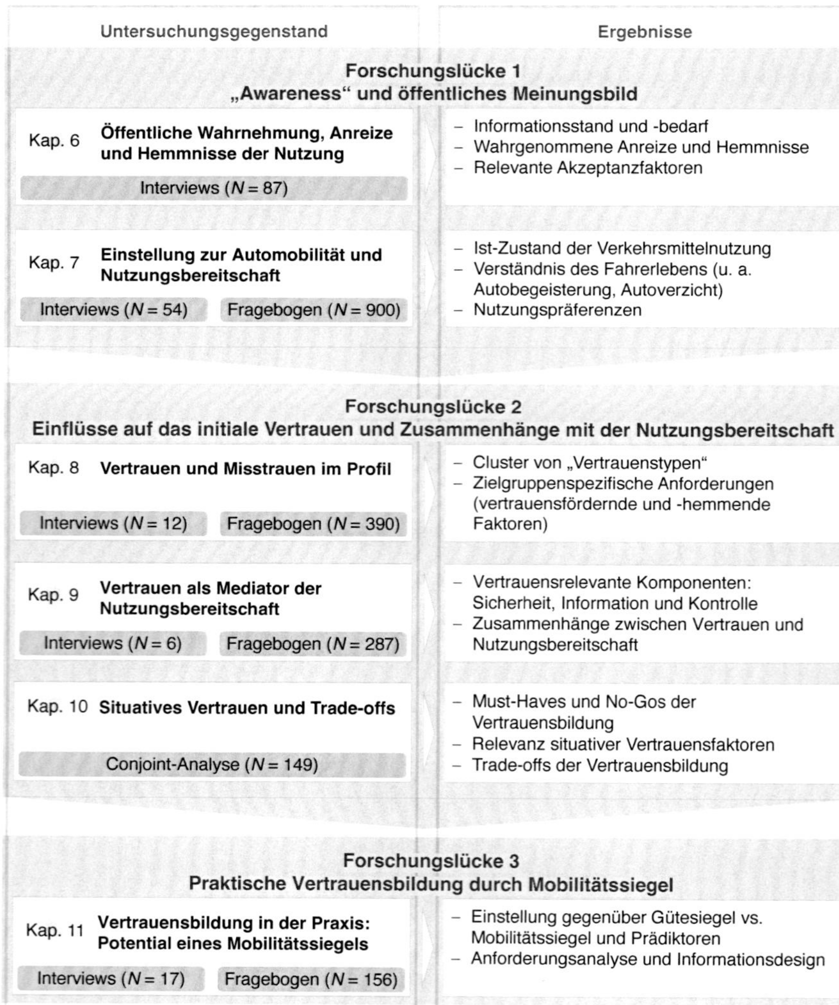

Abbildung 5.1: Studienaufbau

6 Öffentliche Wahrnehmung, Anreize und Hemmnisse der Nutzung

Da neue Verkehrs- und Mobilitätsdienstleistungen unterschiedlich ausgestaltet sein können, somit unterschiedliche Nutzungsformen ermöglichen (vgl. Kapitel 2.2) und sich die Forschungsliteratur zu Akzeptanz und Vertrauen dementsprechend auf unterschiedliche Forschungsgegenstände bezieht (vgl. Kapitel 4), soll das öffentliche Meinungsbild zunächst für den konkreten Anwendungsfall eines Fahrdienstes mit fahrerlosen Shuttlebussen erfasst werden. Die Auseinandersetzung mit den wahrgenommenen Anreizen und Hemmnissen der Nutzung aus Sicht der Menschen, die den beschriebenen Fahrdienst in Zukunft nutzen könnten, ermöglicht Einblicke in relevante Akzeptanzfaktoren und erste Antworten auf die Frage, welche Rolle Vertrauen dabei spielt.

6.1 Zielsetzung und Forschungsfragen

Das Forschungsziel war es, die öffentliche Wahrnehmung eines Fahrdienstes mit fahrerlosen Shuttlebussen zu erfassen und Bewertungskriterien als Grundlage für Folgestudien zu identifizieren. Dazu wurden folgende Forschungsfragen bearbeitet:

Wie sind der Informationsstand und -bedarf? Ziel war es, den Bekanntheitsgrad von fahrerlosen Shuttlebussen abzubilden sowie (unrealistische) Vorstellungen und Wissenslücken zu identifizieren. Diesbezügliche Erkenntnisse bildeten die Basis für eine bedarfsgerechte Beschreibung des Forschungsszenarios in Folgestudien und können für Aufklärungs- und Sensibilisierungsmaßnahmen in der Praxis genutzt werden.

Was sind Anreize und Hemmnisse hinsichtlich der Nutzung? Ziel war es, relevante Akzeptanztreiber zu identifizieren. Ein Fokus lag auf der Risikowahrnehmung und der Rolle des initial wahrgenommenen Vertrauens hinsichtlich der Nutzung eines Fahrdienstes mit fahrerlosen Shuttlebussen. Diesbezügliche Erkenntnisse bildeten die Basis für konsekutive Forschungsfragen.

6.2 Methodisches Vorgehen und Stichprobe

Zur Beantwortung der Forschungsfragen wurden halbstrukturierte Interviews durchgeführt (vgl. Kapitel 5.2.1, Interviewstudien Nr. 1 bis Nr. 5). Insgesamt wurden 87 Personen befragt (37 Frauen und 50 Männer). Die Altersspanne lag zwischen 17 und 83 Jahren (M = 35.7, SD = 16.9). Die in den Interviews gestellten Fragen sind in Anhang A.1 gelistet. Die Datenauswertung erfolgte mittels qualitativer Inhaltsanalyse nach Mayring (2022) (vgl. Kapitel 5.5.1). Der Kodierleitfaden mit Kategoriensystem, Definitionen und Ankerbeispielen befindet sich in Anhang A.2.

6.3 Studienergebnisse

Im Folgenden werden die Ergebnisse entlang der Forschungsfragen zusammengefasst. Der Ergebnisteil ist nach Sinnabschnitten gegliedert, denen mehrere Kategorien gleichzeitig zugeordnet sind (Kuckartz & Rädiker, 2022). Direkte Zitate aus den Interviewtranskripten, die die zusammengefassten Inhalte exemplarisch darstellen, sind eingerückt und kursiv gesetzt. Angaben zu Geschlecht und Alter der Befragten sowie zur Interviewstudie sind in Klammern gesetzt.

6.3.1 Informationsstand

Der Informationsstand über einen Fahrdienst mit fahrerlosen Shuttlebussen, der zukünftig im öffentlichen Personenverkehr eingesetzt werden könnte, war überwiegend gering. Die Vorstellungen waren vage bis konkret: Eine Befragte assoziierte mit fahrerlosen Shuttlebussen künstliche Intelligenz sowie verschiedene Technologien zur Kommunikation und Interaktion. Ein weiterer Befragter beschrieb ein reales Konzept aus Forschung und Praxis. Als Informationsquellen wurden ein universitäres Arbeitsumfeld an der RWTH Aachen University, ein Bürgerdialog zur Mobilität der Zukunft sowie Science-Fiction-Filme genannt.

> *„In Science-Fiction-Filmen kam das ein paar mal vor, aber mir war nicht bewusst, dass es so etwas im realen Leben gibt. [...] die Autos konnten sprechen und du hattest eine App, mit der du die rufen konntest oder das war in dich rein implementiert, ein Chip oder so, das war eher so künstliche Intelligenz mäßig." (weiblich, 24 Jahre, Interviewstudie Nr. 2)*

> *„Dadurch, dass wir hier am RWTH Campus sind, habe ich von dem e.Go Mover mitbekommen. Das ist halt ein Shuttle, der autonom durch bestimmte Strecken fährt und Leute auf dem Weg mitnehmen kann. Da passen ungefähr zehn Leute rein und der fährt halt komplett ohne Fahrer." (männlich, 25 Jahre, Interviewstudie Nr. 2)*

6.3.2 Informationsbedarf

Nach einem kurzen Informationsinput zum Einsatz und zur Nutzung eines Fahrdienstes mit fahrerlosen Shuttlebussen als Ergänzung zum konventionellen öffentlichen Personenverkehr wurden die Befragten nach weiterem Informationsbedarf befragt. Es bestand Informationsbedarf zum Fahrzeug, der sich aus der Elektrifizierung der Fahrzeuge und der Automatisierung des Fahrens ergab und sich z. B. auf die Stromerzeugung (regenerativ vs. konventionell) und das Reaktionsverhalten in unvorhergesehenen Situationen bezog. Zudem bestand Informationsbedarf zum Service. Die Befragten wünschten sich Informationen zum Leistungsumfang (z. B. Reisezeit, Platzkapazität, Komfort, Streckennetz), zum Buchungsmedium und zum Preis für die Nutzung. Weiterer Informationsbedarf bestand zum Nutzungserlebnis, etwa zur Nutzungshäufigkeit durch andere Personen und zu Erfahrungsberichten.

> *„Mich würde interessieren, wie ich ihn buchen kann. Wenn ich ihn anrufen muss, dann wäre das für mich eine ziemlich große Hürde, weil ich es hasse zu telefonieren. Wenn es über eine App ginge, dann wäre die Hürde für mich, das auszuprobieren, viel geringer." (weiblich, 24 Jahre, Interviewstudie Nr. 4)*

„[...] also ich habe ja quasi ein Ticket für den öffentlichen Nahverkehr, sprich ich kann die normalen Busse gratis nutzen. Deshalb wäre der Preis auf jeden Fall auch wichtig. Je nachdem, wenn das super teuer ist, ob das sich überhaupt lohnen würde?" (weiblich, 24 Jahre, Interviewstudie Nr. 4)

6.3.3 Nutzungsanreize

Im Folgenden werden die identifizierten Anreize hinsichtlich der Nutzung eines Fahrdienstes mit fahrerlosen Shuttlebussen beschrieben.

Flexible Mobilität mit individuellen Buchungsmöglichkeiten

Im Vergleich zum konventionellen ÖPNV (z. B. Bus und Bahn) wurde Flexibilität als Nutzungsanreiz wahrgenommen, darunter zeitliche Flexibilität (d. h. Unabhängigkeit von Fahrplänen), örtliche Flexibilität (d. h. Unabhängigkeit von Haltestellen) und räumliche Flexibilität (d. h. individuelle Streckenplanung). In diesem Zusammenhang wurde die Verbesserung des öffentlichen Personenverkehrs und die Sicherung der öffentlichen Mobilität als vorteilhaft beschrieben, insbesondere die Anbindung von Regionen ohne gut ausgebaute Verkehrsinfrastruktur (z. B. ländliche Regionen). Auch die Möglichkeit, die Fahrdienstleistung an individuelle Anforderungen und Bedürfnisse anzupassen sowie die digitale Nutzung wurden positiv hervorgehoben.

„Man kann also sagen, ich will von A nach B – Tür zu Tür – und muss nicht erst noch zur Bushaltestelle laufen, da dann warten, einsteigen, zu seiner Zielstation fahren und dort ggf. nochmal umsteigen." (männlich, 27 Jahre, Interviewstudie Nr. 1)

„Das Individuelle ist natürlich der Riesenvorteil dabei – „customize" ist das – und dass ich eben jederzeit bestimmen kann, wann, wo und wie ich abgeholt werden kann." (männlich, 48 Jahre, Interviewstudie Nr. 1)

Reduktion des motorisierten Individualverkehrs

Die Möglichkeit, auf ein eigenes Auto und das Autofahren verzichten zu können, wurde von einigen der Befragten positiv bewertet. Dabei wurden verschiedene Vorteile beschrieben: Zum einen wurden Verkehrs- und Umweltvorteile genannt, darunter die Steigerung der Transporteffizienz durch höhere Fahrzeugauslastung sowie die Reduktion der Pkw-Fahrleistung mit positiven Nebeneffekten für die Umwelt (Reduktion von Schadstoff- und Lärmemissionen, auch durch Elektrifizierung der Fahrzeuge und Automatisierung des Fahrens). Zum anderen wurden Zeit- und Kostenvorteile genannt, konkret Multitasking und die effiziente Nutzung der Reisezeit für andere Aktivitäten (z. B. Arbeit), sowie Einsparungen bei den Betriebskosten durch den Verzicht auf den privaten PKW und bei den Reisekosten durch Ridesplitting. Darüber hinaus wurde die Nutzung eines Fahrdienstes mit fahrerlosen Shuttlebussen im Vergleich zum Autofahren als entlastend empfunden, was u. a. mit dem Wegfall der Fahraufgabe und -verantwortung sowie einem geringeren Stressempfinden begründet wurde.

„[...] im Moment ist der Autofahrer ja gebunden, muss sich konzentrieren, ermüdet bei der Fahrt und kann sich nicht anderweitig beschäftigen. Beim autonomen Fahren hätte er dann Zeit, sich eben mit anderen Dingen zu beschäftigen, die Zeit wäre nicht verloren." (männlich, 34 Jahre, Interviewstudie Nr. 1)

„[...] ich finde Autofahren sehr stressig. Ich fahre nicht so unglaublich gerne Auto selber. Das heißt für mich, wenn ich irgendwo bin, wo keine gute Anbindung ist oder nachts, wenn man vielleicht nicht mehr gut mit öffentlichen Verkehrsmitteln nach Hause kommt, finde ich eine Option sehr bequem, wo ich tatsächlich abgeholt werde.“ (weiblich, 27 Jahre, Interviewstudie Nr. 2)

Erhöhtes Sicherheitsgefühl im Straßenverkehr

Weniger Verkehrsunfälle und eine höhere Verkehrssicherheit wurden als Nutzungsanreize beschrieben, begründet mit der Vermeidung menschlichen Fehlverhaltens (z. B. Fahren unter Müdigkeit, Alkohol- und Drogeneinfluss, Verkehrsverstöße) und Fahrversagens durch die Automatisierung des Fahrens. Fahrerlose Fahrzeuge, wie die des beschriebenen Fahrdienstes, wurden vergleichsweise als weniger fehleranfällig und zuverlässiger wahrgenommen.

„Ich glaube, dass autonomes Fahren generell, wenn das ausgereift ist, sicherer ist als menschliches Fahren. Also, ich würde eher den menschlichen Fahrer anzweifeln als ein System, was getestet ist. [...] ich habe halt das Gefühl, dass sich Menschen auch gerne müde ins Auto setzen und dann oft auch denken, leicht angetrunken kann ich trotzdem fahren.“ (weiblich, 27 Jahre, Interviewstudie Nr. 2)

6.3.4 Nutzungshemmnisse

Im Folgenden werden die identifizierten Hemmnisse hinsichtlich der Nutzung eines Fahrdienstes mit fahrerlosen Shuttlebussen beschrieben.

Beeinträchtigung der gewohnten Mobilität und des Fahrerlebens

Die Implementierung eines Fahrdienstes mit fahrerlosen Shuttlebussen in den bestehenden Straßenverkehr wurde kritisch betrachtet, insbesondere im Hinblick auf die Aufteilung der Fahrbahnnutzung zwischen Fahrzeugen mit unterschiedlichem Automatisierungsgrad (Mischverkehr). Als Hemmnisse für den Einsatz wurden zusätzliche Verkehrsbelastungen beschrieben, u. a. erhöhtes Verkehrsaufkommen und Staus. Der Mehrwert einer neuen Verkehrsdienstleistung wurde in Frage gestellt und die Sorge vor steigenden Mobilitätskosten im Vergleich zu konventionellen Verkehrsangeboten wurde geäußert. Darüber hinaus wurden wahrgenommene Beeinträchtigungen des Fahrerlebens und die mangelnde Bereitschaft, auf das eigene Auto zu verzichten, als Nutzungshemmnisse beschrieben. Begründet wurde dies u. a. mit dem empfundenen Verlust an Flexibilität, Freiheit und Fahrspaß sowie der Befürchtung, das Autofahren zu verlernen.

„[...] ob das überhaupt einen Mehrwert bringen würde, wenn man das implementieren würde. Und dazu kommt dann halt, dass die Sorge dann da ist, dass autonome Fahrzeuge einfach nur die Städte noch voller machen, dass die nichts anderes ersetzen, sondern einfach nur ein Zusatzangebot sind.“ (männlich, 25 Jahre, Interviewstudie Nr. 2)

„[...] es gibt Leute, die genießen das Autofahren. Das Autofahren an sich macht Spaß. Das ist natürlich ein Punkt, der wegfallen würde. Das wird nicht für alle, aber doch für viele [...] vielleicht als Nachteil empfunden werden.“ (männlich, 34 Jahre, Interviewstudie Nr. 1)

Sicherheit an Bord: soziale und technische Aspekte

Im Zusammenhang mit dem neuen, bisher unbekannten Borderlebnis wurden verschiedene Sicherheitsrisiken wahrgenommen und als Nutzungshemmnisse beschrieben. Zum einen wurde die Anwesenheit anderer, möglicherweise fremder Personen an Bord bei gleichzeitigem Wegfall des Bordpersonals genannt. Zum anderen wurden technische Sicherheitsbedenken geäußert, etwa in Bezug zum Vorhandensein von Überwachungstechnik an Bord (z. B. Kamera und Mikrofon). Diesbezüglich wurde vereinzelt die Gefahr der Erstellung von Bewegungsprofilen sowie der Verletzung der Privatsphäre und des Datenmissbrauchs gesehen. Darüber hinaus gab es Sicherheitsbedenken gegenüber der Automatisierung des Fahrens, insbesondere im Hinblick auf die technische Funktionsfähigkeit und Zuverlässigkeit der Fahrzeuge. Hier wurden Unfallrisiken und die Gefahr von Cyberangriffen gesehen.

> *„[...] weniger Sicherheit, dadurch dass halt kein Mitarbeiter von einem Unternehmen das fährt, sondern es sind halt einfach nur Fahrgäste drinnen und der sammelt ja auch unterschiedliche Fremde ein.“ (weiblich, 29 Jahre, Interviewstudie Nr. 2)*

> *„[...] es ist ja immer noch eine Maschine, das heißt eventuell kann das Zeichen falsch lesen und interpretieren. Ich arbeite ja teilweise mit Autos und da haben sich ganz viele User beschwert, dass das Auto eingegriffen hat, was gar nicht notwendig gewesen wäre, weil er einfach Zeichen falsch interpretiert hat. Und das ist natürlich sehr gefährlich [...].“ (weiblich, 26 Jahre, Interviewstudie Nr. 2)*

Fahren ohne Fahrer/in: Angst und Misstrauen

Der Gedanke an den Transport in einem fahrerlosen Shuttlebus löste teilweise Angstgefühle aus. Kontrollverlust und Innovationsangst wurden in diesem Zusammenhang beschrieben. Die Befragten äußerten eine skeptische Haltung gegenüber technischen Neuerungen und mangelndes Vertrauen in die neue und bisher unbekannte Fahrdienstleistung. Begründet wurde dies u. a. mit dem Fehlen einer verantwortlichen Person an Bord sowie einem unzureichenden Verständnis z. B. für die technischen Möglichkeiten und Grenzen der Automatisierung des Fahrens.

> *„[...] ich glaube, im Moment ist es ein Nachteil [...] für viele Menschen, dass es sehr unheimlich ist. Dass sie halt nicht das Auto selbst steuern, sondern das Auto selbst fährt und sie keine Kontrolle haben. Dass es vielleicht auch Ängste schafft in gewisser Weise.“ (männlich, 34 Jahre, Interviewstudie Nr. 1)*

> *„Ich habe kein hundertprozentiges Vertrauen in die Technik [...]. Wie sicher bringt es mich irgendwohin oder was kann da alles schief gehen?“ (weiblich, 24 Jahre, Interviewstudie Nr. 2)*

6.4 Zusammenfassung und Ausblick

Ziel der Studie war es, die öffentliche Wahrnehmung und Bewertung von fahrerlosen Shuttlebussen besser zu verstehen. Im Folgenden werden die wichtigsten Ergebnisse entlang der Forschungsfragen im Hinblick auf praktische und wissenschaftliche Implikationen zusammengefasst und interpretiert.

Zusammenfassung der Ergebnisse Als Anwendungsfall des autonomen Fahrens ist ein Fahrdienst mit fahrerlosen Shuttlebussen weitgehend unbekannt. Es besteht Informationsbedarf zu fahrzeugtechnischen Aspekten sowie zum Dienstleistungsangebot und Nutzungserlebnis. Die identifizierten Anreize und Hemmnisse für die Nutzung sind zum Teil stark polarisiert. So wird z. B. die Möglichkeit, auf den eigenen Pkw verzichten zu können, als Anreiz gesehen, gleichzeitig stellten empfundene Beeinträchtigungen im Fahrerleben und die fehlende Bereitschaft, den motorisierten Individualverkehr aufzugeben, zentrale Nutzungshemmnisse dar. Die Analyse zeigt, dass einige der identifizierten Anreize und Hemmnisse generisch für das autonome Fahren gelten, z. B. die Nutzung der Fahrzeit für andere Tätigkeiten sowie ein wahrgenommener Kontrollverlust durch den Wegfall der Fahraufgabe und -verantwortung. Andere Anreize und Hemmnisse sind spezifisch für die zur Diskussion gestellte Fahrdienstleistung: Zentrale Themen sind Ridepooling, d. h. die Bündelung von Fahrten und Bildung von Fahrgemeinschaften mit möglicherweise unbekannten Mitreisenden, und das – im Vergleich zum konventionellen ÖPNV – neue Borderlebnis ohne verantwortliches Personal (z. B. Fahrer/in). Es zeigt sich, dass neben rationalen Überlegungen (z. B. zur Transporteffizienz) wahrgenommene Risiken (insbesondere zur Sicherheit) und emotionale Reaktionen (Neugier, Angst, Misstrauen und Vertrauen) die Bewertung leiten.

Praktische Implikationen Aus dem identifizierten Informationsbedarf sowie den Nutzungsanreizen und -hemmnissen lassen sich Anforderungen ableiten, deren Verständnis dazu dienen kann, die Entwicklung eines Fahrdienstes mit fahrerlosen Shuttlebussen im Konsens mit der öffentlichen Meinung zu gestalten, z. B. hinsichtlich der Preisgestaltung, des Buchungsmediums und der Bereitstellung von Erfahrungsberichten. Wissenslücken können durch zielgruppenspezifische Informations- und Sensibilisierungsmaßnahmen sowohl frühzeitig vor der Markteinführung als auch kontinuierlich danach geschlossen werden. Beispielsweise können Herstellfirmen und Anbietende über die Reichweite der Fahrzeuge und den Einsatz von Informations- und Kommunikationstechnologien für die Mensch-Fahrzeug-Interaktion informieren. Im Rahmen öffentlicher Informations- und Kommunikationsstrategien kann technisches Wissen, z. B. über die Möglichkeiten und Grenzen der Automatisierung des Fahrens und des Einsatzes künstlicher Intelligenz beim autonomen Fahren bereitgestellt werden, um falschen (d. h. unrealistischen) Vorstellungen und daraus resultierenden möglichen Nutzungshemmnissen vorzubeugen. Denkbar ist auch, Mobilitätsthemen im Hinblick auf neue Verkehrs- und Mobilitätsdienstleistungen in Bildungseinrichtungen einzubringen.

Wissenschaftliche Implikationen Im Hinblick auf die Beschreibung des Forschungsszenarios in Folgestudien ist es zweckdienlich, informative Details zur Technik, zum Nutzungsablauf sowie zu Individualisierungsmöglichkeiten (Customization) zu ergänzen. Weiterer Forschungsbedarf besteht hinsichtlich der Wahrnehmung von Automobilität, der Einstellungen dazu und der Zusammenhänge mit der Bereitschaft, einen Fahrdienst mit fahrerlosen Shuttlebussen im öffentlichen Personenverkehr zu nutzen (siehe Kapitel 7). Darüber hinaus ist eine differenzierte Use-Case-Betrachtung hinsichtlich der wahrgenommenen Chancen und Risiken der Nutzung, der individuellen Bedürfnisse und der Bereitschaft zum Ridepooling unter Berücksichtigung verschiedener Nutzungsszenarien erforderlich. Neben den rationalen Beurteilungen sind auch die affektiven Bewertungen und Kriterien, wie z. B. der Aufbau von Vertrauen, zu erfassen.

7 Einstellung zur Automobilität und Nutzungsbereitschaft

Die vorangegangene qualitative Untersuchung hat gezeigt, dass die persönliche Einstellung zum Autofahren und das Fahrerleben für die Nutzungsbereitschaft innovativer Verkehrs- und Mobilitätsdienstleistungen relevant sind und je nach individueller Einstellung als Motivator oder Hemmnis für die Akzeptanz angesehen werden können (vgl. Kapitel 6). Im Hinblick auf die Evaluierung eines kommerziellen Fahrdienstes mit fahrerlosen Shuttlebussen erfordern die polarisierten Meinungen zur Automobilität eine Folgeuntersuchung, um das Erleben des motorisierten Individualverkehrs, die Mobilitätsbedürfnisse und die Bereitschaft zur Nutzung alternativer Verkehrsmittel in Relation zueinander zu erfassen.

7.1 Zielsetzung und Forschungsfragen

Das Forschungsziel war es, herauszufinden, wie Automobilität erlebt wird und wie dies mit der Bereitschaft zur Nutzung eines Fahrdienstes mit fahrerlosen Shuttlebussen zusammenhängt. Darüber hinaus sollte die Bereitschaft zum Ridepooling, d. h. zur Bildung von Fahrgemeinschaften und Bündelung von Fahrten, unter Berücksichtigung verschiedener Einsatzszenarien evaluiert werden. Hierzu wurden folgende Forschungsfragen bearbeitet:

Wie ist der Ist-Zustand der Verkehrsmittelnutzung? Ziel war es, Mobilitätsgewohnheiten im Landverkehr zu erfassen und zu analysieren, welche Rolle der motorisierte Individualverkehr, insbesondere der private Pkw, spielt und inwieweit Verkehrsdienstleistungen, z. B. Carsharing, bereits genutzt werden. Die Analyse leistet einen Beitrag zum Verständnis gesellschaftlicher Trends im Mobilitätsverhalten und zur Abschätzung zukünftiger Entwicklungen.

Wie wird Automobilität wahrgenommen und bewertet? Ziel war es, die Einstellung und das Erleben beim Autofahren zu untersuchen, z. B. im Hinblick auf den wahrgenommenen Fahrspaß. Ein weiterer Aspekt war die Analyse der Verzichtsbereitschaft, d. h. unter welchen Umständen bestimmte Personengruppen bereit sind, zugunsten eines Fahrdienstes mit fahrerlosen Shuttlebussen auf ein eigenes Auto zu verzichten. Die Ergebnisse bieten Einblicke in die Gründe und Motivationen der Verkehrsmittelwahl und vertiefen das Verständnis für die Bedeutung und die wahrgenommene Wichtigkeit des Autos und des Autofahrens. Darüber hinaus zeigen sie Potentiale und mögliche Hemmschwellen für die Nutzung alternativer Verkehrsdienstleistungen.

Wie ist die Nutzungsbereitschaft und welche Einsatzszenarien sind relevant? Die Zielsetzung war zweigeteilt: Zum einen sollte die Bereitschaft zur Nutzung eines Fahrdienstes mit fahrerlosen Shuttlebussen aus Sicht potenzieller Nutzerinnen und Nutzer u. a. im Hinblick auf die wahrgenommene Nützlichkeit des Verkehrsdienstes erhoben und Zusammenhänge mit der Einstellung zum Autofahren, der Bereitschaft zum Verzicht auf ein eigenes Auto und Persönlichkeitsmerkmalen als Grundlage für Folgestudien analysiert werden. Zum anderen sollte die Bereitschaft zum Ridepooling unter Berücksichtigung möglicher Fahrtzwecke und -strecken sowie des Bekanntheitsgrades der Mitfahrenden untersucht werden, um relevante Anwendungsfälle zu beschreiben.

7.2 Methodisches Vorgehen

Zur Beantwortung der Forschungsfragen wurde eine Online-Befragung durchgeführt. Aufbau und Ablauf des Fragebogens sind in Abbildung 7.1 dargestellt. Eine Liste der Fragebogenitems findet sich in Anhang A.3, Tabelle A.4. Die Items wurden, soweit nicht durch entsprechende Verweise kenntlich gemacht, auf der Basis qualitativer Vorstudien entwickelt. Dazu wurden 54 Personen in halbstrukturierten Interviews befragt, inwieweit sie sich vorstellen können, zugunsten eines Fahrdienstes mit fahrerlosen Shuttlebussen auf ein eigenes Auto zu verzichten und welche Nutzungsszenarien aus ihrer Sicht denkbar sind, z. B. in Bezug auf bestimmte Strecken und andere Personen an Bord (vgl. Kapitel 5.2.1, Interviewstudie Nr. 1). Die wichtigsten Ergebnisse wurden operationalisiert (d. h. als konkrete Aussagen formuliert) und u. a. mit Hilfe von Ratingskalen messbar gemacht in Bezug auf die Wahrnehmung von Automobilität (14 Items, z. B. „Ich fahre gerne Auto und vermisse das Autofahren, wenn ich längere Zeit nicht gefahren bin“), die Bereitschaft zum Autoverzicht (5 Items, z. B. „Wenn ein alternativer Fahrdienst günstiger als mein eigenes Fahrzeug wäre“) und die Bereitschaft zum Ridepooling mit bekannten oder unbekannten Mitfahrenden in Abhängigkeit von Nutzungshäufigkeit und -situation (Between-Subject-Design). Darüber hinaus wurden Aussagen zur Messung der Privatsphäre- und Vertrauensdisposition (9[1] und 5 Items, z. B. „Ich habe kein Problem damit, meine Daten preiszugeben“ und „Man kann Maschinen nie zu hundert Prozent vertrauen“) formuliert, da die Sorge vor einer möglichen Verletzung der Privatsphäre, z. B. durch andere Personen an Bord, und mangelndes Vertrauen in die Zuverlässigkeit der Fahrzeugtechnik in der Interviewstudie als zentrale Barrieren für den Verzicht auf ein eigenes Auto und die Bereitschaft zur Nutzung eines Fahrdienstes mit fahrerlosen Shuttlebussen identifiziert wurden. Die Bereitschaft zum Ridepooling in Abhängigkeit von der Nutzungshäufigkeit wurde auf einer endpunktbezogenen Ratingskala von „nie“ (1) bis „immer“ (6) gemessen. Alle anderen Items wurden auf einer endpunktbezogenen Ratingskala von „stimme gar nicht zu“ (1) bis „stimme voll zu“ (6) gemessen. Die Reliabilitätsprüfung mittels Cronbach's Alpha ergab für alle verwendeten Messinstrumente einen Wert von $\alpha \geq .7$.

7.3 Stichprobenbeschreibung

Insgesamt wurden 900 Fälle in die Auswertung einbezogen. In Tabelle 7.1 wird ein Überblick über die soziodemografischen und Persönlichkeitsmerkmale der Stichprobe gegeben. Der Anteil der Männer war höher als der der Frauen. Die Altersspanne lag zwischen 16 und 86 Jahren. Das Bildungsniveau war hoch. Das monatliche Haushaltsnettoeinkommen lag zwischen 2000 und unter 3000 Euro (Medianlevel). Der Wohnort der Befragten war überwiegend städtisch. Im Durchschnitt hatten die Befragten Bedenken bezüglich der

[1] Zur Verbesserung der internen Konsistenz wurde das Item „Ich möchte jederzeit einen Überblick haben, welche Daten über mich gespeichert werden“ von der Berechnung des Gesamtkonstruktes ausgeschlossen.

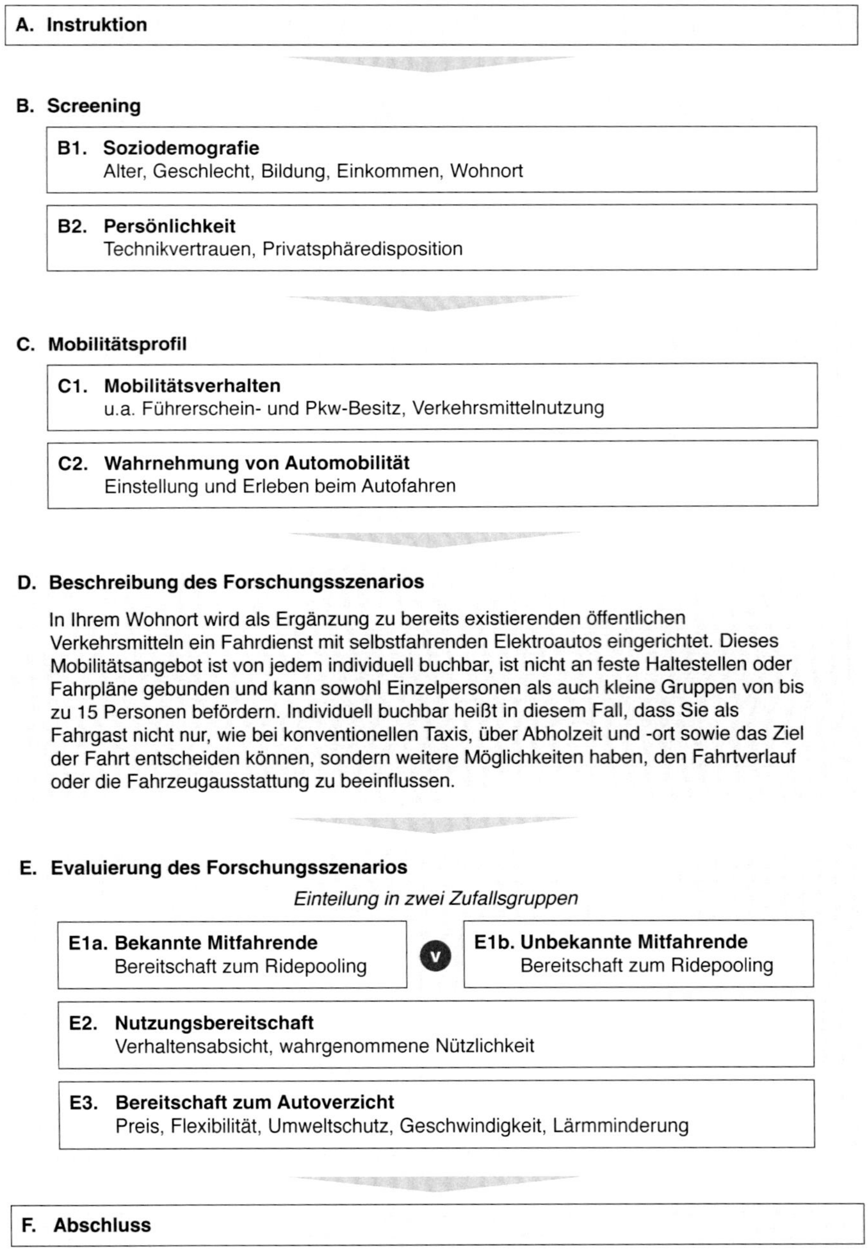

Abbildung 7.1: Aufbau und Ablauf der Befragung. Die Items zur Messung der Nutzungsbereitschaft wurden in Anlehnung an Davis et al. (1989) formuliert

Privatsphäre, z. B. bezüglich der Weitergabe persönlicher Daten. Sie gaben an, im allgemeinen Umgang mit Technik, z. B. bezogen auf die Zuverlässigkeit, eher zuversichtlich zu sein, wenngleich der Durchschnittswert knapp oberhalb der Skalenmitte lag.

Tabelle 7.1: Deskriptive Statistik der soziodemografischen und Persönlichkeitsmerkmale

Geschlecht	
weiblich	45% ($n = 408$)
männlich	53% ($n = 478$)
keine Angabe	2% ($n = 14$)
Alter (in Jahren)	$M = 34.6$ ($SD = 16.1$)
Bildungsabschluss	
kein Schulabschluss	< 1% ($n = 2$)
Volks- oder Hauptschulabschluss	3% ($n = 28$)
Mittlere Reife	9% ($n = 80$)
(Fach-)Hochschulreife	53% ($n = 476$)
Hochschulabschluss	32% ($n = 298$)
keine Angabe	2% ($n = 16$)
Monatliches Haushaltsnettoeinkommen	$Mdn = 2000 - 3000$ EUR
Wohnort	
in der Innenstadt	39% ($n = 348$)
im Vorort	37% ($n = 329$)
auf dem Land	23% ($n = 211$)
keine Angabe	1% ($n = 12$)
Persönlichkeit (1–6 max.)	
Privatsphäredisposition	$M = 2.51$ ($SD = 0.85$)
Technikvertrauen	$M = 3.87$ ($SD = 0.93$)

7.4 Studienergebnisse

Im Folgenden werden die Ergebnisse entlang der Forschungsfragen zusammengefasst.

7.4.1 Ist-Zustand der Verkehrsmittelnutzung

Die Mehrheit besaß einen Pkw-Führerschein (92%, $n = 830$) und ein Auto (63%, $n = 566$). Außerdem gaben 51% ($n = 459$) an, auf ein Auto angewiesen zu sein. Danach gefragt, in welcher Rolle sie sich wohler fühlen, gaben 67% Fahrer/in ($n = 607$) und 32% ($n = 288$) Beifahrer/in an. Mehr als die Hälfte (54%, $n = 490$) hatte eine Fahrkarte für öffentliche Verkehrsmittel, z. B. Semester- oder Jobticket. In Abbildung 7.2 wird die Verkehrsmittelnutzung zum Zeitpunkt der Befragung dargestellt. Es ist ersichtlich, dass der motorisierte Individualverkehr, insbesondere der private Pkw, regelmäßig genutzt wurde, d. h. meist täglich (35%) und mehrmals wöchentlich (22%). Die Nutzung öffentlicher Verkehrsmittel war breiter gestreut. Beispielsweise lag die Busnutzung hauptsächlich zwischen den Kategorien „seltener als monatlich“ (21%), „mehrmals wöchentlich“ (19%) und „nie“ (16%), die Bahnnutzung zwischen „seltener als einmal monatlich“ (22%), „monatlich“ (19%) und „jährlich“ (18%). Das Taxi als konventioneller Fahrdienst wurde überwiegend kaum genutzt, d. h. nie (35%) und seltener als monatlich (29%). Sharing-Dienste wie Car- oder Bikesharing wurden mehrheitlich nicht genutzt, mehr als 90% der Befragten stimmten hier jeweils mit nie. Die Mehrheit ging täglich zu Fuß (68%).

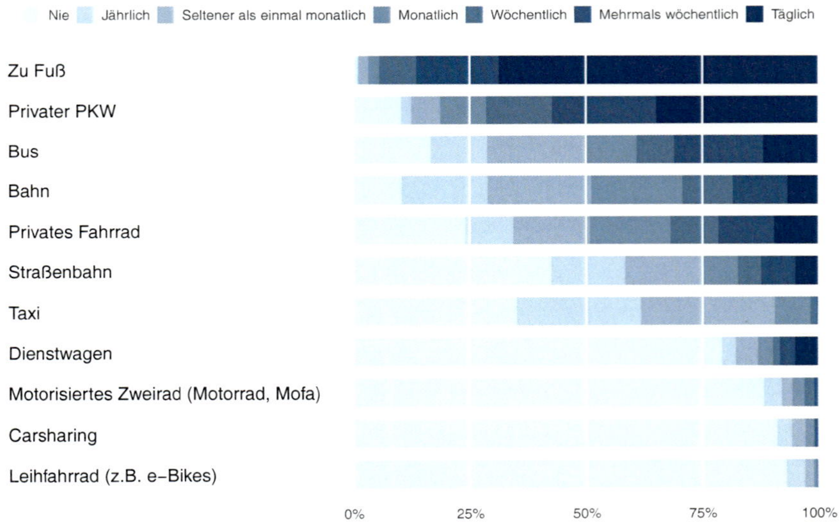

Abbildung 7.2: Relative Häufigkeiten der Verkehrsmittelnutzung

7.4.2 Einstellung, Erleben und Verzicht beim Autofahren

Die Wahrnehmung von Automobilität wurde mit insgesamt 14 Aussagen (Items) gemessen, die auf der Basis qualitativer Vorstudien entwickelt wurden. Diese wurden strukturell mittels einer explorativen Faktorenanalyse überprüft mit dem Ziel, die optimale Anzahl tieferliegender latenter Faktoren in dem Itemset zu identifizieren, um ihre Beziehungsstruktur untereinander und zu anderen Variablen zu messen. Zwei Items („Ich nutze ein Auto primär für längere Strecken“ und „Mir ist es egal, welche Marke ein Auto hat, solange es gut aussieht“) korrelierten nur schwach ($< .3$) mit allen anderen Items und wurden aus der Analyse ausgeschlossen. Die explorative Faktorenanalyse basierte somit auf 12 Items (siehe Abbildung 7.3). Der Bartlett-Test auf Sphärizität (χ^2 (66) = 2717.68, $p < .001$) und das Kaiser-Meyer-Olkin Measure of Sampling Adequacy (KMO = .83, MSA > .7) zeigten, dass die Items für eine Faktorenanalyse geeignet waren. Daher wurde eine Hauptachsenanalyse mit obliquer Rotation (oblimin direkt) durchgeführt. Diese wies auf das Vorliegen von drei Faktoren mit Eigenwerten größer als 1.0 hin (siehe Tabelle 7.2), die insgesamt 41% der Varianz erklärten.

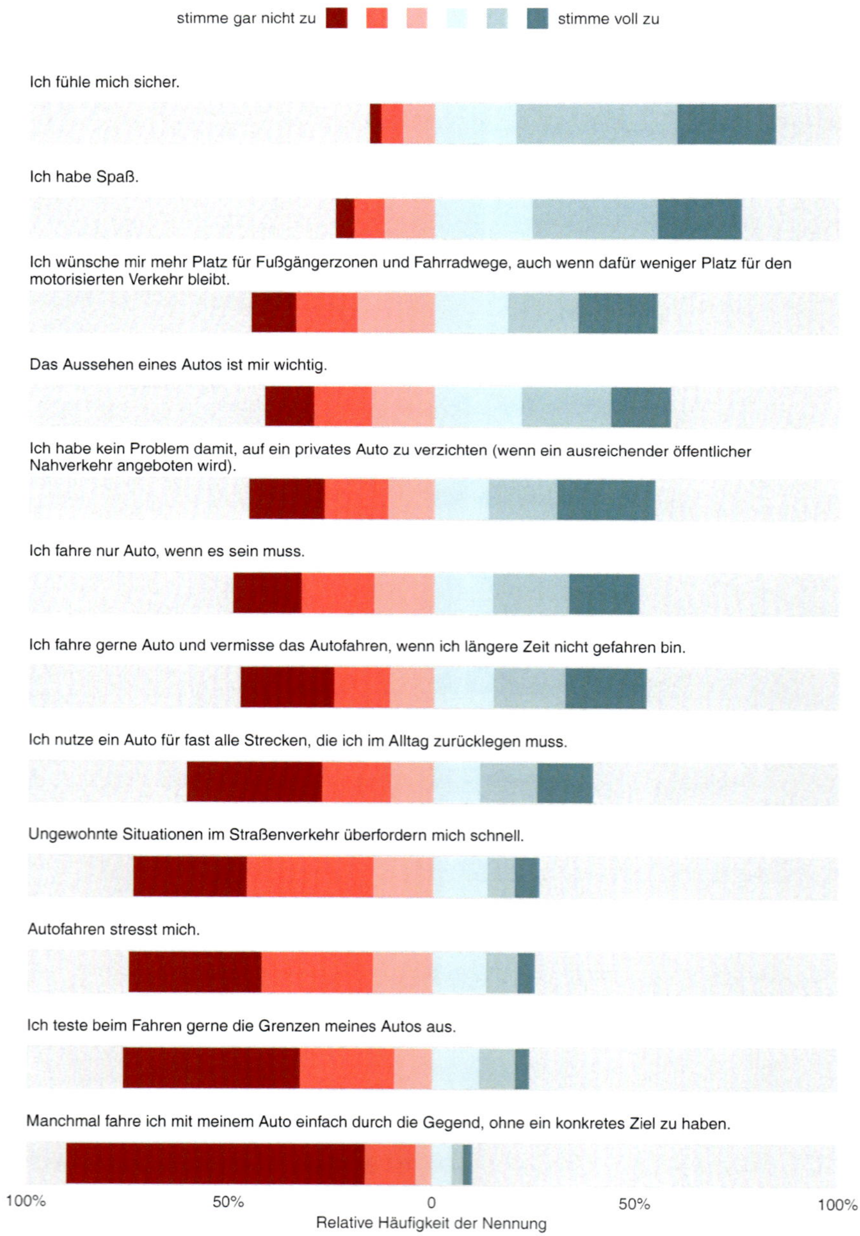

Abbildung 7.3: Zustimmung zu Aussagen zum Automobilitätserleben

Die Items wurden unter den Oberbegriffen „Fahrerlebnis“, „Autobegeisterung“ und „Mobilitätspräferenz“ zusammengefasst (siehe Tabelle 7.2). Das Fahrerlebnis umfasst sowohl positive als auch negative Aspekte, die eine Person beim Autofahren empfinden kann. Die Autobegeisterung bezieht sich auf eine Affinität zum Autofahren und zur Autokultur. Dazu gehören u. a. das Fahren ohne konkretes Ziel, das Austesten der Grenzen des Fahrzeugs und das Interesse an ästhetischen Aspekten des Autos. Die Mobilitätspräferenz spiegelt die unterschiedlichen Gewohnheiten und Verhaltensweisen einer Person in Bezug auf die Wahl des Verkehrsmittels und die Nutzung des Verkehrsraums wider. Sie umfasst u. a. die Entscheidung, ob und wie oft ein Auto benutzt wird, die Bereitschaft, auf alternative Verkehrsmittel umzusteigen und die Präferenz für Fußgängerzonen und Radwege. In Abbildung 7.3 ist die Zustimmung der Befragten zu den einzelnen Items dargestellt. Demnach wurde das Fahrerlebnis überwiegend positiv wahrgenommen. Ein Großteil gab an, dass das Autofahren Spaß macht. Hinsichtlich der Mobilitätspräferenzen zeigte sich, dass die Bereitschaft zum Verzicht auf das eigene Auto sowie der Wunsch nach mehr Platz für Fußgängerzonen und Radwege tendenziell vorhanden waren, wenn auch nicht bei allen. Uneinig waren sich die Befragten in der Frage, ob sie das Autofahren nach einer gewissen Zeit vermissen und nur dann Auto fahren wollen, wenn es sein muss.

Tabelle 7.2: Ergebnisse einer explorativen Faktorenanalyse mit Items zur Messung der Wahrnehmung von Automobilität

Items	Ladung
Faktor 1: Fahrerlebnis (Cronbach's $\alpha = .73$)	
Autofahren stresst mich.	-.77
Ungewohnte Situationen im Straßenverkehr überfordern mich schnell.	-.67
Ich fühle mich sicher.	.53
Faktor 2: Autobegeisterung (Cronbach's $\alpha = .71$)	
Ich habe Spaß.	.59
Ich fahre gerne Auto und vermisse das Autofahren, wenn ich längere Zeit nicht gefahren bin.	.56
Manchmal fahre ich mit meinem Auto einfach durch die Gegend, ohne ein konkretes Ziel zu haben.	.53
Ich teste beim Fahren gerne die Grenzen meines Autos aus.	.52
Das Aussehen eines Autos ist mir wichtig.	.41
Faktor 3: Mobilitätspräferenz (Cronbach's $\alpha = .68$)	
Ich habe kein Problem damit, auf ein privates Auto zu verzichten (wenn ein ausreichender öffentlicher Nahverkehr angeboten wird).	.74
Ich nutze ein Auto für fast alle Strecken, die ich im Alltag zurücklegen muss.	-.62
Ich wünsche mir mehr Platz für Fußgängerzonen und Fahrradwege, auch wenn dafür weniger Platz für den motorisierten Verkehr bleibt.	.43
Ich fahre nur Auto, wenn es sein muss.	.36

Anmerkung: Als Extraktionsmethode wurde eine Hauptachsenanalyse mit obliquer Rotation (oblimin direkt) verwendet. Items mit negativen Faktorladungen wurden invers kodiert.

Um ein umfassenderes Verständnis der Automobilitätswahrnehmung zu entwickeln, wurde untersucht, unter welchen Umständen bestimmte Personengruppen bereit sind, auf ein eigenes Auto zugunsten eines Fahrdienstes mit fahrerlosen Shuttlebussen zu verzichten. Dabei wurde das Antwortverhalten von Personen, die einen Pkw besitzen ($n = 566$), mit dem von Personen ohne eigenen Pkw ($n = 332$) verglichen, um differenzierte Einblicke in die (anhaltende) Bereitschaft zum Autoverzicht zu erhalten und spezifische Gründe und Herausforderungen unter den jeweiligen Rahmenbedingungen herauszuarbeiten. Hierzu wurden T-Tests für unabhängige Stichproben berechnet. Um eine Überschätzung der Signifikanz zu vermeiden, wurde das Signifikanzniveau mittels Bonferroni-Korrektur an die Anzahl der durchgeführten Tests angepasst ($\alpha = .01$). Die Ergebnisse sind in Tabelle 7.3 dargestellt. Statistisch signifikante Gruppenunterschiede ergaben sich für die Kriterien Preis, Umweltschutz, Geschwindigkeit und Lärmminderung, nicht aber für Flexibilität im Mobilitätsverhalten. Personen ohne Pkw stimmten allen Kriterien für den Verzicht auf ein eigenes Auto stärker zu und nannten am deutlichsten den Preis, d. h. ein alternativer Fahrdienst sollte günstiger sein, gefolgt von der Bedingung, dass der Zugang ebenso flexibel sein sollte wie zum Privatfahrzeug. Für Personen mit Pkw war die Flexibilität am bestimmendsten, gefolgt vom Preis. Umweltschutz und Geschwindigkeit, d. h. dass ein Fahrdienst mit fahrerlosen Shuttlebussen schneller sein sollte, waren für Personen ohne Pkw relevanter. Die Verringerung des Straßenlärms durch die Nutzung eines Fahrdienstes mit fahrerlosen Shuttlebussen war für beide Gruppen wenig ausschlaggebend für den Verzicht auf ein eigenes Auto; Personen mit Pkw lehnten das Kriterium eher ab.

Tabelle 7.3: Unterschiede in der Zustimmung zu Kriterien für den Autoverzicht zwischen Personen mit und ohne eigenen Pkw (Mittelwert, Standardabweichung, Teststatistik, Freiheitsgrade, Signifikanzwert und Effektstärke)

	ohne Pkw		mit Pkw					
	M	*SD*	*M*	*SD*	*t*	*df*	*p*	Cohen's *d*
Preis	4.92	1.26	4.49	1.59	-4.34	814.51	$< .001$	-0.28
Umweltschutz	4.30	1.55	3.79	1.61	-4.66	891	$< .001$	-0.32
Geschwindigkeit	4.07	1.54	3.61	1.71	-4.09	752.19	$< .001$	-0.28
Lärmminderung	3.68	1.57	3.26	1.62	-3.77	891	$< .001$	-0.26
Flexibilität	4.70	1.37	4.61	1.56	-0.81	763.42	.421	-0.05

Anmerkung: Die Items wurden auf einer Ratingskala von „stimme gar nicht zu“ (1) bis „stimme voll zu“ (6) erfasst.

7.4.3 Zusammenhänge mit der Nutzungsbereitschaft

Die allgemeine Bereitschaft zur Nutzung eines Fahrdienstes mit fahrerlosen Shuttlebussen, gemessen an der Nutzungsabsicht und der wahrgenommenen Nützlichkeit, war im Durchschnitt positiv ($M = 4.17$, $SD = 1.27$, 1-6 max.). Bivariate Korrelationsanalysen ergaben schwach bis moderat signifikante Zusammenhänge zwischen der Nutzungsbereitschaft, den drei identifizierten Faktoren der Wahrnehmung von Automobilität, der aggregierten Bereitschaft zum Autoverzicht (gemittelte Zustimmung zu den Verzichtskriterien) und Persönlichkeitsmerkmalen (siehe Tabelle 7.4).

Das Fahrerlebnis und die Autobegeisterung korrelierten negativ mit der Mobilitäts-

Tabelle 7.4: Spearman's Rangkorrelationskoeffzienten für die Nutzungsbereitschaft eines Fahrdienstes mit fahrerlosen Shuttlebussen, die drei identifizierten Faktoren der Wahrnehmung von Automobilität, die Verzichtsbereitschaft auf ein eigenes Auto und Persönlichkeitsmerkmale

	1	2	3	4	5	6	7
1. Nutzungsbereitschaft	–	$.08^{*}$	.06	$.12^{***}$	$.44^{***}$	$.47^{***}$	$.23^{***}$
2. Fahrerlebnis		–	$.43^{***}$	$-.35^{***}$	$-.10^{**}$	$.16^{***}$	.06
3. Autobegeisterung			–	$-.42^{***}$	$-.13^{***}$	$.07^{*}$	$.15^{***}$
4. Mobilitätspräferenz				–	$.38^{***}$	.02	-.05
5. Verzichtsbereitschaft					–	$.22^{***}$	$.07^{*}$
6. Technikvertrauen						–	$.22^{***}$
7. Privatsphäredisposition							–

$^{***}p < .001$, $^{**}p < .01$, $^{*}p < .05$

präferenz und der Verzichtsbereitschaft, d. h. je positiver das Autofahren wahrgenommen wurde, desto geringer war die Präferenz für alternative Verkehrsangebote und die Bereitschaft, unter verschiedenen Bedingungen auf ein eigenes Auto zu verzichten. Die Nutzungsbereitschaft korrelierte positiv mit der Verzichtsbereitschaft sowie mit dem Fahrerlebnis und der Mobilitätspräferenz (letztere Zusammenhänge waren signifikant, aber schwach). D. h. je sicherer sich die Befragten beim Autofahren fühlten und je ausgeprägter die Präferenz und Bereitschaft für alternative Verkehrsangebote gegenüber dem eigenen Auto war, desto höher war die Bereitschaft zur Nutzung eines Fahrdienstes mit fahrerlosen Shuttlebussen. Es gab keinen Zusammenhang zwischen der Begeisterung für das Autofahren und der Nutzungsbereitschaft, d. h. Personen mit unterschiedlicher Affinität für das Autofahren unterschieden sich nicht signifikant in ihrer Bereitschaft zur Nutzung eines Fahrdienstes mit fahrerlosen Shuttlebussen. Hinsichtlich der Persönlichkeitsmerkmale zeigten sich positive Korrelationen des Technikvertrauens und der Privatsphäredisposition mit der Nutzungs- und Verzichtsbereitschaft sowie der Autobegeisterung. Technikvertrauen korrelierte darüber hinaus mit dem Fahrerlebnis. D. h. je zuversichtlicher die Befragten angaben im Umgang mit Technik zu sein und je weniger Sorgen sie sich über ihre Privatsphäre machten, desto eher waren sie dazu bereit, einen Fahrdienst mit fahrerlosen Shuttlebussen zu nutzen und auf das eigene Auto zu verzichten und desto positiver war ihre Einstellung zum Autofahren an sich.

7.4.4 Bereitschaft zum Ridepooling und Einsatzszenarien

Die Befragten wurden nach dem Zufallsprinzip in zwei Gruppen eingeteilt, um ihre Bereitschaft zum Ridepooling unter Berücksichtigung des Bekanntheitsgrades der Mitfahrenden zu ermitteln. Die erste Zufallsgruppe ($n = 430$) beantworte die Fragen in Bezug auf bekannte Mitfahrende und die zweite Zufallsgruppe ($n = 470$) in Bezug auf unbekannte Mitfahrende. Die Analyse erfolgte in zwei Schritten: zunächst nach der beabsichtigten Nutzungshäufigkeit von „nie“ (1) bis „immer“ (6) und anschließend nach dem Fahrtzweck (z. B. privat oder beruflich) und der Strecke (z. B. Kurzstrecke).

Generell war die Bereitschaft, einen Fahrdienst mit fahrerlosen Shuttlebussen regelmäßig mit Personen aus dem Bekanntenkreis zu teilen ($M = 4.98$, $SD = 1.13$), größer

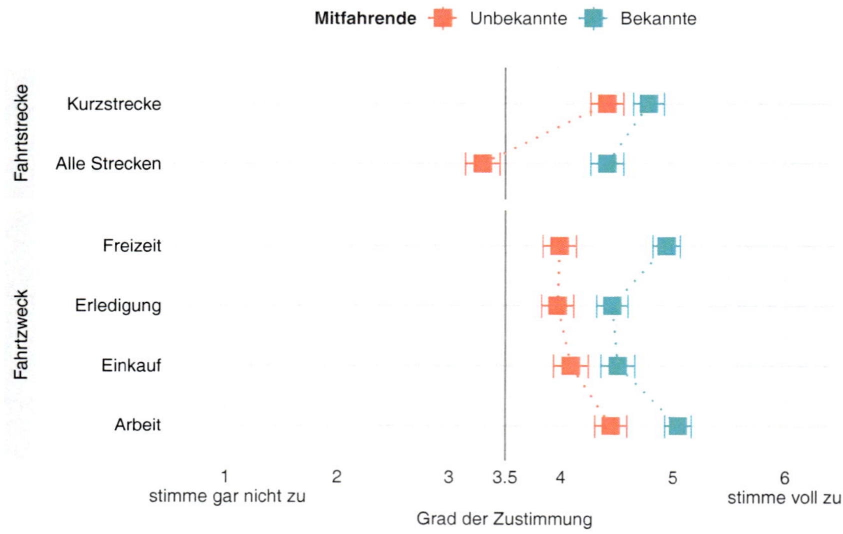

Abbildung 7.4: Einfluss von Fahrtzweck, Strecke und Mitfahrenden auf die Bereitschaft zum Ridepooling in einem Fahrdienst mit fahrerlosen Shuttlebussen (Mittelwert und 95% Konfidenzintervall)

als mit unbekannten Personen ($M = 3.92$, $SD = 1.50$). Der Unterschied war signifikant ($t(863.26) = 11.99$, $p < .001$). Eine Varianzanalyse mit Messwiederholung wurde berechnet, um den Einfluss der Mitfahrenden (Zwischensubjektfaktor) und der verschiedenen Fahrten (Innersubjektfaktor) auf die Bereitschaft zum Ridepooling (abhängige Variable) zu untersuchen. Sowohl die Fahrten (Greenhouse–Geisser $F(4.23, 3750.85) = 95.41$, $p < .001$, $\eta_p^2 = .10$) als auch die Mitfahrenden ($F(1, 887) = 58.74$, $p < .001$, $\eta_p^2 = .06$) hatten einen signifikanten Haupteffekt auf die angegebene Bereitschaft zum Ridepooling. Zudem zeigte die Untersuchung einen signifikanten Interaktionseffekt zwischen den Fahrten und den Mitfahrenden (Greenhouse-Geisser $F(4.23, 3750.85) = 21.85$, $p < .001$, $\eta_p^2 = .02$), d. h. die Kombination aus beiden Faktoren beeinflusste die Bereitschaft zum Ridepooling. Wie Abbildung 7.4 zeigt, war die Bereitschaft zur gemeinsamen Nutzung mit bekannten Personen bei allen abgefragten Fahrtzwecken und -strecken signifikant höher als mit unbekannten Personen. Die größte Zustimmung für Fahrten mit unbekannten bzw. bekannten Mitfahrenden gab es jeweils für berufliche Zwecke, d. h. für den Weg zur Arbeit oder zur Ausbildungsstätte, während die Zustimmung zur gemeinsamen Nutzung für Erledigungen sowie für alle, auch längere Strecken in beiden Gruppen am geringsten war und letztere bei unbekannten Mitfahrenden im Durchschnitt abgelehnt wurde. Die Bereitschaft zum Ridepooling für Freizeit- und Einkaufsfahrten sowie für Kurzstrecken kann nicht isoliert von den Mitfahrenden interpretiert werden. Bei bekannten Mitfahrenden wurden Freizeitfahrten gegenüber Kurzstrecken- und Einkaufsfahrten bevorzugt, bei unbekannten Mitfahrenden erhielten Kurzstrecken- und Einkaufsfahrten eine höhere Zustimmung als Freizeitfahrten.

7.5 Zusammenfassung und Ausblick

Ziel der Studie war es, die Wahrnehmung von Automobilität und die Bereitschaft zur Nutzung eines Fahrdienstes mit fahrerlosen Shuttlebussen besser zu verstehen. Im Folgenden werden die wichtigsten Ergebnisse entlang der Forschungsfragen im Hinblick auf praktische und wissenschaftliche Implikationen zusammengefasst und interpretiert.

Zusammenfassung der Ergebnisse Neben dem Zufußgehen ist der private Pkw in der Verkehrsmittelnutzung dominierend. Die Mehrheit der Befragten besitzt ein Auto und gibt an, darauf angewiesen zu sein. Die Einstellung und das Erleben beim Autofahren lassen sich durch das Fahrerlebnis, die Autobegeisterung und die Mobilitätspräferenz beschreiben. Die Ergebnisse zeigen, dass Autofahren primär mit positiven Gefühlen verbunden ist, ohne exzessive Begeisterung. Die Meinungen darüber, ob man nach einer gewissen Zeit das Autofahren vermisst und nur fährt, wenn es notwendig ist, gehen auseinander. Einerseits kann dies darauf hindeuten, dass andere Verkehrsmittel und Mobilitätsoptionen bevorzugt werden, es aber bestimmte Situationen gibt, in denen das Auto unverzichtbar ist. Andererseits spiegelt sich darin möglicherweise wider, dass die Wichtigkeit des Autos und des Autofahrens unterschiedlich wahrgenommen wird, was z. B. auf Mobilitätsgewohnheiten oder Umwelteinstellungen zurückzuführen sein kann. Ob Personen ein eigenes Auto besitzen oder nicht, spielt eine Rolle, wenn es darum geht, den Verzicht auf ein eigenes Auto zugunsten eines Fahrdienstes mit fahrerlosen Shuttlebussen unter verschiedenen Bedingungen zu bewerten. Personen ohne eigenes Auto sind insgesamt eher bereit zur Verkehrsverlagerung, was erwartungsgemäß ist, da sie bereits auf alternative Verkehrsmittel angewiesen sind. Für sie ist der Preis das entscheidende Kriterium, für Personen mit eigenem Auto vor allem die Erhaltung der Flexibilität im Mobilitätsverhalten. Preis- und Flexibilitätsvorteile sollten daher bei konkreten Maßnahmen im Vordergrund stehen. Etwas weniger bedeutend, sind Umweltschutz, Reisegeschwindigkeit und Lärmminderung. Grundsätzlich ist die Bereitschaft zur Nutzung eines Fahrdienstes mit fahrerlosen Shuttlebussen vorhanden, insbesondere für berufliche Wege und wenn die Mitreisenden bekannt sind. Die Nutzungsbereitschaft korreliert positiv mit der Mobilitätspräferenz und dem Fahrerleben, insbesondere dem Sicherheitsempfinden, nicht aber mit der Autobegeisterung. Letztere hängt mit der Bereitschaft zum Autoverzicht zusammen, die wiederum positiv mit der Nutzungsbereitschaft korreliert. Entscheidend für die Nutzungsbereitschaft sind letztlich Sicherheitsaspekte, die Einstellung zum Umweltverbund und die Bereitschaft zum Autoverzicht, die wiederum mit emotionalen Aspekten, wie der Freude am Autofahren und der Affinität zum Auto, zusammenhängt. Darüber hinaus zeigen die Ergebnisse, dass das wahrgenommene Vertrauen im Umgang mit Technik und die Einstellung u. a. zur Datenweitergabe positiv mit der Nutzungsbereitschaft zusammenhängen.

Praktische Implikationen Ein realistisches Szenario ist der Einsatz von fahrerlosen Shuttlebussen durch Unternehmen, die z. B. im Rahmen des betrieblichen Mobilitätsmangements einen Fahrdienst für ihre Mitarbeitenden anbieten. Auf kurzen Strecken sowie für Freizeit- und Einkaufsfahrten ist es sinnvoll, die Möglichkeit zu schaffen, zwischen verschiedenen

Mitfahrenden wählen zu können. Insbesondere Freizeitfahrten werden eher mit Bekannten als mit Unbekannten bevorzugt, was auf soziale Aspekte zurückzuführen ist. Es ist denkbar, Fahrten als soziale Zusammenkünfte mit Unterhaltungsprogramm für ausgewählte Gruppen anzubieten. Auf längeren Strecken sollten private Fahrten gebucht werden können. Die Analyse zeigt, dass die Motive für den Verzicht auf ein eigenes Auto zugunsten eines Fahrdienstes mit fahrerlosen Shuttlebussen individuell sind. Um die Bedürfnisse und Anforderungen verschiedener Zielgruppen zu erfüllen, ist eine solche Mobilitätsdienstleistung entsprechend zu gestalten. Für Personen, die kein Auto besitzen, aber möglicherweise eine Anschaffung in Betracht ziehen, könnten Preisvorteile hervorgehoben werden. Dazu gehören Zahlungsmodelle, bei denen nur Kosten für die tatsächliche Nutzung anfallen. Für Personen, die ein Auto besitzen, muss Flexibilität gewährleistet sein. Eine Möglichkeit zur Reduzierung des motorisierten Individualverkehrs und zum gleichzeitigen Erfüllen individueller Mobilitätsbedürfnisse wäre die Integration von fahrerlosen Shuttlebussen in multi- und intermodale Mobilitätsketten, zusammen mit anderen Verkehrsmitteln wie E-Bikes und Carsharing-Optionen. Darüber hinaus ist es denkbar, flexible Buchungsoptionen anzubieten, z. B. hinsichtlich der Fahrzeugausstattung und der Zusammensetzung der Fahrgemeinschaft hinsichtlich Gruppengröße und Bekanntheitsgrad der Mitfahrenden.

Wissenschaftliche Implikationen Die Ergebnisse zeigen, dass das Auto einen hohen Stellenwert hat, gleichzeitig aber auch Interesse an anderen Mobilitätsoptionen besteht. Die Meinungen sind vielfältig. Um die Hintergründe besser zu verstehen und tiefergehende Wirkungszusammenhänge mit der Bereitschaft zur Nutzung eines Fahrdienstes mit fahrerlosen Shuttlebussen zu identifizieren, muss die Einstellung zum Autofahren und zu Alternativen wie Sharing-Diensten, Mitfahrgelegenheiten und kommerziellen Sammelfahrten näher untersucht werden. Im Vordergrund der vorliegenden Arbeit stehen dabei Aspekte des Fahrerlebens, z. B. Sicherheitsgefühl und Kontrollbedürfnis, die Kompatibilität mit individuellen Mobilitätsbedürfnissen und Anforderungen an Mitreisende, z. B. in Bezug auf Informationsweitergabe (siehe Kapitel 9).

8 Vertrauen und Misstrauen im Profil

Die in Kapitel 6 dargestellte qualitative Untersuchung hat gezeigt, dass für die Evaluierung eines Fahrdienstes mit fahrerlosen Shuttlebussen emotionale Aspekte, insbesondere das wahrgenommene Vertrauen, entscheidend sind. Auch die gewonnenen Erkenntnisse aus der in Kapitel 7 dargestellten Fragebogenstudie deuten auf einen Zusammenhang zwischen Nutzungsbereitschaft und Vertrauenshaltung hin. Daher ist es notwendig, die Vertrauensbildung und die zugrunde liegenden Mechanismen im vorliegenden Forschungsszenario näher zu betrachten, sodass die psychologischen Hintergründe der Entscheidung für oder gegen innovative Verkehrs- und Mobilitätsdienstleistungen besser verstanden werden. Der Fokus dieses Kapitels liegt auf der Berücksichtigung der unterschiedlichen Perspektiven potenzieller Nutzerinnen und Nutzer in Bezug auf die Vertrauensbereitschaft und Vertrauensbildung.

8.1 Zielsetzung und Forschungsfragen

Das Forschungsziel war es herauszufinden, inwieweit potentielle Nutzerinnern und Nutzer einem Fahrdienst mit fahrerlosen Shuttlebussen vertrauen bzw. misstrauen, ob das Vertrauensniveau gruppenspezifisch ist und welche Aspekte die Vertrauensbildung fördern bzw. hemmen. Hierzu wurden folgende Forschungsfragen bearbeitet:

Können Personen nach ihrem Vertrauensniveau gruppiert werden? Ziel war es, Personen zu identifizieren, die sich im Vertrauen und Misstrauen gegenüber einem Fahrdienst mit fahrerlosen Shuttlebussen unterscheiden, beispielsweise eher vertrauensvoll oder skpetisch sind, um mögliche Zielgruppen zu definieren. In diesem Zusammenhang sollte untersucht werden, in welchen Merkmalen (u. a. Soziodemografie, Persönlichkeit, Mobilitätsprofil) sich die Gruppen gegeneinander abgrenzen bzw. ähneln und anhand welcher Merkmale sich die Gruppenzugehörigkeit vorhersagen lässt.

Was sind gruppenspezifische Vertrauensanforderungen? Ziel war es herauszufinden, unter welchen Umständen und Voraussetzungen bestimmte Personengruppen einem Fahrdienst mit fahrerlosen Shuttlebussen eher vertrauen bzw. eher nicht vertrauen würden (z. B. in Bezug auf Sicherheitsaspekte), um zielgruppenspezifische Bedürfnisse und Anforderungen an die Vertrauensbildung und Nutzung zu identifizieren. Die Ergebnisse bilden die Grundlage für praktische Handlungsempfehlungen und für Folgestudien, um die Einflussfaktoren für die Vertrauensbildung differenzierter zu betrachten und Zusammenhänge mit der Nutzungsbereitschaft zu messen.

8.2 Methodisches Vorgehen

Zur Beantwortung der Forschungsfragen wurde eine Online-Befragung durchgeführt. Aufbau und Ablauf des Fragebogens sind in Abbildung 8.1 dargestellt. Eine Liste der Fragebogenitems findet sich in Anhang A.3, Tabelle A.5. Die Items wurden, soweit nicht durch entsprechende Verweise kenntlich gemacht, auf der Basis qualitativer Vorstudien entwickelt. Dazu wurden zwölf Personen in halbstrukturierten Interviews befragt, welche Aspekte einen Einfluss auf das wahrgenommene Vertrauen in einen Fahrdienst mit fahrerlosen Shuttlebussen haben (vgl. Kapitel 5.2.1, Interviewstudie Nr. 3). Die wichtigsten Ergebnisse wurden operationalisiert und mit Hilfe von Ratingskalen messbar gemacht in Bezug auf Faktoren, die die Vertrauensbildung fördern (12 Items, z. B. „Ich würde einem autonomen Fahrdienst eher vertrauen, wenn ich weiterhin die Kontrolle über das Fahrzeug übernehmen könnte") bzw. hemmen (11 Items, z. B. „Ich würde einem autonomen Fahrdienst eher nicht vertrauen, wenn ich keine Informationen zum Fahrgeschehen erhalten würde"). Einzelne Aspekte wurden gegenläufig, d. h. als vertrauensfördernd und -hemmend formuliert, um ihre Bedeutung genauer untersuchen zu können. Da sich in der Interviewstudie Kontroll- und Informationsaspekte als besonders relevant für die Vertrauensbildung herausstellten, wurden zusätzlich Aussagen zur Messung der Kontrolldisposition (6 Items, z. B. „Ich habe Situationen gerne selbst unter Kontrolle") sowie zum selbst eingeschätzten Informationsstand (3 Items, z. B. „Ich kenne mich gut mit dem Thema autonome Fahrdienste aus") formuliert. Die Ratingskalen waren voll verbal von „stimme gar nicht zu" (1), „stimme nicht zu" (2), „stimme weder zu noch nicht zu" (3), „stimme zu" (4) bis „stimme völlig zu" (5) formuliert, mit Ausnahme der Risikobereitschaft, die von „gar nicht risikofreudig" (1), „nicht risikofreudig" (2), „weder risikofreudig noch nicht risikofreudig" (3), „risikofreudig" (4) bis „völlig risikofreudig" (5) formuliert wurde. Die Reliabilitätsprüfung mittels Cronbach's Alpha ergab für alle verwendeten Messinstrumente einen Wert von $\alpha \geq .7$.

8.3 Stichprobenbeschreibung

Insgesamt wurden 390 Fälle in die Auswertung einbezogen. In Tabelle 8.1 wird ein Überblick über die soziodemografischen und Persönlichkeitsmerkmale der Stichprobe gegeben. Der Anteil der Frauen war höher als der der Männer. Die Altersspanne lag zwischen 17 und 83 Jahren. Das Bildungsniveau war hoch. Im Durchschnitt gaben die Befragten an, eher weniger risikofreudig zu sein und Situationen gerne selbst unter Kontrolle zu haben. Das Vertrauen in andere Menschen und in Technik war vorhanden.

Mobilitätsprofil Die Mehrheit besaß einen Pkw-Führerschein (93%, $n = 362$). Die Befragten nutzten den Pkw überwiegend mehrmals im Monat (38%, $n = 147$) und täglich (33%, $n = 130$). Carsharing wurde mehrheitlich nie (79%, $n = 309$) genutzt. Die ÖPNV-Nutzung war vergleichbar mit der Pkw-Nutzung und lag überwiegend zwischen den Kategorien „mehrmals im Monat" (36%, $n = 141$) und „täglich" (25%, $n = 98$). Die Fahrradnutzung war heterogener, d. h. überwiegend mehrmals im Monat (31%, $n = 122$) und nie (22%, $n = 86$).

A. Instruktion

B. Screening

B1. Soziodemografie
Alter, Geschlecht, Bildung

B2. Persönlichkeit
Risikobereitschaft, Kontrolldisposition, Vertrauensdispositionen

C. Mobilitätsprofil

C1. Mobilitätsverhalten
Führerschein-Besitz, Verkehrsmittelnutzung

D. Beschreibung des Forschungsszenarios

In Ihrem Wohnort wird als Ergänzung zu bereits existierenden öffentlichen Verkehrsmitteln ein Fahrdienst mit einem autonom fahrenden Fahrzeug eingerichtet. Dieses Mobilitätsangebot ist von jedem individuell buchbar, ist nicht an feste Haltestellen oder Fahrpläne gebunden und kann sowohl Einzelpersonen als auch kleine Gruppen von bis zu 15 Personen befördern. Individuell buchbar heißt in diesem Fall, dass Sie als Fahrgast nicht nur, wie bei konventionellen Taxis, über Abholzeit und -ort sowie das Ziel der Fahrt entscheiden können, sondern weitere Möglichkeiten haben, den Fahrtverlauf oder die Fahrzeugausstattung zu beeinflussen, beispielsweise wenn Sie Gegenstände transportieren müssen oder einen Kindersitz brauchen.

E. Evaluierung des Forschungsszenarios

E1. Nutzungsbereitschaft
Nutzungsinteresse, Verhaltensabsicht

E2. Informationsstand (Selbsteinschätzung)
Kenntnis, Wissbegierde

E3. Vertrauen
Vertrauen und Misstrauen

E4. Vertrauensbildung
Vertrauensfördernde und -hemmende Faktoren

F. Abschluss

Abbildung 8.1: Aufbau und Ablauf der Befragung. Einsatz validierter Messinstrumente: Risikobereitschaft (Beierlein et al., 2014), Vertrauensdispositionen (Beierlein et al., 2012; Jessup et al., 2019), Nutzungsbereitschaft (Davis et al., 1989), Vertrauen (Jessup et al., 2019; Pöhler et al., 2016)

Tabelle 8.1: Deskriptive Statistik der soziodemografischen und Persönlichkeitsmerkmale

Geschlecht	
weiblich	58% ($n = 226$)
männlich	42% ($n = 164$)
Alter (in Jahren)	$M = 32.6$ ($SD = 14.1$)
Bildungsabschluss	
(noch) kein Schulabschluss	$< 1\%$ ($n = 2$)
Hauptschulabschluss	1% ($n = 4$)
Mittlere Reife	8% ($n = 31$)
(Fach-)Hochschulreife	25% ($n = 97$)
(Fach-)Hochschulabschluss	66% ($n = 256$)
Persönlichkeit (1–5 max.)	
Risikobereitschaft	$M = 2.90$ ($SD = 0.98$)
Kontrolldisposition	$M = 3.80$ ($SD = 0.59$)
Interpersonales Vertrauen	$M = 3.53$ ($SD = 0.73$)
Technikvertrauen	$M = 3.69$ ($SD = 0.55$)

8.4 Studienergebnisse

Im Folgenden werden die Ergebnisse entlang der Forschungsfragen zusammengefasst.

8.4.1 Vertrauen und Misstrauen im Gruppenvergleich

Da das Erkenntnisinteresse in einer differenzierten Auseinandersetzung mit der Vertrauensbildung lag, u. a. mit dem Ziel, Personen mit einem unterschiedlichen Vertrauensniveau zu identifizieren und herauszufinden, wie sich das wahrgenommene Vertrauen und Misstrauen gegenüber einem Fahrdienst mit fahrerlosen Shuttlebussen jeweils verhält, wurden in der Analyse die einzelnen Dimensionen des „globalen" Vertrauenskonstrukts betrachtet. Im Durchschnitt war das Vertrauen, gemessen an der wahrgenommenen Vertrauenswürdigkeit und der Bereitschaft, sich auf den Mobilitätsdienst zu verlassen, positiv ($M = 3.45$, $SD = 0.80$, 1-5 max.). Misstrauen, z. B. gegenüber den Entscheidungen oder den Informationen des Fahrdienstes, wurde tendenziell wenig geäußert ($M = 2.58$, $SD = 0.76$, 1-5 max.). Um ein besseres Verständnis für die individuelle Wahrnehmung eines Fahrdienstes mit fahrerlosen Shuttlebussen zu erhalten, wurden die Befragten basierend auf ihrem angegebenen Vertrauen und Misstrauen in Gruppen eingeteilt. Hierzu wurden hierarchische Clusteranalysen durchgeführt. Um mögliche Ausreißer zu identifizieren, wurde zunächst eine hierarchische Clusteranalyse unter Verwendung der Single-Linkage-Methode und der quadrierten euklidischen Distanz durchgeführt. Dabei wurde ein Ausreißer identifiziert und von der weiteren Analyse ausgeschlossen. Anschließend wurde eine weitere hierarchische Clusteranalyse mit der Ward-Methode und der quadrierten euklidischen Distanz durchgeführt, um eine geeignete Segmentierung des Datensatzes mit möglichst homogenen Gruppen zu ermitteln. Die Ergebnisse zeigten eine Zwei-Cluster-Segmentierung als die am besten interpretierbare Lösung im Datensatz mit $n = 228$ (59%) Personen in Cluster 1 und $n = 158$ (41%) Personen in Cluster 2.

Charakterisierung der Cluster

Inferenzstatistische Testverfahren bestätigten die Validität der Cluster-Segmentierung und dienten der Charakterisierung der identifizierten Gruppen. Um eine Überschätzung der Signifikanz zu vermeiden, wurde das Signifikanzniveau mittels Bonferroni-Korrektur an die Anzahl der durchgeführten Tests angepasst ($\alpha = .003$). In Tabelle 8.2 werden die Cluster nach Geschlecht, Bildungsabschluss und Mobilitätsmerkmalen beschrieben. In Tabelle 8.3 werden die Cluster nach Alter, Persönlichkeitsmerkmalen und Bewertung des Forschungsszenarios beschrieben.

Tabelle 8.2: Cluster-Charakterisierung nach soziodemografischen und mobilitätsbezogenen Merkmalen (absolute und prozentuale Häufigkeiten), $^{***}p < .001$, $^{**}p < .01$

	Cluster 1		Cluster 2	
	Anteil	n	Anteil	n
Soziodemografie				
Geschlecht				
weiblich	56%	127	63%	99
männlich	44%	101	37%	59
Bildungsabschluss***				
(Fach-)Hochschule	73%	167	55%	87
(Fach-)Hochschulreife	19%	43	33%	52
Mittlere Reife	6%	14	11%	17
Hauptschule	1%	2	1%	2
(noch) kein Abschluss	1%	2	–	–
Mobilitätsprofil				
Pkw-Führerschein				
ja	94%	215	91%	144
nein	6%	13	9%	14
Verkehrsmittelnutzung				
Pkw***				
Carsharing				
ÖPNV				
Fahrrad**				

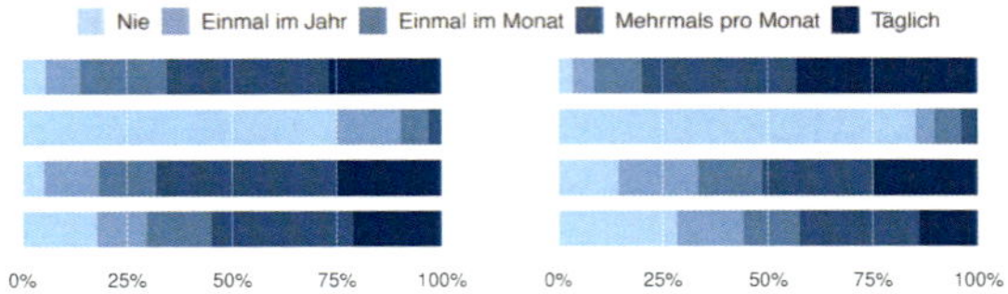

Teststatistik:
Geschlecht: χ^2 (1) = 1.86, $p = .173$, $\phi = -.07$
Bildung: $U = 14818.50$, $p < .001$, $r = .18$
Pkw-Führerschein: χ^2 (1) = 1.43, $p = .232$, $\phi = .06$
Pkw-Nutzung: $U = 14242.00$, $p < .001$, $r = .21$
Carsharing-Nutzung: $U = 16259.00$, $p = .031$, $r = .09$
ÖPNV-Nutzung: $U = 15232.50$, $p = .007$, $r = .15$
Fahrrad-Nutzung: $U = 14936.00$, $p = .003$, $r = .17$

Tabelle 8.3: Cluster-Charakterisierung nach Alter, Persönlichkeitsmerkmalen und Bewertung eines Fahrdienstes mit fahrerlosen Shuttlebussen (Mittelwert, Standardabweichung, Teststatistik, Freiheitsgrade, Signifikanzwert und Effektstärke)

	Cluster 1		Cluster 2					
	M	*SD*	*M*	*SD*	*t*	*df*	*p*	Cohen's *d*
Soziodemografie								
Alter	31.6	13.4	33.9	14.9	-1.55	313.92	.123	-0.16
Persönlichkeit								
Risikobereitschaft	2.98	0.97	2.78	0.98	1.99	384	.048	0.21
Kontrolldisposition	3.74	0.57	3.88	0.59	-2.25	384	.025	-0.23
KUSIV	3.72	0.66	3.28	0.75	5.96	308.99	$< .001$	0.63
Technikvertrauen	3.88	0.46	3.42	0.57	8.41	287.71	$< .001$	0.91
Szenariobewertung								
Informationsstand	2.98	0.85	2.42	0.81	6.56	384	$< .001$	0.68
Nutzungsbereitschaft	4.02	0.74	2.85	0.96	12.79	278.19	$< .001$	1.39
Vertrauen	3.96	0.36	2.70	0.65	22.31	225.47	$< .001$	2.54
Misstrauen	2.07	0.40	3.30	0.53	-24.53	277.94	$< .001$	-2.66

Anmerkung: Es wurden 5-stufige-Ratingskalen (1-5 max.) verwendet. KUSIV steht für „Kurzskala interpersonales Vertrauen".

Die Cluster unterschieden sich signifikant hinsichtlich des wahrgenommenen Vertrauens und Misstrauens in einen Fahrdienst mit fahrerlosen Shuttlebussen. Die Personen aus Cluster 1 äußerten größeres Vertrauen und kaum Misstrauen, während die Personen aus Cluster 2 kein Vertrauen hatten und eher skeptisch waren. Folglich wurde Cluster 1 als die Gruppe der „Zuversichtlichen" und Cluster 2 als die Gruppe der „Zweifelnden" bezeichnet. Auch bei anderen Bewertungskriterien des Forschungsszenarios unterschieden sich die Cluster signifikant. Die Personen aus Cluster 1 fühlten sich besser über einen Fahrdienst mit fahrerlosen Shuttlebussen informiert und äußerten stärkeres Interesse an dem Thema als die Personen aus Cluster 2, wobei der Kenntnisstand (Selbsteinschätzung) in beiden Gruppen eher gering war. Die Nutzungsbereitschaft, gemessen an der Nutzungsabsicht und dem Interesse an einem neuen Fahrdienst mit fahrerlosen Shuttlebussen, war bei den Personen aus Cluster 1 hoch, während die Personen aus Cluster 2 die Nutzung eher ablehnten. Hinsichtlich der Persönlichkeitsmerkmale unterschieden sich die Cluster signifikant im interpersonalen und Technikvertrauen: Die Personen aus Cluster 1 hatten mehr Vertrauen in andere Menschen und im allgemeinen Umgang mit Technik als die Personen aus Cluster 2. Hinsichtlich der Risikobereitschaft und Kontrolldisposition gab es keine signifikanten Clusterunterschiede. Beide Gruppen waren eher nicht risikofreudig und gaben an, die Dinge gerne selbst in der Hand zu haben. In Bezug auf die soziodemografischen Merkmale unterschieden sich die Cluster signifikant im Bildungsniveau. Die Personen aus Cluster 1 waren besser ausgebildet als die Personen aus Cluster 2. Hinsichtlich Alter und Geschlecht gab es keine signifikanten Clusterunterschiede. Die Personen aus Cluster 1 waren etwas jünger als die Personen aus Cluster 2. Der Anteil der Frauen war in beiden Clustern am höchsten. Hinsichtlich der Verkehrsmittelnutzung gab es signifikante Clusterunterschiede bei Pkw und Fahrrad. In Cluster 1 gab der größte Anteil der

Personen an, das Auto und das Fahrrad mehrmals im Monat zu nutzen. In Cluster 2 gab der größte Anteil der Personen an, das Auto täglich, das Fahrrad mehrmals im Monat oder nie zu nutzen. Die sonstige Verkehrsmittelnutzung war in beiden Clustern ähnlich: Carsharing wurde mehrheitlich nie, der ÖPNV mehrmals im Monat und täglich genutzt. Auch hinsichtlich des Besitzes eines Pkw-Führerscheins unterschieden sich die Cluster nicht signifikant. In beiden Clustern war der Anteil der Personen mit Pkw-Führerschein am höchsten.

Prädiktoren für die Clusterzugehörigkeit

Um zu prüfen, inwieweit sich die Zugehörigkeit der Befragten zu den Clustern durch persönliche Merkmale vorhersagen lässt, wurde eine binominale logistische Regressionsanalyse durchgeführt. Das Modell enthielt acht unabhängige Variablen (Alter, Geschlecht, Risikobereitschaft, Kontrolldisposition, interpersonales Vertrauen, Technikvertrauen, Bereitschaft zur Nutzung eines Fahrdienstes mit fahrerlosen Shuttlebussen und Informationsstand). Der Besitz eines Pkw-Führerscheins, die Verkehrsmittelnutzung und das Bildungsniveau wurden als Variablen nicht in das Regressionsmodell aufgenommen, da das Verhältnis zwischen den Kategorien aufgrund der unterschiedlichen Fallzahlen unausgewogen war (siehe Tabelle 8.2). Das Regressionsmodell war signifikant (χ^2 (8) =173.44, $p < .001$). Die Varianzaufklärung war gut (Nagelkerkes $R^2 = .49$). Das Modell als Ganzes klassifizierte 82% der Fälle richtig. Als stärkster Prädiktor für die Clusterzugehörigkeit wurde das interpersonale Vertrauen identifiziert. Weitere Prädiktoren waren das Technikvertrauen und die Nutzungsbereitschaft. Die identifizierten Prädiktoren hatten eine positive Wirkung auf das wahrgenommene Vertrauen in einen Fahrdienst mit fahrerlosen Shuttlebussen (Odds < .1). Alter, Geschlecht, Risikobereitschaft, Kontrolldisposition und Informationsstand hatten keinen signifikanten Einfluss. In Tabelle 8.4 wird ein Überblick über alle Modellkoeffizienten und Odds gegeben.

Tabelle 8.4: Binominale logistische Regression zur Vorhersage der Clusterzugehörigkeit

							95% C.I.	
	B	*SE*	Wald	*df*	*p*	Odds Ratio	Unten	Oben
Alter	-0.02	.01	3.48	1	.062	0.98	0.96	1.00
Geschlecht	0.14	.29	0.25	1	.620	1.16	0.66	2.04
Risikobereitschaft	-0.06	.15	0.19	1	.665	0.94	0.71	1.25
Kontrolldisposition	0.20	.24	0.66	1	.418	1.22	0.76	1.96
KUSIV	-0.65	.20	10.32	1	.001	0.53	0.35	0.78
Technikvertrauen	-1.13	.31	13.41	1	< .001	0.32	0.18	0.60
Informationsstand	-0.20	.18	1.17	1	.279	0.82	0.57	1.18
Nutzungsbereitschaft	-1.29	.18	49.63	1	< .001	0.28	0.19	0.39

Anmerkung: KUSIV steht für „Kurzskala interpersonales Vertrauen“.

8.4.2 Voraussetzungen der Vertrauensbildung im Gruppenvergleich

Um ein tiefergehendes Verständnis für die Vertrauensbildung im Gruppenvergleich zu bekommen, wurde untersucht, unter welchen Voraussetzungen die Personen aus den zuvor identifizierten Clustern einem Fahrdienst mit fahrerlosen Shuttlebussen eher vertrauen bzw. eher nicht vertrauen würden. Zu diesem Zweck wurden T-Tests für unabhängige Stichproben durchgeführt. Um eine Überschätzung der Signifikanz zu vermeiden, wurde das Signifikanzniveau mittels Bonferroni-Korrektur an die Anzahl der durchgeführten Tests angepasst auf $\alpha = .004$ für die Analyse von Gruppenunterschieden hinsichtlich der vertrauensfördernden Faktoren und auf $\alpha = .005$ für die Analyse von Gruppenunterschieden hinsichtlich der vertrauensmindernden Faktoren. Die vollständigen Teststatistiken sind in Anhang A.4, Tabelle A.9 und Tabelle A.10 dargestellt.

Vertrauensfördernde Faktoren

Wie in Abbildung 8.2 dargestellt, wurden für die zur Bewertung vorgelegten Faktoren überwiegend statistisch signifikante Clusterunterschiede festgestellt. Ausnahmen bildeten die Aspekte Datentransparenz, die von beiden Gruppen als vertrauensbildende Maßnahme positiv bewertet wurde, und Partizipation (z. B. durch Befragungen), die von beiden Gruppen als vergleichsweise weniger vertrauensbildend wahrgenommen wurde, sowie die Kameraüberwachung im Fahrzeuginnenraum, die von beiden Gruppen als vertrauensbildende Maßnahme abgelehnt wurde. Insgesamt stimmte die Gruppe der „Zuversichtlichen" den Aussagen stärker zu als die Gruppe der „Zweifelnden" – abgesehen von der Möglichkeit, weiterhin die Fahrzeugkontrolle übernehmen zu können, hier äußerte die Gruppe der „Zweifelnden" die größte Zustimmung, während das Kriterium für die Gruppe der „Zuversichtlichen" weniger entscheidend für die Vertrauensbildung war. Letztere gab an, dass insbesondere Sicherheitsaspekte, z. B. Unfallstatistiken im Vergleich zu konventionellen Fahrzeugen mit einer Person am Steuer, Betreiberhaftung sowie ein sicher und stabil wirkendes Fahrzeugdesign, das Vertrauen steigern würden. Serviceaspekte, wie z. B. eine Probefahrt, Informationen über das Fahrgeschehen und die Möglichkeit, während der Fahrt einen Kundendienst zu kontaktieren, wurden von beiden Gruppen, insbesondere von der Gruppe der „Zuversichtlichen", als vertrauensbildend wahrgenommen. Fahrzeug- und verkehrstechnische Faktoren, z. B. elektrisch betriebene Fahrzeuge und kein Mischverkehr, waren für beide Gruppen vergleichsweise weniger ausschlaggebend für die Vertrauensbildung; die Gruppe der „Zweifelnden" äußerte diesbezüglich eine durchschnittliche Zustimmung knapp über der Skalenmitte, die Unentschlossenheit signalisiert.

Vertrauenshemmende Faktoren

Wie in Abbildung 8.3 dargestellt, äußerten sich die beiden Gruppen in vielen Aspekten ähnlich, z. B. in Bezug auf die fehlende Einführung in die neue Mobilitätsdienstleistung, Unfallberichte, unzureichende Informationen über das Fahrgeschehen, instabiles Fahrzeugdesign, Ausrichtung der Fahrtsitze entgegen der Fahrtrichtung und Datenerhebung zu kommerziellen Zwecken. Diese Aspekte wurden übereinstimmend als vertrauensmindernd wahrgenommen. Auch in Bezug auf die fehlende Kameraüberwachung an Bord und die Möglichkeit, selbst die Kontrolle über das Fahrzeug zu übernehmen, waren sich die beiden Gruppen insofern einig, als beide Kriterien eine geringe Zustimmung erhielten und als die Vertrauensbildung hemmende Faktoren abgelehnt wurden. Die Möglichkeit, dass Mitfahrende die Kontrolle über das Fahrzeug übernehmen könnten wurde von der Gruppe der „Zuversichtlichen" eher als vertrauensmindernd wahrgenommen, während die Gruppe der „Zweifelnden" in diesem Punkt nicht zustimmte. Signifikante Clusterunterschiede zeigten sich bei der Gewährleistung von Sicherheit und der Möglichkeit zur Partizipation. Beide

Gruppen, die Gruppe der „Zuversichtlichen“ noch stärker als die Gruppe der „Zweifelnden“, äußerten jeweils die größte Zustimmung zu der Aussage, dass sie einem Fahrdienst mit fahrerlosen Shuttlebussen eher nicht vertrauen würden, wenn die Sicherheit nicht gewährleistet wäre. Die Frage, ob es die Vertrauensbildung hemmt oder nicht, wenn man als zukünftige Zielgruppe nicht in die Entwicklung der neuen Mobilitätsdienstleistung eingebunden wird, wurde von der Gruppe der „Zweifelnden“ eher mit „weder noch“ beantwortet, während die Gruppe der „Zuversichtlichen“ diesbezüglich nicht zustimmte.

8.5 Zusammenfassung und Ausblick

Ziel der Studie war es, die zielgruppenspezifische Vertrauensbildung im Hinblick auf einen Fahrdienst mit fahrerlosen Shuttlebussen besser zu verstehen. Im Folgenden werden die wichtigsten Ergebnisse entlang der Forschungsfragen im Hinblick auf praktische und wissenschaftliche Implikationen zusammengefasst und interpretiert.

Zusammenfassung der Ergebnisse Auf der Grundlage des angegebenen Vertrauens und Misstrauens gegenüber einem Fahrdienst mit fahrerlosen Shuttlebussen wurden zwei Cluster identifiziert, die sich signifikant im Vertrauensniveau und in weiteren Merkmalen unterscheiden. Die Personen in Cluster 1 sind vertrauensvoll gegenüber dem beschriebenen Fahrdienst, zeigen großes Interesse und eine hohe Nutzungsbereitschaft (die „Zuversichtlichen“). Die Personen in Cluster 2 äußern Skepsis gegenüber dem beschriebenen Fahrdienst und lehnen die Nutzung tendenziell ab (die „Zweifelnden“). Die Clusterzugehörigkeit wird durch die Nutzungsbereitschaft und die Vertrauensdispositionen bestimmt. Die Gruppenunterschiede zeigen, dass die „Zuversichtlichen“ generell mehr Vertrauen in andere Menschen und in die Technik haben. Die „Zweifelnden“ äußern diesbezüglich zwar eine geringere Zustimmung, aber auch sie sind grundsätzlich positiv eingestellt, d. h. sie sind nicht per se misstrauisch gegenüber anderen Menschen und technischen Systemen. Ihr Misstrauen richtet sich auf die neue, mutmaßlich unbekannte Verkehrsdienstleistung der fahrerlosen Shuttlebusse. Die Cluster unterscheiden sich zudem im Bildungsniveau und Informationsstand: Die „Zuversichtlichen“ sind höher gebildet als die „Zweifelnden“ und fühlen sich besser über fahrerlose Shuttlebusse informiert. Darüber hinaus unterscheiden sie sich in der Verkehrsmittelnutzung: Die „Zweifelnden“ nutzen häufiger das Auto als die die „Zuversichtlichen“, die auch häufiger das Fahrrad benutzen.

Mit Ausnahme der Aspekte Datentransparenz, Partizipation vor der Markteinführung und Monitoring an Bord unterscheiden sich die Cluster signifikant in der Bewertung von Voraussetzungen für die Vertrauensbildung. Die ersten beiden Aspekte werden von beiden Gruppen als vertrauensbildend wahrgenommen und sollten daher bei konkreten Maßnahmen berücksichtigt werden, während eine Überwachung im Fahrzeug zu vernachlässigen ist. Die „Zuversichtlichen“ äußern sich überwiegend zustimmender zu den abgefragten Aspekten. Eine Schlussfolgerung daraus ist, dass die Personen entsprechend dem Gruppenprofil eher bereit sind, einem Fahrdienst mit fahrerlosen Shuttlebussen in verschiedenen Aspekten zu vertrauen. Die größte Zustimmung aus dieser Gruppe erhalten Sicherheits- und Informationsaspekte. Die „Zweifelnden“ äußern die größte Zustimmung zu Kontrollaspekten, konkret zur Möglichkeit, weiterhin in das Fahrgeschehen eingreifen zu können. Verkehrs- und fahrzeugbezogene Aspekte (Mischverkehr, Antriebstechnologie) sind für beide Gruppen vergleichsweise weniger vertrauensrelevant. Bei den Aspekten, die die Vertrauensbildung hemmen, ist das Meinungsbild homogener. Beide Gruppen äußern sich ähnlich zustimmend zu den abgefragten Aspekten. Für beide Gruppen sind insbesondere die Aspekte Sicherheit, Information und Daten vertrauenskritisch.

Praktische Implikationen Die Analyse der Voraussetzungen für die Vertrauensbildung zeigt, dass sich die verschiedenen Zielgruppen in ihrer Meinung darüber, was Vertrauen in einen Fahrdienst mit fahrerlosen Shuttlebussen fördert, stärker unterscheiden als darüber, was Vertrauen hemmt. In der praktischen Ausgestaltung können vertrauensmindernde Faktoren daher generisch adressiert werden, da für unterschiedliche Personengruppen ein instabiles Fahrzeugdesign, fehlende Informationen über das Fahrgeschehen oder kommerzielle Datennutzung vertrauensmindernd wirken. Diese Aspekte sind grundsätzlich zu vermeiden. Im Hinblick auf vertrauensfördernde Aspekte muss die praktische Ausgestaltung hingegen zielgruppenspezifisch erfolgen. Für Personen mit einem hohen Kontrollbedürfnis während der Fahrt könnte z. B. ein Notrufknopf im Fahrzeug installiert werden, über den eine Leitstelle erreicht werden kann, die Kontakt- und Hilfestellungen anbietet und in akuten Gefahrensituationen die Fahrzeugsteuerung übernimmt. Denkbar ist auch, die Innenausstattung an unterschiedliche Bedürfnisse anzupassen und verschiedene Buchungsoptionen anzubieten, z. B. einander gegenüberliegende Sitzreihen für eine gute Kommunikation zwischen den Reisenden oder Sitzreihen in Fahrtrichtung für einen sicheren Überblick über das Fahrgeschehen. Darüber hinaus kann Information eine Stellschraube sein: Für Personen, für die der Kontext eine entscheidende Rolle für die Vertrauensbildung spielt, könnten Hintergrundinformationen, z. B. sicherheitsrelevante Hinweise wie Unfallstatistiken oder rechtliche Hinweise zu Haftungsfragen, zur Verfügung gestellt werden.

Wissenschaftliche Implikationen Insbesondere die Themen Sicherheit, Information und Kontrolle sind relevant für die Vertrauensbildung im Kontext eines Fahrdienstes mit fahrerlosen Shuttlebussen. Der Zustimmungsgrad variiert in Abhängigkeit von der Zielgruppe und unterscheidet sich teilweise signifikant zwischen zuversichtlichen und skeptischen Personen. Dies deutet auf individuelle Bedürfnisse und Anforderungen sowie unterschiedliche Prioritäten bei der Vertrauensbildung hin. Das Verständnis dieser gruppenspezifischen Meinungen ist für die wissenschaftliche Evaluierung von Vertrauen relevant und bildet die Grundlage für die Ableitung von praktischen Handlungsempfehlungen. Offen ist, welche Facetten bedeutsam sind und wie diese mit der Nutzungsbereitschaft zusammenhängen, z. B. in Bezug auf das Sicherheitsempfinden an Bord und im Straßenverkehr, die verschiedenen Möglichkeiten der Kontrollübernahme wie eine Leitstelle oder eine Aufsichtsperson im Fahrzeug, und die Bereitstellung von Informationen (siehe Kapitel 9). Letzteres bezieht sich zum einen auf Informationsaspekte in der konkreten Nutzungssituation mit potentiellen Auswirkungen auf die Vertrauensbildung und Nutzungsbereitschaft, die näher untersucht werden müssen, z. B. welche Informationen zu welchem Zweck mit dem Fahrzeug, einer Servicestelle oder anderen Reisenden geteilt werden dürfen. Zum anderen unterscheiden sich die identifizierten Cluster im Bildungsniveau und im Informationsstand, d. h. das Wissen zum Thema und möglicherweise auch der Zugang zu Wissen sind gruppenspezifisch. Hier ist von weiterem Interesse, welche Informationen sich die unterschiedlichen Personengruppen wünschen und welcher Interessensvertretung sie vertrauen, z. B. Forschungseinrichtungen, Automobilindustrie oder dem persönlichem Umfeld.

Abbildung 8.2: Faktoren, die das Vertrauen in einen Fahrdienst mit fahrerlosen Shuttlebussen fördern im Cluster-Vergleich (Mittelwerte und 95% Konfidenzintervalle)

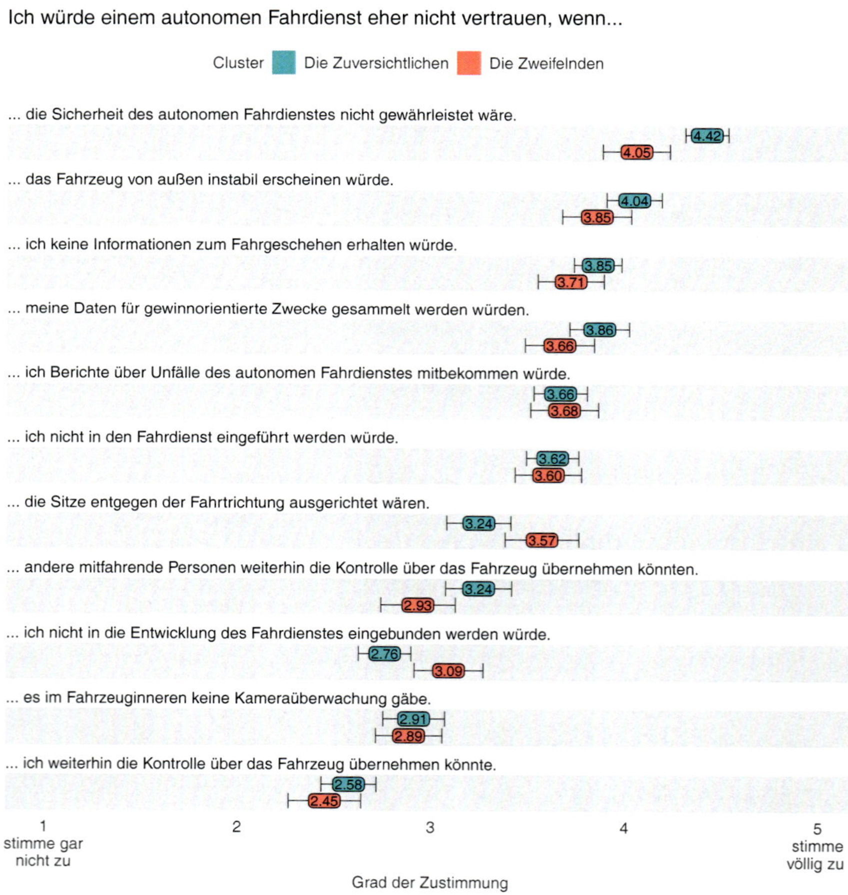

Abbildung 8.3: Faktoren, die das Vertrauen in einen Fahrdienst mit fahrerlosen Shuttlebussen mindern im Cluster-Vergleich (Mittelwerte und 95% Konfidenzintervalle)

9 Vertrauen als Mediator der Nutzungsbereitschaft

Die in Kapitel 8 dargestellte Fragebogenstudie hat gezeigt, dass das wahrgenommene Vertrauen in einen Fahrdienst mit fahrerlosen Shuttlebussen gruppenspezifisch ist und dass Informations-, Sicherheits-, und Kontrollaspekte mögliche Hebel zur Vertrauensbildung darstellen. Welche Aspekte dabei konkret eine Rolle spielen, wie die Wirkungszusammenhänge dieser Faktoren untereinander und in Bezug auf Vertrauen und Akzeptanz sind, ist noch nicht umfassend geklärt und soll daher in diesem Kapitel herausgearbeitet werden. Im Fokus stehen dabei Eigenschaften der Fahrdienstleistung (technische und servicebezogene Aspekte) sowie Anforderungen an die Mitreisenden (Anzahl, Bekanntheitsgrad).

9.1 Zielsetzung und Forschungsfragen

Das Forschungsziel war zweigeteilt: Zum einen sollten Informations-, Sicherheits- und Kontrollaspekte differenziert betrachtet werden, um unterschiedliche Facetten zu identifizieren und anschließend deren Einfluss auf die Vertrauensbildung und Nutzungsbereitschaft zu untersuchen. Zum anderen sollte das Beziehungsgefüge zwischen Vertrauen und Nutzungsbereitschaft gemessen werden, um Wirkungszusammenhänge sichtbar zu machen und die Frage zu beantworten, welche Rolle das Vertrauen für die Akzeptanz eines Fahrdienstes mit fahrerlosen Shuttlebussen spielt. Hierzu wurden folgende Forschungsfragen bearbeitet:

Lassen sich verschiedene Komponenten von Information, Sicherheit und Kontrolle unterscheiden? Ziel war es, die zur Bewertung gestellten Aspekte hinsichtlich Information, Sicherheit und Kontrolle (u. a. wahrgenommene Risiken und Anforderungen) strukturell zu prüfen und sinnvoll zu bündeln als Grundlage für die Analyse von Zusammenhängen mit Vertrauen und Nutzungsbereitschaft.

Wie hängen Vertrauen und Nutzungsbereitschaft zusammen und welche Einflussfaktoren sind relevant? Ziel war es, Wirkungszusammenhänge zwischen Vertrauen und Nutzungsbereitschaft zu messen und Prädiktoren (hinsichtlich Information, Sicherheit und Kontrolle) zu identifizieren. Neben dem Vertrauen in den beschriebenen Fahrdienst wurde auch das Vertrauen in beteiligte Interessengruppen untersucht, um den Facettenreichtum der Vertrauensbildung abzubilden. Die Ergebnisse bilden die Grundlage für praktische Handlungsempfehlungen und für Folgestudien, um Zielkonflikte (Trade-offs) hinsichtlich der Vertrauensbildung unter Berücksichtigung relevanter Einflussfaktoren zu untersuchen.

9.2 Methodisches Vorgehen

Zur Beantwortung der Forschungsfragen wurde eine Befragung über ein Online-Access-Panel durchgeführt. Aufbau und Ablauf des Fragebogens sind in Abbildung 9.1 dargestellt.

Eine Liste der Fragebogenitems findet sich in Anhang A.3, Tabelle A.6. Die Items wurden, soweit nicht durch entsprechende Verweise kenntlich gemacht, auf der Basis qualitativer Vorstudien entwickelt. Dazu wurden sechs Personen in halbstrukturierten Interviews befragt, welche Aspekte ihr Sicherheitsempfinden bei einer Fahrt in einem Fahrdienst mit fahrerlosen Shuttlebussen beeinflussen, welche persönlichen Informationen sie teilen und inwiefern sie die Auswahl von Mitreisenden bestimmen wollen würden (vgl. Kapitel 5.2.1, Interviewstudie Nr. 4). Die wichtigsten Ergebnisse wurden operationalisiert und mit Hilfe von Ratingskalen messbar gemacht. Insgesamt wurden 41 Aussagen zu wahrgenommenen Sicherheitsrisiken (z. B. „Ich mache mir Sorgen, dass ich in autonomen Shuttlebussen von anderen Fahrgästen belästigt werden könnte“), zum Informationsaustausch (z. B. „Informationen, die ich mit anderen Passagieren teile, möchte ich auch über sie erhalten“) und zu Kontrollaspekten (z. B. „Ich möchte entscheiden, ob weitere Passagiere während der Fahrt zusteigen können“) zur Bewertung gestellt. Zusätzlich wurde die wahrgenommene Vertrauenswürdigkeit verschiedener Informationsquellen hinsichtlich der Nutzung eines Fahrdienstes mit fahrerlosen Shuttlebussen abgefragt (6 Items, z. B. „Informationen und Erfahrungsberichte aus dem persönlichen Umfeld“).

Items zur Erfassung der Privatsphäredisposition (8 Items, z. B. „Ich habe kein Problem damit, meine Daten preiszugeben“) und des Technikvertrauens in Bezug auf autonomes Fahren (5 Items, z. B. „Man kann autonomen Fahrzeugen nie zu hundert Prozent vertrauen“) wurden auf der Basis von Fragebogenstudie Nr. 1 (Kapitel 7) formuliert. Zur Einschätzung neuer Verkehrsdienstleistungen wurden einstellungsbezogene Aussagen vorgelegt (3 Items, z. B. „Sharingangebote und Sammelfahrten sind mir zu umständlich“). Zusätzlich zum wahrgenommenen Vertrauen in einen Fahrdienst mit fahrerlosen Shuttlebussen wurde das soziale Vertrauen in verschiedene Beteiligte aus Forschung, Industrie und Behörden erhoben (3 Items, z. B. „Ich vertraue den staatlichen Behörden, die den Einsatz autonomer Shuttlebusse regulieren und beaufsichtigen“). Die Ratingskalen waren voll verbal von „stimme gar nicht zu“ (1), „stimme nicht zu“ (2), „stimme eher nicht zu“ (3), „stimme eher zu“ (4), „stimme zu“ (5) bis „stimme voll zu“ (6) formuliert. Ausnahmen bildeten die wahrgenommene Vertrauenswürdigkeit von Informationsquellen, die von „gar nicht vertrauenswürdig“ (1), „nicht vertrauenswürdig“ (2), „eher nicht vertrauenswürdig“ (3), „eher vertrauenswürdig“ (4), „vertrauenswürdig“ (5) bis „sehr vertrauenswürdig“ (6) formuliert wurde und die Risikobereitschaft, die von „gar nicht risikobereit“ (1), „nicht risikobereit“ (2), „eher nicht risikobereit“ (3), „eher risikobereit“ (4), „risikobereit“ (5) bis „sehr risikobereit“ (6) formuliert wurde. Die Reliabilitätsprüfung mittels Cronbach's Alpha ergab für alle verwendeten Messinstrumente einen Wert von $\alpha \geq .8$.

9.3 Stichprobenbeschreibung

Insgesamt wurden 287 Fälle in die Auswertung einbezogen. In Tabelle 9.1 wird ein Überblick über die soziodemografischen und Persönlichkeitsmerkmale der Stichprobe gegeben. Der Anteil von Frauen und Männern war ausgewogen. Die Altersspanne lag zwischen 16 und 86 Jahren. Der größte Anteil der Befragten verfügte über die mittlere Reife. Das monatliche Haushaltsnettoeinkommen lag zwischen 2000 und unter 3000 Euro (Medianlevel). Der Wohnort der Befragten lag überwiegend im städtischen Raum. Im Durchschnitt hatten die Befragten Bedenken bezüglich der Privatsphäre, z. B. bezüglich der Weitergabe persönlicher Daten, und gaben an, eher nicht risikobereit zu sein. Das Vertrauen in andere Menschen war vorhanden, nicht aber gegenüber dem autonomen Fahren.

A. Instruktion

B. Screening

B1. Soziodemografie
Alter, Geschlecht, Bildung, Einkommen, Wohnort

B2. Persönlichkeit
Risikobereitschaft, Privatsphäredisposition, Vertrauensdispositionen

C. Mobilitätsprofil

C1. Mobilitätsverhalten
Führerschein- und Pkw-Besitz, Verkehrsmittelnutzung, Einstellung zu Diensten

D. Beschreibung des Forschungsszenarios

In Ihrem Wohnort wird als Ergänzung zu bereits existierenden öffentlichen Verkehrsmitteln ein Fahrdienst mit elektrifizierten fahrerlosen Shuttlebussen angeboten. Die Fahrzeuge übernehmen auf allen Strecken und in allen Verkehrssituationen vollständig die Fahraufgabe, d. h. sie fahren autonom. Dieses Mobilitätsangebot ist individuell und auf Abruf (d. h. on demand) buchbar, ist nicht an feste Haltestellen oder Fahrpläne gebunden und kann sowohl Einzelpersonen als auch kleine Gruppen von bis zu 15 Personen befördern. Individuell buchbar heißt in diesem Fall, dass Sie als Passagier nicht nur, wie bei konventionellen Taxis, über Abholzeit und -ort sowie das Ziel der Fahrt entscheiden können, sondern weitere Möglichkeiten haben, den Fahrtverlauf (z. B. die Route) oder die Fahrzeugausstattung zu beeinflussen. Die Mitnahme und der Transport von Gütern (z. B. Einkäufe) ist ebenfalls möglich.

E. Evaluierung des Forschungsszenarios

E1. Information, Sicherheit und Kontrolle
u. a. wahrgenommene Risiken und Anforderungen, vertrauenswürdige Quellen

E2. Vertrauen
Vertrauen und Misstrauen (Fahrdienst), soziales Vertrauen (Beteiligte)

E3. Nutzungsbereitschaft
u. a. Verhaltensabsicht, wahrgenommene Nützlichkeit, Kompatibilität

F. Abschluss

Abbildung 9.1: Aufbau und Ablauf der Befragung. Einsatz validierter Messinstrumente: Risikobereitschaft (Beierlein et al., 2014), interpersonales Vertrauen (Beierlein et al., 2012), Informations-, Sicherheits- und Kontrollaspekte (J. Chen et al., 2020; Nordhoff et al., 2021; Z. Wu et al., 2021), Fahrdienst-Vertrauen (Jessup et al., 2019; Pöhler et al., 2016), Nutzungsbereitschaft (Davis et al., 1989; Nordhoff et al., 2021)

Tabelle 9.1: Deskriptive Statistik der soziodemografischen und Persönlichkeitsmerkmale

Geschlecht	
weiblich	50% (n = 145)
männlich	50% (n = 142)
Alter (in Jahren)	M = 45.9 (SD = 16.1)
Bildungsabschluss	
(noch) kein Schulabschluss	2% (n = 5)
Volks- oder Hauptschulabschluss	11% (n = 31)
Mittlere Reife	40% (n = 116)
(Fach-)Hochschulreife	21% (n = 59)
(Fach-)Hochschulabschluss	26% (n = 76)
Monatliches Haushaltsnettoeinkommen	Mdn = 2000 – 3000 EUR
Wohnort	
Städtischer Raum	69% (n = 197)
Ländlicher Raum	26% (n = 76)
keine Angabe	5% (n = 14)
Persönlichkeit (1–6 max.)	
Risikobereitschaft	M = 3.23 (SD = 1.09)
Interpersonales Vertrauen	M = 3.56 (SD = 0.97)
Technikvertrauen	M = 2.88 (SD = 0.99)
Privatsphäredisposition	M = 2.93 (SD = 0.82)

Mobilitätsprofil Die Mehrheit besaß einen Pkw-Führerschein (89%, $n = 256$) und ein Auto (78%, $n = 223$). Die Befragten nutzten den Pkw überwiegend mehrmals pro Woche (31%, $n = 88$) und täglich (29%, $n = 82$). Der ÖPNV wurde überwiegend seltener als monatlich (30%, $n = 86$) und nie (23%, $n = 67$) genutzt. Die Nutzungshäufigkeit des Fahrrads war heterogener und lag überwiegend zwischen den Kategorien „nie" (27%, $n = 79$), „seltener als monatlich" (17%, $n = 49$) und „mehrmals pro Woche" (17%, $n = 49$). Carsharing und andere Verkehrsdienste wie Ridesharing und -pooling wurden von einer deutlichen Mehrheit nie genutzt (jeweils $\geq$ 90%). In diesem Zusammenhang gaben die Befragten an, Bedenken hinsichtlich der Verfügbarkeit zu haben ($M = 4.65$, $SD = 1.14$, 1-6 max.), einen hohen Zeitaufwand für die gemeinsame Nutzung eines Autos zu sehen ($M = 4.32$, $SD = 1.28$, 1-6 max.) und entsprechende Dienste grundsätzlich als umständlich zu empfinden ($M = 4.31$, $SD = 1.41$, 1-6 max.).

9.4 Studienergebnisse

Im Folgenden werden die Ergebnisse entlang der Forschungsfragen zusammengefasst.

9.4.1 Information, Sicherheit und Kontrolle: Komponentenanalyse

Informations-, sicherheits- und kontrollbezogene Aspekte wurden mit insgesamt 41 Items gemessen, die auf der Grundlage von qualitativen Vorstudien selbstdefiniert wurden oder theoretisch fundiert waren. Diese wurden strukturell mittels einer Hauptkomponentenanalyse überprüft mit dem Ziel, möglichst wenige unabhängige Komponenten zu identifizieren, um diese dann auf Wirkungszusammenhänge mit Vertrauen und Nutzungsbereitschaft zu untersuchen (Kapitel 9.4.2). Ein Item („Ich glaube, dass mein Mobilitätsverhalten durch die Nutzung eines autonomen Shuttlebusses leicht nachvollziehbar wäre“) korrelierte nur schwach ($< .3$) mit allen anderen Items und wurde aus der Analyse ausgeschlossen. Eine erste Analyse wies auf das Vorliegen von neun Komponenten mit Eigenwerten größer als 1.0 hin, von denen fünf jedoch nur knapp über dem Schwellenwert lagen. Unter Berücksichtigung des Screeplots und theoretischer Überlegungen wurde eine Vier-Komponenten-Lösung gewählt. Die Interpretierbarkeit dieser Lösung wurde in fünf Fällen[1] durch Querladungen mit geringer Differenz eingeschränkt. Die entsprechenden Items wurden aus dem Modell entfernt und die Analyse wurde erneut durchgeführt. Die finale Hauptkomponentenanalyse mit Varimax-Rotation basierte auf 35 Items. Der Bartlett-Test auf Sphärizität (χ^2 (595) = 4708.26, $p < .001$) und das Kaiser-Meyer-Olkin Measure of Sampling Adequacy (KMO = .86, MSA $\geq$ .7) zeigten, dass die Items für die Analyse geeignet waren. Die Vier-Komponenten-Lösung erklärte insgesamt 51% der Varianz und war die am besten interpretierbare Lösung im Datensatz, da die meisten Items nur auf einer der Komponenten hohe Ladungen aufwiesen. Die Ladungen der Items auf den vier identifizierten Komponenten sind in Anhang A.4 in Tabelle A.11 dargestellt. Die Items wurden unter den Oberbegriffen „Informationsaustausch“, „Verkehrssicherheit“, „Bordsicherheit“ und „Personenkontrolle“ zusammengefasst und werden im Folgenden beschrieben. In Tabelle 9.2 sind die identifizierten Komponenten mit Angabe der Anzahl der Items und der Reliabilität dargestellt.

Tabelle 9.2: Übersicht über die identifizierten Komponenten mit Angabe zur Anzahl der Items und der Reliabilität

Komponente	Anzahl Items	Cronbach's α
Informationsaustausch	11	.86
Verkehrssicherheit	10	.84
Bordsicherheit	8	.85
Personenkontrolle	6	.87

[1] „Ich freue mich, wenn ich Personen an Bord treffe, die ich kenne“, „Informationen über regelmäßige Wartungen würden mein Sicherheitsgefühl erhöhen“, „Ich mache mir Sorgen, dass ich in autonomen Shuttlebussen von anderen Fahrgästen belästigt werden könnte“, „Ich steige lieber ein Stück abseits meiner Wohnung aus, damit andere Passagiere nicht meine Adresse kennen“, „Ich glaube, der autonome Shuttlebus würde sicherer fahren als ein Mensch am Steuer“

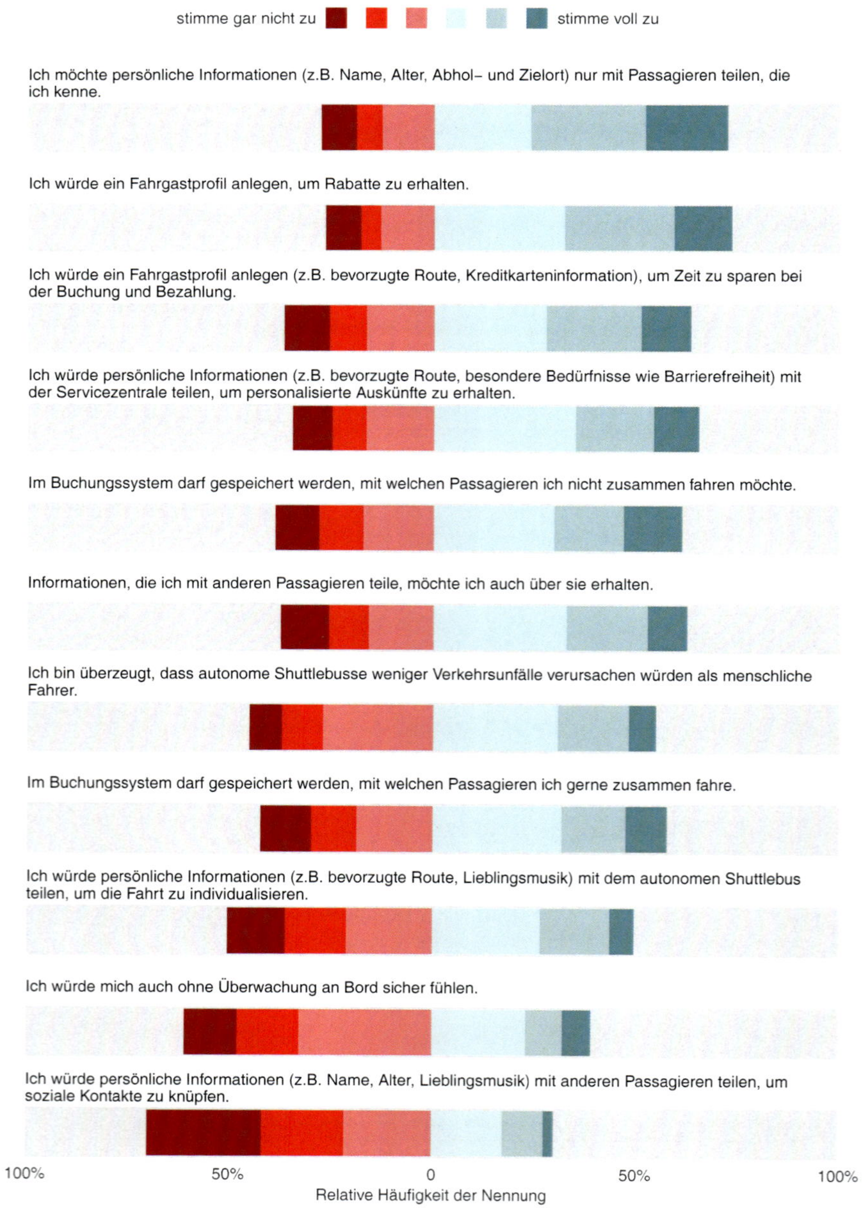

Abbildung 9.2: Zustimmung zur Komponente „Informationsaustausch“

„Informationsaustausch“ umfasst die Bereitschaft zum Austausch von Informationen zwischen den Reisenden an Bord, dem Fahrzeugsystem und einer Servicezentrale im Hinblick auf Personalisierung (z. B. individuelle Profile und Fahrtanpassungen), Datenschutz und Sicherheit sowie soziale Interaktionen. Die Zustimmung der Befragten zu den Items ist in Abbildung 9.2 dargestellt. Die Befragten stimmten der Weitergabe persönlicher Daten an Bekannte und an eine Servicezentrale zu, während die Weitergabe von Daten an das Fahrzeugsystem und zum Aufbau sozialer Kontakte weniger befürwortet wurde. Das Anlegen eines persönlichen Profils, insbesondere für den Erhalt von Rabatten, erhielt hohe Zustimmung. Die Befragten gaben an, Informationen, die sie mit anderen teilen, auch von diesen erhalten zu wollen und äußerten sich positiv zum Speichern von Präferenzen zu Mitfahrenden. Die Meinungen dazu, dass ein Fahrdienst mit fahrerlosen Shuttlebussen weniger Verkehrsunfälle verursachen würde als ein Mensch am Steuer gingen stärker auseinander. Die Befragten stimmten der Frage eher nicht zu, ob sie sich auch ohne Monitoring an Bord sicher fühlen würden.

„Verkehrssicherheit“ umfasst wahrgenommene Risiken in Bezug auf die Sicherheit und den Betrieb eines Fahrdienstes mit fahrerlosen Shuttlebussen in verschiedenen Situationen, z. B. bei schlechtem Wetter, menschlichem Eingreifen, Mischverkehr und Unfallsszenarien. Die Zustimmung der Befragten zu den Items ist in Abbildung 9.3 dargestellt. Die höchste Zustimmung erhielt der Wunsch nach einer menschlichen Aufsichtsperson an Bord, die bei Bedarf die manuelle Steuerung übernehmen kann. Ebenfalls hohe Zustimmung wurde zu wahrgenommenen Unsicherheiten zur Verantwortung in Unfallszenarien und Kontrollabgabe geäußert. Die Befragten waren überzeugt, dass Menschen in unvorhergesehenen Situationen besser reagieren könnten. Auch stimmten sie wahrgenommenen Risiken zum Mischverkehr und dem Wunsch nach einer getrennten Fahrspur für einen Fahrdienst mit fahrerlosen Shuttlebussen zu, ebenso Sicherheitsbedenken bei schlechten Witterungsverhältnissen. Der Aussage, sich alleine an Bord unwohl zu fühlen, stimmten sie durchschnittlich nicht zu.

„Bordsicherheit“ umfasst verschiedene Sicherheits- und Notfallvorkehrungen an Bord, um in Gefahrensituationen die Fahrt zu unterbrechen oder Hilfe herbeizurufen. Die Zustimmung der Befragten zu den Items ist in Abbildung 9.4 dargestellt. Alle zur Bewertung gestellten Items erzielten hohe Zustimmung. Die größte Zustimmung äußerten die Befragten zum Vorhandensein eines Notstoppschalters an Bord, gefolgt von konventionellen Sicherheitseinrichtungen (z. B. Airbag und Sicherheitsgurt), mehreren Türen und einer Gegensprechanalage zu einer Servicezentrale. Das Vorhandensein von unauffälligen, an den Sitzen befestigten Notrufknöpfen und die externe Überwachung durch eine Leitwarte erzielten eine geringere, wenngleich hohe Zustimmung. Die Befragten gaben auch an, dass sie die Fahrt jederzeit abbrechen und aussteigen zu können wünschen und dass sie sich mit alkoholisierten Personen an Bord unwohl fühlen würden.

„Personenkontrolle“ umfasst die unterschiedlichen Präferenzen und Entscheidungen in Bezug auf Auswahl, Anzahl und Privatsphäre der Reisenden. Die Zustimmung der Befragten zu den Items ist in Abbildung 9.5 dargestellt. Sie gaben mehrheitlich an, dass es egal sei, ob weitere Personen während der Fahrt zusteigen und dass sie ungestört sein möchten. Allen anderen Items zur Auswahl und Anzahl von Mitfahrenden stimmten sie im Durchschnitt eher nicht zu.

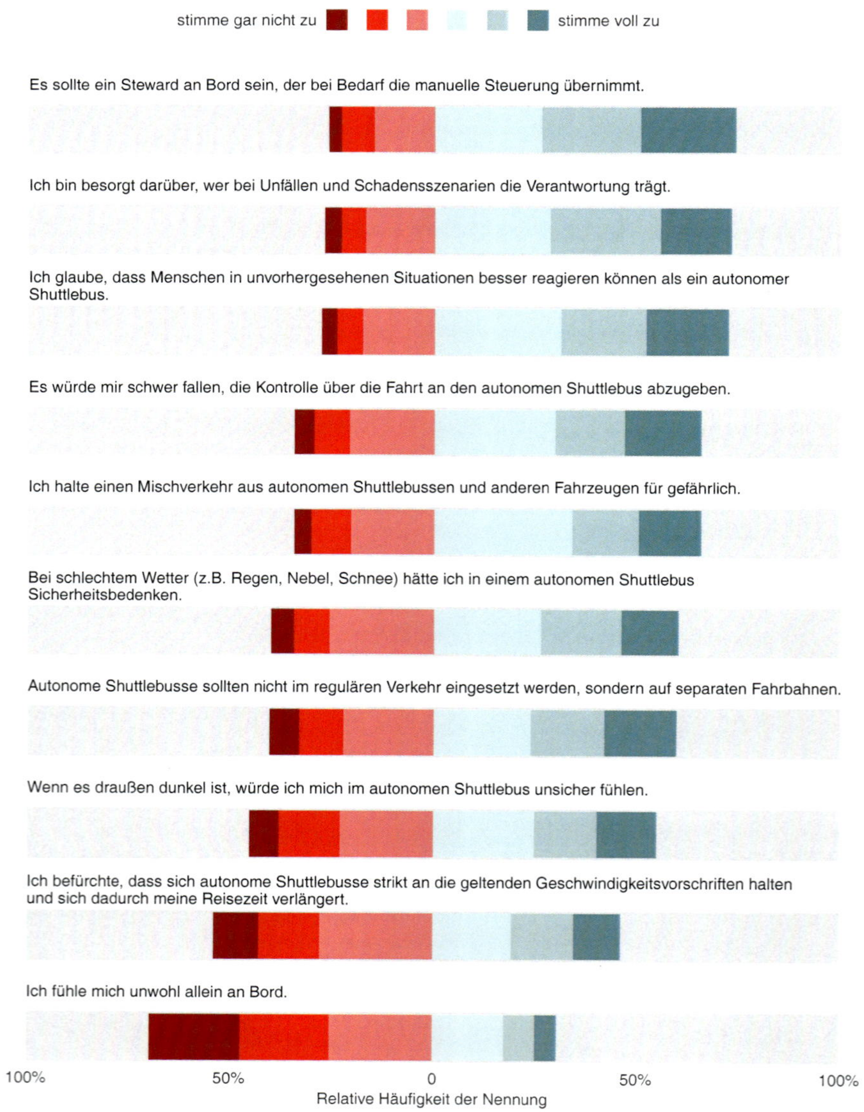

Abbildung 9.3: Zustimmung zur Komponente „Verkehrssicherheit“

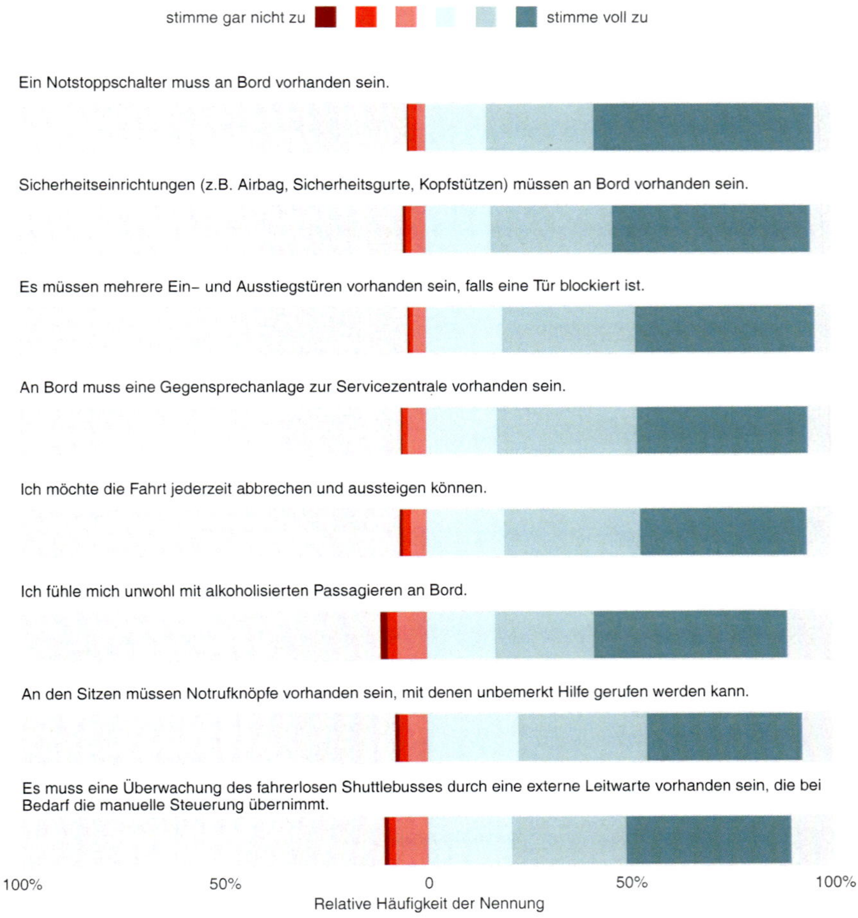

Abbildung 9.4: Zustimmung zur Komponente „Bordsicherheit“

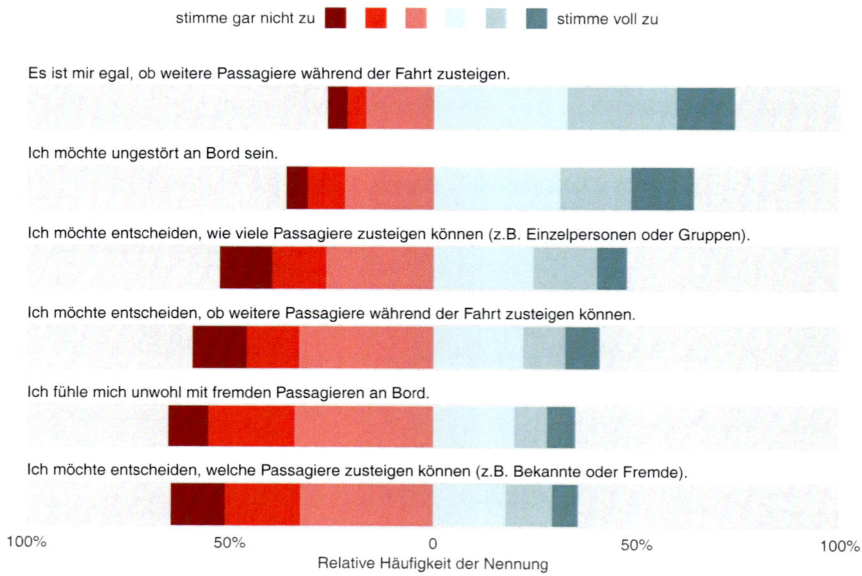

Abbildung 9.5: Zustimmung zur Komponente „Personenkontrolle“

9.4.2 Zusammenhänge mit der Nutzungsbereitschaft

Da das Erkenntnisinteresse auf dem Verständnis übergeordneter Beziehungsstrukturen lag, wurden die Daten zu Vertrauen und Nutzungsbereitschaft für die inferenzstatistischen Analysen in aggregierter Form, d. h. als „globale“ Konstrukte verwendet. Mit einem Durchschnittswert knapp oberhalb der Skalenmitte ($M = 3.62$; $SD = 1.03$; 1-6 max.) war das wahrgenommene Vertrauen in einen Fahrdienst mit fahrerlosen Shuttlebussen positiv, d. h. grundsätzlich äußerten sich die Befragten eher vertrauensvoll gegenüber dem beschriebenen Fahrdienst als misstrauisch. Mit einem Durchschnittswert knapp unterhalb der Skalenmitte war die Nutzungsbereitschaft eher gering ($M = 3.42$; $SD = 1.17$; 1-6 max.). Bei näherer Betrachtung auf Einzelitemebene zeigte sich, dass der beschriebene Fahrdienst zwar als nützliche Ergänzung zum ÖPNV erachtet, die Nutzung konventioneller öffentlicher Verkehrsmittel jedoch bevorzugt wurde. Die Absicht, den Fahrdienst zu nutzen und die Einstellung zur Nutzung waren positiv. Die Vereinbarkeit mit bestehenden Mobilitätsbedürfnissen wurde eher gering und der Verzicht auf das eigene Auto zugunsten der Nutzung des beschriebenen Fahrdienstes eher nicht befürwortet.

Tabelle 9.3 zeigt die Ergebnisse bivariater Korrelationsanalysen zwischen den identifizierten Komponenten Informationsaustausch, Verkehrssicherheit, Bordsicherheit, Personenkontrolle sowie Vertrauen und Nutzungsbereitschaft in Bezug auf einen Fahrdienst mit fahrerlosen Shuttlebussen. Vereinzelt bestanden schwache bis moderate Zusammenhänge zwischen den identifizierten Komponenten. Vertrauen und Nutzungsbereitschaft korrelierten stark miteinander. Beide Variablen korrelierten positiv mit dem Informationsaustausch und negativ mit der Verkehrssicherheit. D. h. je höher die Bereitschaft zum Informationsaustausch zwischen den Reisenden an Bord, dem Fahrzeugsystem und einer Servicezentrale war, desto größer war auch die angegebene Bereitschaft, einen Fahrdienst mit fahrerlosen Shuttlebussen zu nutzen und diesem zu vertrauen. Zudem waren Vertrauen und Nutzungsbereitschaft umso geringer, je ausgeprägter die Zustimmung zu Fragen und Bedenken hinsichtlich der Verkehrssicherheit war.

Tabelle 9.3: Spearman's Rangkorrelationskoeffzienten für Informationsaustausch, Verkehrssicherheit, Bordsicherheit, Personenkontrolle, Vertrauen und Nutzungsbereitschaft

	1	2	3	4	5	6
1. Nutzungsbereitschaft	–	$.71^{***}$	$.46^{***}$	$-.39^{***}$	.01	.09
2. Fahrdienst-Vertrauen		–	$.41^{***}$	$-.63^{***}$	-.04	-.11
3. Informationsaustausch			–	-.05	$.15^{**}$	$.30^{***}$
4. Verkehrssicherheit				–	$.37^{***}$	$.30^{***}$
5. Bordsicherheit					–	.11
6. Personenkontrolle						–

$^{***}p < .001$, $^{**}p < .01$

9.4.3 Prädiktoren von Vertrauen und Nutzungsbereitschaft

Um die Beziehungsstruktur zwischen den Variablen näher zu untersuchen, wurde eine GLM-Mediationsanalyse durchgeführt mit Informationsaustausch und Verkehrssicherheit als unabhängige Variablen, Vertrauen in den beschriebenen Fahrdienst als Mediatorvariable und Nutzungsbereitschaft als abhängige Variable. Bordsicherheit und Personenkontrolle wurden nicht in das Modell aufgenommen, da keine signifikanten Zusammenhänge mit Vertrauen und Nutzungsbereitschaft festgestellt wurden (siehe Tabelle 9.3) und somit kein relevanter Beitrag zur Erklärung der Beziehungsstruktur zwischen den Variablen zu erwarten war. In Tabelle 9.4 sind die Ergebnisse der Mediationsanalyse dargestellt. Die Gesamteffekte für die unabhängigen Variablen auf die abhängige Variable waren signifikant, d. h. die Bereitschaft zur Nutzung eines Fahrdienstes mit fahrerlosen Shuttlebussen war abhängig von der empfundenen Verkehrssicherheit und der Bereitschaft zum Informationsaustausch. Nach der Einführung der Mediatorvariable in das Modell war der direkte Effekt für die Verkehrssicherheit nicht (mehr) signifikant, was auf eine vollständige Mediation hindeutet. Der direkte Effekt für den Informationsaustausch blieb signifikant, war jedoch kleiner im Vergleich zum Gesamteffekt, was auf eine partielle Mediation hindeutet. Alle indirekten und Komponenten-Effekte waren signifikant, d. h. die Nutzungsbereitschaft war auch abhängig vom wahrgenommenen Vertrauen in einen Fahrdienst mit fahrerlosen Shuttlebussen, das wiederum von der Bereitschaft zum Informationsaustausch und der empfundenen Verkehrssicherheit beeinflusst wurde. Somit wurde Vertrauen als Mediator identifiziert, der die Effekte zwischen den unabhängigen Variablen und der abhängigen Variable vermittelte. Die Beziehungsstruktur ist in Abbildung 9.6 dargestellt.

Tabelle 9.4: GLM-Mediationsanalyse: indirekte, direkte und Gesamteffekte

Type	Effect	Estimate	*SE*	95% C.I.	β	z	p
Indirekt	VS ⇒ FV ⇒ NB	-0.50	0.06	[-0.63, -0.38]	-.38	-8.04	< .001
	IA ⇒ FV ⇒ NB	0.35	0.05	[0.26, 0.46]	.28	6.73	< .001
Komponente	VS ⇒ FV	-0.69	0.05	[-0.79, -0.60]	-.60	-14.66	< .001
	FV ⇒ NB	0.73	0.07	[0.58, 0.86]	.64	10.21	< .001
	IA ⇒ FV	0.49	0.05	[0.39, 0.58]	.44	9.79	< .001
Direkt	VS ⇒ NB	0.07	0.08	[-0.10, 0.22]	.05	0.83	.407
	IA ⇒ NB	0.32	0.07	[0.17, 0.45]	.25	4.32	< .001
Gesamt	VS ⇒ NB	-0.43	0.07	[-0.57, -0.30]	-.33	-6.26	< .001
	IA ⇒ NB	0.67	0.07	[0.52, 0.80]	.53	9.61	< .001

Anmerkung: Konfidenzintervalle wurden mit der Methode Bias-korrigierter Bootstrap berechnet. Betas (β) sind vollständig standardisierte Effektgrößen. VS = Verkehrssicherheit, IA = Informationsaustausch, FV = Fahrdienst-Vertrauen, NB = Nutzungsbereitschaft

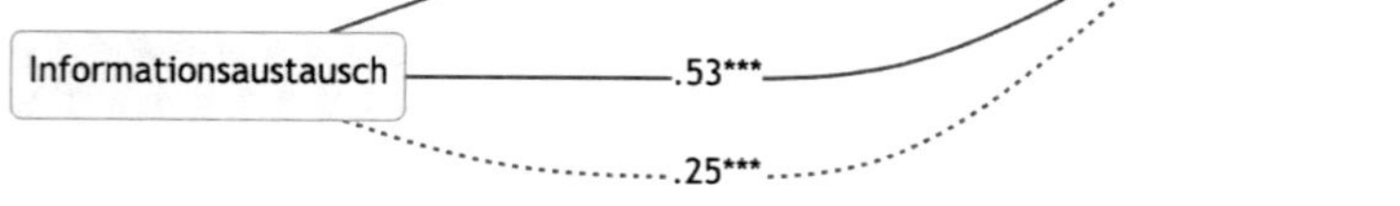

Abbildung 9.6: Pfaddiagramm der GLM-Mediationsanalyse mit β-Koeffizienten, $^{***}p < .001$. Die gestrichelten Linien stellen die direkten Effekte der unabhängigen Variablen (Verkehrssicherheit und Informationsaustausch) auf die abhängige Variable (Nutzungsbereitschaft) nach Einschluss der Mediatorvariable (Vertrauen in den Fahrdienst) in das Modell dar

„Informationsaustausch“ im Fokus

Da der Zusammenhang zwischen der Bereitschaft zum Informationsaustausch und der Nutzungsbereitschaft nur teilweise durch das wahrgenommene Vertrauen in den beschriebenen Fahrdienst mediiert wird, besteht die Wahrscheinlichkeit, dass ein weiterer, bisher im Modell nicht berücksichtigter Mediator die Beziehungsstruktur bestimmt (Zhao et al., 2010). Eine Annahme ist, dass neben dem generellen Vertrauen in den beschriebenen Fahrdienst, insbesondere wenn es um die Weitergabe persönlicher Informationen geht, auch die an der Entwicklung und Gestaltung beteiligten Interessengruppen (z. B. aus Forschung, Behörden, Industrie) und das ihnen entgegengebrachte zwischenmenschliche Vertrauen eine Rolle spielen könnten. Empirisch wird diese Annahme insofern gestützt, als die Bereitschaft zum Informationsaustausch positiv mit dem sozialen Vertrauen korreliert ($\rho = .41$, $p = < .001$), das wiederum mit dem Vertrauen in den Fahrdienst ($\rho = .71$, $p = < .001$) und der Nutzungsbereitschaft ($\rho = .68$, $p = < .001$) zusammenhängt. Daher wurde in einem zweiten Schritt neben dem Fahrdienst-Vertrauen auch das soziale Vertrauen (in Beteiligte aus öffentlichen Behörden, der Forschung, dem Ingenieurwesen und der Automobilindustrie) als Mediatorvariable in das Modell aufgenommen. Die Ergebnisse der zweiten GLM-Mediationsanalyse sind in Tabelle 9.5 dargestellt. Nach Aufnahme der Mediatorvariablen in das Modell war der direkte Effekt für die Bereitschaft zum Informationsaustausch (unabhängige Variable) auf die Nutzungsbereitschaft (abhängige Variable) signifikant, aber im Vergleich zum Gesamteffekt kleiner, d. h. neben dem Fahrdienst-Vertrauen konnte auch das soziale Vertrauen als partieller Mediator identifiziert werden. Alle indirekten und Komponenten-Effekte waren ebenfalls signifikant.

Tabelle 9.5: GLM-Mediationsanalyse: indirekte, direkte und Gesamteffekte

Type	Effect	Estimate	*SE*	95% C.I.	β	z	p
Indirekt	IA ⇒ SV ⇒ NB	0.20	0.05	[0.10, 0.31]	.16	3.72	< .001
	IA ⇒ FV ⇒ NB	0.23	0.06	[0.14, 0.36]	.18	4.18	< .001
Komponente	IA ⇒ SV	0.67	0.07	[0.53, 0.79]	.54	10.13	< .001
	SV ⇒ NB	0.30	0.08	[0.15, 0.45]	.30	3.85	< .001
	IA ⇒ FV	0.49	0.07	[0.36, 0.62]	.44	7.17	< .001
	FV ⇒ NB	0.47	0.08	[0.32, 0.62]	.41	6.18	< .001
Direkt	IA ⇒ NB	0.24	0.07	[0.11, 0.37]	.19	3.61	< .001
Gesamt	IA ⇒ NB	0.67	0.07	[0.54, 0.79]	.53	10.23	< .001

Anmerkung: Konfidenzintervalle wurden mit der Methode Bias-korrigierter Bootstrap berechnet. Betas (β) sind vollständig standardisierte Effektgrößen. IA = Informationsaustausch, FV = Fahrdienst-Vertrauen, SV = Soziales Vertrauen, NB = Nutzungsbereitschaft

Da das soziale Vertrauen eine Rolle für die Bereitschaft spielt, Informationen auszutauschen und einen Fahrdienst mit fahrerlosen Shuttlebussen zu nutzen, bleibt zu klären, wie groß das Vertrauen gegenüber den verschiedenen Interessengruppen ist (siehe Tabelle 9.6). Deskriptive Analysen zeigen, dass Beteiligten aus der Forschung (Wissenschaftler/in und Ingenieur/in) das größte Vertrauen entgegengebracht wird, gefolgt von den traditionellen Unternehmen der Automobilindustrie und staatlichen Behörden, wenngleich die Durchschnittswerte insgesamt nur knapp über der Skalenmitte (1-6 max.) liegen. Weiterhin wurde die Vertrauenswürdigkeit verschiedener Informationsquellen in Bezug auf die Nutzung eines Fahrdienstes mit fahrerlosen Shuttlebussen untersucht, um Aufschluss darüber zu erhalten, inwieweit andere Beteiligte einen Einfluss auf die Bereitschaft zum Informationsaustausch haben könnten (siehe Tabelle 9.6). Die wahrgenommene Vertrauenswürdigkeit von Informationen und Erfahrungsberichten aus dem persönlichen Umfeld (z. B. Familie, Bekannte, Kollegium) war am größten, gefolgt von einem Gütesiegel, z. B. vom TÜV, Studien und Unfallstatistiken. Informationen und Erfahrungsberichte aus den Medien (TV, Radio, Zeitung) wurden immer noch als vertrauenswürdig angesehen, wenn auch mit geringerer Zustimmung knapp über der Skalenmitte. Informationen und Erfahrungen aus sozialen Netzwerken und Werbung einer betreibenden Firma wurden eher nicht als vertrauenswürdig wahrgenommen.

Tabelle 9.6: Deskriptive Statistik (Mittelwerte, Standardabweichung) zur Vertrauenswürdigkeit verschiedener Interessensgruppen und Informationsquellen

Vertrauen in Beteiligte aus ...	*M*	*SD*
Forschung	3.89	1.25
Automobilindustrie	3.80	1.23
Staatliche Behörden	3.56	1.40
Vertrauen in Informationen von ...	***M***	***SD***
Persönliches Umfeld	4.51	1.13
Gütesiegel (TÜV)	4.42	1.16
Studienberichte und Statistiken	4.18	1.19
Medien (z. B. TV)	3.70	1.16
Soziale Netzwerke	3.29	1.25
Unternehmenswerbung	3.21	1.21

Anmerkung: Die Datenerfassung erfolgte auf voll verbalen sechsstufigen Ratingskalen beim Vertrauen in verschiedene Interessengruppen von „stimme gar nicht zu“ bis „stimme voll zu“ und beim Vertrauen in verschiedene Informationsquellen von „gar nicht vertrauenswürdig“ bis „sehr vertrauenswürdig“.

9.5 Zusammenfassung und Ausblick

Ziel der Studie war es, Einflussfaktoren des wahrgenommenen Vertrauens und der Bereitschaft zur Nutzung eines Fahrdienstes mit fahrerlosen Shuttlebussen zu identifizieren und das Beziehungsgefüge der beiden Variablen zu vermessen. Im Folgenden werden die wichtigsten Ergebnisse entlang der Forschungsfragen im Hinblick auf praktische und wissenschaftliche Implikationen zusammengefasst und interpretiert.

Zusammenfassung der Ergebnisse Im Hinblick auf informations-, sicherheits- und kontrollbezogene Aspekte lassen sich vier verschiedene Komponenten unterscheiden: Informationsaustausch, Verkehrssicherheit, Bordsicherheit und Personenkontrolle. Die Bereitschaft zum Austausch von persönlichen Informationen ist grundsätzlich vorhanden, insbesondere mit bekannten Personen an Bord und einer Servicezentrale. Die Speicherung von Daten, z. B. in einem persönlichen Profil, um Kostenvorteile zu erhalten, wird befürwortet. Es bestehen wahrgenommene Sicherheitsbedenken gegenüber dem Betrieb von fahrerlosen Shuttlebussen im Straßenverkehr, was womöglich die hohe Zustimmung zu verschiedenen Sicherheits- und Notfallvorkehrungen an Bord mitbegründet. Die Meinungen darüber, ob fahrerlose Shuttlebusse weniger Verkehrsunfälle verursachen würden als ein Mensch am Steuer und sich strikt an geltende Geschwindigkeitsvorschriften halten würden, gehen auseinander. Dies deutet darauf hin, dass Sicherheitsrisiken unterschiedlich wahrgenommen werden. Der Wunsch nach Mitbestimmung über Mitreisende findet insgesamt wenig Zustimmung. Den Befragten ist es überwiegend egal, ob andere Personen während der Fahrt zusteigen. Wichtig ist ihnen, ungestört zu sein.

Vertrauen ist ein positiver Prädiktor der Nutzungsbereitschaft. Beide Faktoren werden durch die Bereitschaft zum Informationsaustausch und wahrgenommene Verkehrssicherheitsrisiken beeinflusst. Je größer die Bereitschaft ist, persönliche Daten zu teilen, desto größer sind auch das Vertrauen und die Nutzungsbereitschaft. Verkehrssicherheitsrisiken wirken sich negativ auf Vertrauen und Nutzungsbereitschaft aus. Eine Mediationsanalyse zeigt, dass die Effekte von Informationsaustausch und Verkehrssicherheit auf die Nutzungsbereitschaft indirekt durch das Vertrauen in den beschriebenen Fahrdienst vermittelt werden. Der Zusammenhang zwischen der wahrgenommenen Verkehrssicherheit und der Nutzungsbereitschaft wird vollständig durch das Vertrauen vermittelt, d. h. inwieweit die Befragten Sicherheitsrisiken im Straßenverkehr wahrnehmen und in der Folge bereit sind, einen Fahrdienst mit fahrerlosen Shuttlebussen zu nutzen, hängt ganz davon ab, wie sehr sie dem Fahrdienst vertrauen. Der Zusammenhang zwischen der Bereitschaft zum Informationsaustausch und der Nutzungsbereitschaft wird teilweise durch das Vertrauen mediiert. Eine vertiefte Analyse des Informationsaustausches zeigt, dass auch das soziale Vertrauen in die Beteiligten aus Forschung, Industrie und Behörden ein Mediator ist. D. h. inwieweit die Befragten bereit sind, persönliche Daten preiszugeben und einen Fahrdienst mit fahrerlosen Shuttlebussen zu nutzen, wird durch ihr Vertrauen in den beschriebenen Fahrdienst und ihr Vertrauen in Personen aus verschiedenen Bereichen bestimmt, die an der Entwicklung und Umsetzung beteiligt sind. Das größte Vertrauen wird Personen aus der Forschung entgegengebracht, das geringste Vertrauen staatlichen Behörden. Um sich über einen Fahrdienst mit fahrerlosen Shuttlebussen zu informieren, vertrauen die Befragten am ehesten Informationen von Personen aus ihrem persönlichen Umfeld, gefolgt von einem Gütesiegel und wissenschaftlichen Erkenntnissen. Am wenigsten vertrauenswürdig ist die Werbung eines betreibenden Unternehmens.

Praktische Implikationen Aus den Ergebnissen der Mediationsanalyse lässt sich für die Praxis ableiten, dass Investitionen in vertrauensbildende Maßnahmen geeignet sind, um die Nutzungsbereitschaft zu fördern. Insbesondere Sicherheitsbedenken wirken sich negativ auf das wahrgenommene Vertrauen und damit auf die Nutzungsbereitschaft aus. Im Hinblick auf die Nutzung und den Betrieb eines Fahrdienstes mit fahrerlosen Shuttlebussen können Maßnahmen ergriffen werden, die das Sicherheitsgefühl und Wohlbefinden im Straßenverkehr steigern. So könnte z. B. bei Fahrten in der Dunkelheit und bei schlechten Witterungsverhältnissen eine Aufsichtsperson an Bord sein. Denkbar ist auch, den Fahrdienst zunächst auf getrennten Fahrspuren in Betrieb zu nehmen, um die wahrgenommene Unsicherheit im Mischverkehr zu reduzieren. Zudem könnten verschiedene Buchungsoptionen eingerichtet werden, die auf die individuellen Bedürfnisse und Privatsphärepräferenzen potenzieller Nutzerinnern und Nutzer ausgerichtet sind und die es ermöglichen, individuell zu entscheiden, welche persönlichen Informationen z. B. mit Mitreisenden oder einer Servicezentrale geteilt werden. Falls der Austausch von persönlichen Informationen mit dem Fahrzeugsystem notwendig ist, sollte der Zweck der Datenerhebung transparent kommuniziert werden, um Unsicherheiten zu reduzieren. Die Speicherung von Kundendaten ist aus Sicht potenzieller Nutzerinnen und Nutzer grundsätzlich denkbar. So könnten z. B. Kundendaten in einem persönlichen Konto gespeichert sein, um den Ablauf von Buchung und Bezahlung möglichst effizient zu gestalten, gleichzeitig wünschen sich die Nutzerinnen und Nutzer Vorteile durch die Weitergabe persönlicher Daten, etwa vergünstigte Ticketpreise.

Wissenschaftliche Implikationen Die Untersuchung zeigt, dass eine Auseinandersetzung mit dem wahrgenommenen Vertrauen in einen Fahrdienst mit fahrerlosen Shuttlebussen und ein Verständnis der Mechanismen, die Vertrauen fördern und hemmen, unabdingbar ist, um die Nutzungsbereitschaft zu ergründen. Am Beispiel der Verkehrssicherheit wird deutlich, dass für die Nutzungsbereitschaft entscheidend ist, sich auf den Fahrdienst verlassen und dem Fahrzeug vertrauen zu können oder Unsicherheit und Misstrauen zu empfinden. Es ist daher wichtig zu verstehen, welche Sicherheitsrisiken konkret das Vertrauen einschränken und wie diese durch vertrauensbildende Maßnahmen kompensiert werden können (siehe Kapitel 10). Auch die Bereitschaft zum Informationsaustausch ist eine relevante Determinante der Nutzungsbereitschaft. Der Effekt wird teilweise durch das wahrgenommene Vertrauen in den Fahrdienst und beteiligten Personen und Institutionen bestimmt. Folgestudien sind notwendig, um darüber hinausgehende Einflussfaktoren zu identifizieren, z. B. was die Vertrauenswürdigkeit anderer Personen an Bord ausmacht, inwieweit dies mit der Bereitschaft zur Datenweitergabe zusammenhängt oder wie das Zufriedenheitsgefühl und die wahrgenommene Zuverlässigkeit gegenüber einer Servicezentrale in diesem Zusammenhang wirken. Zudem könnten verschiedene Präferenzen u. a. für die Dauer und den Ort der Datenspeicherung relevant sein. Diese Aspekte müssen zunächst näher untersucht werden, z. B. in Tiefeninterviews, um weitere Anhaltspunkte zu finden, wie die Bereitschaft zum Informationsaustausch, das Vertrauen und die Nutzungsbereitschaft zusammenhängen. Die Analyse kann dann unter Berücksichtigung zusätzlicher Mediatoren erneut durchgeführt werden.

10 Situatives Vertrauen und Trade-offs

Die in den vorangegangenen Studien gewonnenen Erkenntnisse zur Vertrauensbildung hinsichtlich der Nutzung eines Fahrdienstes mit fahrerlosen Shuttlebussen sollen vertieft und relevante Faktoren im Verbund gemessen werden. Der Fokus dieses Kapitels liegt auf kontext- und situationsbezogenen Aspekten der Vertrauensbildung.

10.1 Zielsetzung und Forschungsfragen

Das Forschungsziel war es, ein umfassenderes Verständnis darüber zu erlangen, welche Faktoren die Vertrauensbildung in verschiedenen Nutzungssituationen beeinflussen, ob es besonders vertrauenskritische Situationen gibt und wie mögliche wahrgenommene Unsicherheiten kompensiert werden können. Hierzu wurden folgende Forschungsfragen bearbeitet:

Was sind Must-Haves und No-Gos der Vertrauensbildung? Ziel war es herauszufinden, welche Nutzungssituation als besonders vertrauenswürdig wahrgenommen wird und welche Mindestanforderungen und Ausschlusskriterien für die Vertrauensbildung entscheidend sind, u. a. in Bezug auf die wahrgenommene Sicherheit und Zuverlässigkeit. Die Ergebnisse dienen der Spezifikation relevanter Anwendungsfälle und bilden damit die Grundlage für praktische Handlungsempfehlungen im Hinblick auf die Umsetzung eines Fahrdienstes mit fahrerlosen Shuttlebussen.

Welche situativen Faktoren beeinflussen die Vertrauensbildung? Ziel war es herauszufinden, welche Bedeutung verschiedene Aspekte einer möglichen Nutzungssituation (z. B. Verkehrsumfeld, Wegzweck, Mitreisende) für das wahrgenommene Vertrauen bei einer Fahrt mit einem fahrerlosen Shuttlebus haben und wo Trade-offs liegen. Die Ergebnisse geben Aufschluss darüber, inwieweit potentiell wahrgenommene Unsicherheiten in verschiedenen Nutzungssituationen, z. B. wahrgenommene Risiken im Straßenverkehr, durch bestimmte Maßnahmen kompensiert werden können. Sie sind sowohl für die Praxis als auch für die wissenschaftliche Evaluation der Vertrauensbildung und des Entscheidungsverhaltens im Hinblick auf neue Verkehrs- und Mobilitätsdienstleistungen relevant.

10.2 Methodisches Vorgehen

Zur Beantwortung der Forschungsfragen wurde eine Online-Befragung durchgeführt, die aus einem konventionellen Fragebogenteil und einer Adaptiven Choice-based Conjointanalyse (ACBC) bestand. Aufbau und Ablauf der Befragung sind in Abbildung 10.1 dargestellt. Eine Liste der Fragebogenitems findet sich in Anhang A.3, Tabelle A.7. Die Items wurden auf der Basis vorangegangener Studienergebnisse entwickelt und aus dem Forschungsstand adaptiert. Items zur Erfassung des Technikvertrauens in Bezug auf autonomes Fahren (5 Items, z. B. „Man kann autonomen Fahrzeugen nie zu hundert Prozent

A. Instruktion

B. Screening

B1. Soziodemografie
Alter, Geschlecht, Bildung, Einkommen, Wohnort

B2. Persönlichkeit
Risikobereitschaft, Kontrolldisposition, Vertrauensdispositionen

C. Mobilitätsprofil

C1. Mobilitätsverhalten
Führerschein- und Pkw-Besitz, Verkehrsmittelnutzung

D. Beschreibung des Forschungsszenarios

In Ihrem Wohnort wird als Ergänzung zu bereits existierenden öffentlichen Verkehrsmitteln ein Fahrdienst mit elektrisch angetriebenen, fahrerlosen Shuttlebussen angeboten. Die Fahrzeuge übernehmen auf allen Strecken und in allen Verkehrssituationen vollständig die Fahraufgabe, d. h. sie fahren autonom. Das fahrerlose Shuttle kann digital über eine App zeitlich flexibel (d. h. on demand) gebucht werden und ist für verschiedene Wegzwecke einsetzbar (z. B. Freizeit- und Berufswege). Es gibt keine festen Haltestellen und die Routen werden individuell gestaltet. Die Passagiere werden durch Push-Nachrichten in der App über das Eintreffen des fahrerlosen Shuttles am Abholort sowie über die geplante Route (inkl. Zwischenstopps, Verkehrslage, voraussichtlicher Ankunftszeit am Zielort) informiert. Zusätzliche Informationen erhalten die Passagiere über einen Sprachassistenten im Fahrzeug (z. B. beim Eintreffen am Zielort). Nach dem Verlassen des fahrerlosen Shuttles erfolgen der Check-Out und die Bezahlung automatisch über die App.

E. Evaluierung des Forschungsszenarios

E1. Nutzungsbereitschaft
Verhaltensabsicht, Sicherheitsempfinden

E2. Vertrauen
Vertrauen, Misstrauen

E3. Adaptive Choice-based Conjointanalyse
Situatives Vertrauen und Zielkonflikte

F. Abschluss

Abbildung 10.1: Aufbau und Ablauf der Befragung. Einsatz validierter Messinstrumente: Risikobereitschaft (Beierlein et al., 2014), interpersonales Vertrauen (Beierlein et al., 2012), Kontrolldisposition (Kovaleva et al., 2014), Nutzungsbereitschaft (Davis et al., 1989), Vertrauen (Jessup et al., 2019; Pöhler et al., 2016)

vertrauen") wurden auf Grundlage der Fragebogenstudie Nr. 3 (Kapitel 9) formuliert. Im Anschluss an den konventionellen Fragebogenteil folgte die Evaluierung des Forschungsszenarios mittels ACBC. Im ersten Schritt, „Build your own" (BYO), definierten die Befragten auf der Grundlage der zur Bewertung vorgelegten Merkmalsausprägungen (siehe Liste unten), die aus ihrer Sicht vertrauenswürdigste Nutzungssituation. Von der Auswahl ausgeschlossen wurden Merkmale, bei denen eine Priorisierung erkennbar ist, konkret „Wartezeit" und „Verspätung". Für beide Merkmale ist zu erwarten, dass bei einer gebuchten Fahrt möglichst keine Wartezeiten und möglichst keine Verspätungen dem Idealszenario entsprechen würden. Im zweiten Schritt, „Screeningtasks", wurden Must-Haves und No-Gos für die Vertrauensbildung identifiziert, indem die Befragten für insgesamt 32 vorgelegte Nutzungsszenarien angaben, ob diese aus ihrer Sicht vertrauenswürdig sind oder nicht (Antwortoptionen: „Eine Möglichkeit" oder „Keine Option für mich"). Auf diese Weise wurden bis zu vier Must-Haves und bis zu fünf No-Gos identifiziert, die bei der Konfiguration der nachfolgenden Entscheidungsaufgaben konstant gehalten wurden. So waren die zur Bewertung vorgelegten Nutzungsszenarien im dritten Schritt, „Choicetasks", an die individuellen Präferenzen der Befragten angepasst. Dabei wählten die Befragten aus drei vorgelegten Nutzungsszenarien (siehe Abbildung 10.2) jeweils das Szenario aus, das aus ihrer Sicht am vertrauenswürdigsten war; dieses Vorgehen wurde zehnmal wiederholt. Unlogische Kombination bestimmter Merkmalsausprägungen wurden ausgeschlossen, z. B. konnte ein Nutzungsszenario nicht gleichzeitig „Autobahn" und „geschlossenes Gelände" enthalten. Auf Basis der vorangegangenen Studienergebnisse und des Forschungsstandes wurden neun Merkmale mit unterschiedlichen Ausprägungen definiert, die im Folgenden beschrieben werden.

Wegzweck Das Merkmal umfasst verschiedene Fahrten, für die ein Fahrdienst mit fahrerlosen Shuttlebussen in Anspruch genommen werden kann. Die Ausprägungen wurden auf Basis der Ergebnisse der Fragebogenstudie Nr. 1 (Kapitel 7) formuliert, aus der hervorging, dass die Nutzung u. a. für Berufs- und Freizeitfahrten, aber nicht für alle Strecken in Frage kommt. Um eine Vergleichbarkeit mit alltäglichen Nutzungssituationen zu schaffen, wurde zusätzlich eine Transferfahrt wie z. B. im Urlaub aufgenommen.

- Freizeitfahrt
- Fahrt zur Arbeit bzw. Ausbildungsstelle
- Transferfahrt (z. B. zum Flughafen)

Zeitpunkt Das Merkmal umfasst verschiedene Tageszeiten, zu denen ein Fahrdienst mit fahrerlosen Shuttlebussen in Anspruch genommen werden kann. Die Ausprägungen wurden auf Basis der Ergebnisse der Fragebogenstudie Nr. 3 (Kapitel 9) formuliert, aus der hervorging, dass die Verkehrssicherheit als relevante Determinate der Vertrauensbildung je nach Tageszeit und Lichtverhältnissen, insbesondere Dunkelheit, unterschiedlich wahrgenommen wird.

- Morgens vor Sonnenaufgang
- Tagsüber
- Abends nach Sonnenuntergang
- Nachts

Unter diesen Dreien: Welche ist die Option, die Ihnen am vertrauenswürdigsten erscheint? (Merkmale, die identisch sind, sind ausgegraut, damit Sie sich auf die Unterschiede konzentrieren können.)

(1 von 10)

Einflussnahme	Service Hotline	Service Hotline	Service Hotline
Wegzweck	Fahrt zur Arbeit/ Ausbildungsstätte	Freizeitfahrt	Freizeitfahrt
Wartezeit	10 Minuten	10 Minuten	Keine Wartezeit
Zeitpunkt	Morgens vor Sonnenaufgang	Morgens vor Sonnenaufgang	Morgens vor Sonnenaufgang
Straße	Spielstraße (Schrittgeschwindigkeit)	Landstraße (max. 100kmh)	Straße innerhalb einer geschlossenen Ortschaft (max. 50kmh)
Fahrbahn	Mischverkehr (geteilte Fahrbahn)	Separate Straße (Abgrenzung durch Leitplanken)	Separate Straße (Abgrenzung durch Leitplanken)
Mitreisende	Bekannte Mitreisende	Sowohl bekannte als auch unbekannte Mitreisende	Unbekannte Mitreisende
Verspätung	Bis zu 7 Minuten möglich	Bis zu 3 Minuten möglich	Bis zu 12 Minuten möglich
Monitoring	Mikrofon	Menschliche Aufsichtsperson	Mikrofon
	○	○	○

Abbildung 10.2: Beispielhafte Entscheidungsaufgabe. Merkmalsausprägungen, die zuvor als Must-Have oder No-Go identifiziert wurden, sind konstant gehalten und grau hinterlegt

Mitreisende Das Merkmal umfasst verschiedene Personen an Bord eines Fahrdienstes mit fahrerlosen Shuttlebussen. Die Ausprägungen wurden auf Basis der Ergebnisse der Fragebogenstudien Nr. 1 und Nr. 3 (Kapitel 7 und Kapitel 9) formuliert, aus denen hervorging, dass die Bereitschaft zum Ridepooling in Abhängigkeit von bekannten und unbekannten Mitreisenden unterschiedlich bewertet wird und dass der Bekanntheitsgrad von Mitreisenden auf Faktoren (u. a. Bereitschaft zum Informationsaustausch) bezogen werden kann, die wiederum das wahrgenommene Vertrauen beeinflussen.

- Bekannte Mitreisende
- Unbekannte Mitreisende
- Sowohl bekannte als auch unbekannte Mitreisende

Monitoring Das Merkmal umfasst verschiedene Möglichkeiten, das Fahr- und Bordgeschehen zu überwachen. Die Ausprägungen wurden auf Basis der Ergebnisse der Fragebogenstudie Nr. 3 (Kapitel 9) formuliert, die gezeigt hat, dass Maßnahmen wie Bordpersonal oder eine Leitwarte als sicherheitsrelevant wahrgenommen werden und mit Faktoren (u. a. Verkehrssicherheit) in Verbindung gebracht werden können, die die Vertrauensbildung beeinflussen. Darüber hinaus wurden qualitative Vorstudienergebnisse herangezogen. In den Interviewstudien zeigte sich, dass der Einsatz von Überwachungstechnik unterschiedlich bewertet wird, z. B. wird der Einsatz von Kameras von einigen Personen abgelehnt, von anderen befürwortet (Kapitel 6), was eine Verbundmessung erforderlich macht.

- Keine Überwachung
- Kamera
- Mikrofon
- Menschliche Aufsichtsperson

Einflussnahme Das Merkmal umfasst verschiedene Möglichkeiten, um in Notfallsituationen in das Fahrgeschehen einzugreifen. Die Ausprägungen wurden auf Basis der Ergebnisse der Fragebogenstudien Nr. 2 und Nr. 3 (Kapitel 8 und Kapitel 9) formuliert, aus denen hervorging, dass Kontrolloptionen sowohl im Allgemeinen als auch in Form von verschiedenen Notfallvorkehrungen an Bord als vertrauensrelevant wahrgenommen werden.

- Service-Hotline
- Notbremse
- Notrufknopf

Straße Das Merkmal umfasst verschiedene Straßenverkehrsumgebungen für den Einsatz von fahrerlosen Shuttlebussen. Die Ausprägungen wurden auf Basis der Ergebnisse der qualitativen Vorstudie zur Fragebogenstudie Nr. 3 (Kapitel 9) formuliert, aus der hervorging, dass der Verkehrsraum, in dem sich der beschriebene Fahrdienst bewegt, u. a. im Hinblick auf die zulässige Höchstgeschwindigkeit und passive Verkehrsteilnehmende (z. B. Kinder am Straßenrand), als vertrauensrelevant wahrgenommen wird.

- Spielstraße (Schrittgeschwindigkeit)
- Innerhalb einer geschlossenen Ortschaft (max. 30 km/h)
- Innerhalb einer geschlossenen Ortschaft (max. 50 km/h)
- Landstraße (max. 100 km/h)
- Autobahn (max. 130 km/h)

Fahrbahn Das Merkmal umfasst verschiedene Möglichkeiten, den Einsatz von fahrerlosen Shuttlebussen in den bestehenden Straßenverkehr zu integrieren. Die Ausprägungen wurden auf Basis der Ergebnisse der Fragebogenstudien Nr. 2 und Nr. 3 (Kapitel 8 und Kapitel 9) formuliert, aus denen hervorging, dass die Gestaltung der Verkehrswege für Fahrzeuge mit unterschiedlichen Automatisierungsstufen als vertrauensrelevant wahrgenommen wird.

- Mischverkehr (geteilte Fahrbahn)
- Fahrspur für fahrerlose Shuttlebusse durch Fahrbahnmarkierung abgegrenzt
- Straße für fahrerlose Shuttlebusse durch Leitplanken abgegrenzt
- Einsatz auf geschlossenem Gelände (z. B. am Flughafen, auf Messegeländen)

Wartezeit Das Merkmal umfasst verschiedene Wartezeiten (in Minuten) am Abholort, die z. B. aufgrund der Verkehrslage entstehen können. Die Ausprägungen wurden auf Basis der Interviewstudien formuliert, aus denen hervorging, dass Erwartungen an die Mobilitätsdienstleistung hinsichtlich Servicequalität und Zuverlässigkeit relevante Bewertungskriterien sind (Kapitel 6).

- Keine Wartezeit
- 5 Minuten Wartezeit
- 10 Minuten Wartezeit
- 15 Minuten Wartezeit
- 20 Minuten Wartezeit

Verspätung Das Merkmal umfasst mögliche Verspätungen (in Minuten) am Zielort, die z. B. aufgrund unvorhersehbarer Ergebnisse im Straßenverkehr entstehen können. Die Ausprägungen wurden auf Basis der Interviewstudien formuliert, aus denen hervorging, dass zeitliche Planungssicherheit ein relevantes Bewertungskriterium ist (Kapitel 6).

- Keine Verspätung
- Bis zu 3 Minuten möglich
- Bis zu 7 Minuten möglich
- Bis zu 12 Minuten möglich
- Bis zu 20 Minuten möglich

10.3 Stichprobenbeschreibung

Insgesamt wurden 149 Fälle in die Auswertung einbezogen. Tabelle 10.1 gibt einen Überblick über die soziodemografischen und Persönlichkeitsmerkmale der Stichprobe. Der Anteil von Frauen und Männern war ausgewogen. Die Altersspanne lag zwischen 18 und 81 Jahren. Das Bildungsniveau war hoch. Das monatliche Haushaltsnettoeinkommen lag zwischen 2000 und unter 3000 Euro (Medianlevel). Der Wohnort der Befragten lag überwiegend im mittel- bis großstädtischen Raum. Im Durchschnitt gaben die Befragten an, eher nicht risikobereit zu sein und ein selbstbestimmtes Leben zu führen. Das Vertrauen in andere Menschen war vorhanden, nicht aber gegenüber der Automatisierungstechnik und dem autonomen Fahren.

Mobilitätsprofil Die Mehrheit besaß einen Pkw-Führerschein (91%, $n = 136$) und ein Auto (79%, $n = 117$). Die Befragten nutzten das Auto überwiegend täglich (32%, $n = 47$) und mehrmals wöchentlich (30%, $n = 44$). Carsharing wurde überwiegend nie genutzt, ebenso wenig Mietfahrräder (jeweils $\geq$ 80%). Am Beispiel Bus zeigt sich, dass die ÖPNV-Nutzung heterogener war, d. h. überwiegend seltener als einmal monatlich (26%, $n = 39$), nie (24%, $n = 36$) und mehrmals wöchentlich (14%, $n = 21$).

10.4 Studienergebnisse

Im Folgenden werden die Ergebnisse entlang der Forschungsfragen zusammengefasst. Bevor die Ergebnisse der ACBC vorgestellt werden, soll zunächst auf einige grundsätzliche Befunde eingegangen werden. Im Durchschnitt war das wahrgenommene Vertrauen in einen Fahrdienst mit fahrerlosen Shuttlebussen ($M = 4.09$, $SD = 0.96$, 1-6 max.) vorhanden. Die durchschnittliche Nutzungsbereitschaft, gemessen an der Absicht, den beschriebenen Fahrdienst zu nutzen, und die dabei empfundene Sicherheit waren ebenfalls positiv, wenn auch mit geringerer Zustimmung ($M = 3.99$, $SD = 0.93$, 1-6 max.). Im Hinblick auf die Ergebnisse der ACBC kann vorab festgehalten werden, dass das Schätzmodell auf Basis der Hierarchical Bayes Analyse eine ausreichende Güte aufweist (Percent Certainty = 55%, Root-Likelihood = .69).

Tabelle 10.1: Deskriptive Statistik der soziodemografischen und Persönlichkeitsmerkmale

Geschlecht	
weiblich	49% (n = 73)
männlich	51% (n = 76)
Alter (in Jahren)	M = 45.3 (SD = 18.6)
Bildungsabschluss	
(noch) kein Schulabschluss	1% (n = 1)
Volks- oder Hauptschulabschluss	3% (n = 5)
Mittlere Reife	17% (n = 26)
(Fach-)Hochschulreife	19% (n = 28)
(Fach-)Hochschulabschluss	60% (n = 89)
Monatliches Haushaltsnettoeinkommen	Mdn = 2000 – 3000 EUR
Wohnort (Bevölkerungsangabe)	
Landgemeinschaft (< 5.000)	18% (n = 27)
Kleinstadt (bis 10.000)	13% (n = 19)
Mittelstadt (bis 100.000)	26% (n = 38)
Großstadt (bis 500.000)	21% (n = 31)
Großstadt (> 500.000)	23% (n = 34)
Persönlichkeit (1–6 max.)	
Risikobereitschaft	M = 3.21 (SD = 0.95)
Kontrolldisposition	M = 4.50 (SD = 0.69)
Interpersonales Vertrauen	M = 4.23 (SD = 0.79)
Technikvertrauen	M = 3.37 (SD = 0.91)

10.4.1 Vertrauensbildung: BYO, Must-Haves und No-Gos

Die Ergebnisse der BYO-Analyse zur Identifikation der vertrauenswürdigsten Nutzungssituation sind in Tabelle 10.2 dargestellt. Die Mehrheit der Befragten bevorzugte als Wegzweck die Transferfahrt, als Fahrtzeitpunkt tagsüber und als Mitreisende sowohl bekannte als auch unbekannte Personen. Hinsichtlich verschiedener Möglichkeiten, das Bordgeschehen zu überwachen, bevorzugte die Hälfte eine Kamera, dicht gefolgt von einer menschlichen Aufsichtsperson. Um in Gefahrensituationen in das Fahrgeschehen einzugreifen, wurde mehrheitlich eine Notbremse bevorzugt. Hinsichtlich der Gestaltung des Verkehrsraums bevorzugte knapp die Hälfte, dass sich der Fahrdienst mit fahrerlosen Shuttlebussen auf einer separaten Fahrspur mit Fahrbahnmarkierung bewegen soll, darauffolgend eine separate Fahrspur mit Leitplanken und ein geschlossenes Gelände (jeweils ein Fünftel der Befragten). Bevorzugte Straßenverkehrsumgebungen liegen in geschlossenen Ortschaften: Knapp weniger als die Hälfte der Befragten wählten eine Straße mit max. 50 km/h und ein Viertel ein Wohngebiet mit max. 30 km/h.

Tabelle 10.2: BYO, Must-Haves und No-Gos der Vertrauensbildung

Merkmalsausprägungen	BYO	Must-Have	No-Go
Wegzweck			
Freizeitfahrt	22%	1%	2%
Fahrt zur Arbeit bzw. Ausbildungsstätte	26%	0%	4%
Transferfahrt (z. B. zum Flughafen)	52%	0%	2%
Zeitpunkt			
Morgens vor Sonnenaufgang	10%	0%	5%
Tagsüber	78%	3%	0%
Abends nach Sonnenuntergang	3%	0%	3%
Nachts	9%	0%	9%
Mitreisende			
Bekannte	21%	1%	0%
Unbekannte	6%	0%	1%
Bekannte und Unbekannte	73%	0%	1%
Monitoring			
Keine Überwachung	5%	0%	28%
Mikrofon	2%	0%	11%
Kamera	50%	0%	7%
Menschliche Aufsichtsperson	43%	4%	1%
Einflussnahme			
Service-Hotline	9%	1%	13%
Notrufknopf	28%	1%	6%
Notbremse	63%	5%	2%
Straße			
Spielstraße (Schrittgeschwindigkeit)	7%	0%	9%
Geschlossene Ortschaft (max. 30 km/h)	25%	0%	2%
Geschlossene Ortschaft (max. 50 km/h)	44%	0%	2%
Landstraße (max. 100 km/h)	15%	0%	19%
Autobahn (max. 130 km/h)	9%	0%	38%
Fahrbahn			
Mischverkehr (geteilte Fahrbahn)	16%	0%	12%
Separate Fahrspur (Fahrbahn markiert)	44%	0%	4%
Separate Straße (mit Leitplanken)	20%	1%	0%
Geschlossenes Gelände (z. B. am Flughafen)	20%	0%	1%
Wartezeit			
Keine Wartezeit	–	1%	0%
5 Minuten	–	1%	1%
10 Minuten	–	0%	1%
15 Minuten	–	12%	1%
20 Minuten	–	0%	13%
Verspätung			
Keine Verspätung	–	0%	0%
Bis zu 3 Minuten möglich	–	0%	0%
Bis zu 7 Minuten möglich	–	0%	0%
Bis zu 12 Minuten möglich	–	15%	0%
Bis zu 20 Minuten möglich	–	0%	15%

Die Ergebnisse der Analyse von Must-Haves und No-Gos für die Vertrauensbildung sind ebenfalls in Tabelle 10.2 dargestellt. Von einer Minderheit der Befragten (mit mehr als 2%) wurden eine Notbremse, eine menschliche Aufsichtsperson sowie die Fahrtzeit tagsüber als unerlässlich für die Vertrauensbildung genannt. Auch eine mögliche Verspätung am Zielort von bis zu 12 Minuten und 15 Minuten Wartezeit am Abholort wurden als „Must-Haves" betrachtet. Da für beide Merkmale eine Rangfolge von „gut" (keine Verzögerung) bis „schlecht" (viel Verzögerung) festgelegt war, werden die Zeitangaben hier als Schwellenwerte interpretiert, die maximal tolerierbar sind. D. h. Verzögerungen von mehr als 15 Minuten Wartezeit am Abholort und mehr als 12 Minuten Verspätung am Zielort sind inakzeptabel. Dies steht im Einklang mit den weiteren Untersuchungsergebnissen: Jeweils 20 Minuten Verzögerung wurden als No-Go für die Vertrauensbildung genannt. Zudem sind Verkehrsumgebungen mit höheren Fahrtgeschwindigkeiten ein No-Go: 38% der Befragten lehnten das Fahren auf der Autobahn und 19% das Fahren auf der Landstraße ab. Mischverkehr, d. h. dass sich Fahrzeuge mit unterschiedlichen Automatisierungsstufen die Fahrbahn teilen, war für 12% ein No-Go. Knapp über ein Viertel bewerteten keine Überwachung an Bord als No-Go, 13% lehnten eine Service-Hotline als Möglichkeit zum Eingriff ins Fahrgeschehen ab. Geringere Prozentpunkte zeigen sich hinsichtlich Fahrtzeitpunkt und Wegzweck: Fahrten bei Dunkelheit waren nur für einige der Befragten ein Ausschlusskriterium, noch weniger nannten eine Fahrt aus beruflichen Gründen als No-Go.

10.4.2 Relative Wichtigkeiten der vertrauensbildenden Merkmale

Die relativen Wichtigkeiten für die vorgelegten Merkmale sind in Abbildung 10.3 dargestellt. Das wichtigste Merkmal für die Vertrauensbildung ist „Straße", d. h. die Straßenverkehrsumgebung u. a. im Hinblick auf die zulässige Höchstgeschwindigkeit, gefolgt von „Monitoring" an Bord und „Verspätung" am Zielort. Darauf folgen in absteigender Reihenfolge verschiedene Optionen der „Einflussnahme" auf das Fahrgeschehen, „Wartezeit" am Abholort, „Fahrbahn", d. h. die Aufteilung der Verkehrswege zwischen Fahrzeugen mit unterschiedlichen Automatisierungsstufen, „Zeitpunkt" der Fahrt, „Wegzweck" und „Mitreisende".

10.4.3 Teilnutzenwerte der Merkmalsausprägungen

Die Teilnutzenwerte (siehe Abbildung 10.4) zeigen, inwiefern die Merkmalsausprägungen dazu beitragen, dass die Nutzung eines Fahrdienstes mit fahrerlosen Shuttlebussen als vertrauenswürdig wahrgenommen wird. Die Teilnutzenwerte sind auf Null zentriert. Das bedeutet, dass negative Werte kein Misstrauen ausdrücken.

In Bezug auf das wichtigste vertrauensbildende Merkmal „Straße" ist ersichtlich, dass der Verkehr von fahrerlosen Shuttlebussen innerhalb geschlossener Ortschaften mit Höchstgeschwindigkeiten zwischen 30 km/h und 50 km/h im Vergleich zu den anderen Straßenverkehrsumgebungen als besonders vertrauenswürdig wahrgenommen wird. Die Abstände zwischen den Ausprägungen zeigen, dass der Verkehr in einer Spielstraße bei Schrittgeschwindigkeit als weniger vertrauenswürdig wahrgenommen wird. In Straßenverkehrsumgebungen mit einer höheren zulässigen Geschwindigkeit, insbesondere auf der Autobahn, ist das wahrgenommene Vertrauen deutlich geringer. In Bezug auf das zweitwichtigste Merkmal „Monitoring" ist ersichtlich, dass das wahrgenommene Vertrauen mit einer Überwachung an Bord größer ist als ohne. Die Abstände zwischen den Ausprägungen zei-

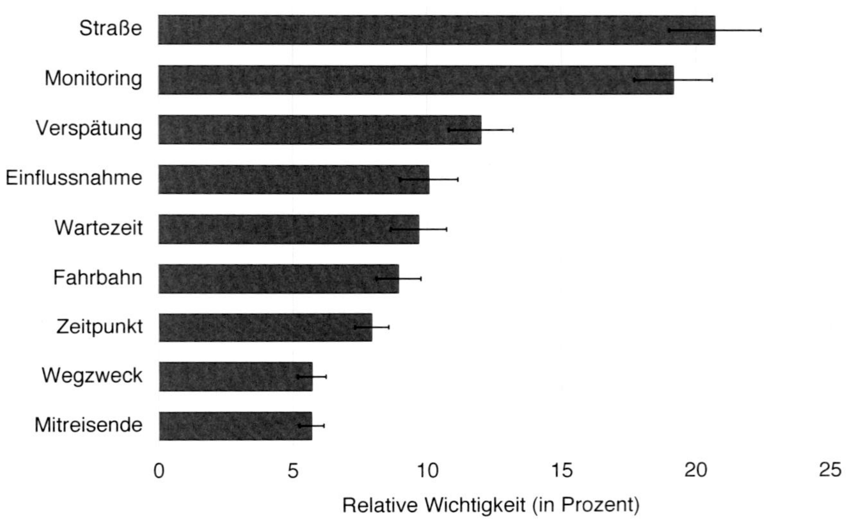

Abbildung 10.3: Relative Wichtigkeiten der Merkmale für die Vertrauensbildung in Prozent (Mittelwert und 95% Konfidenzintervall)

gen, dass eine menschliche Aufsichtsperson als vertrauenswürdiger wahrgenommen wird im Vergleich zu Monitoringtechnik. Hierbei ist zwischen Bild- und Tontechnik zu unterscheiden: Das wahrgenommene Vertrauen in die Kamera ist größer als in das Mikrofon.

Hinsichtlich möglicher Verzögerungen zeigt sich, dass das wahrgenommene Vertrauen umso größer ist, je geringer die zeitlichen Abweichungen vom Fahrplan sind. Verzögerungen von bis zu 20 Minuten Verspätung am Zielort und 20 Minuten Wartezeit am Abholort werden im Vergleich zu den anderen Merkmalsausprägungen jeweils als deutlich weniger vertrauenswürdig wahrgenommen. Hinsichtlich der Abstände zwischen den jeweiligen Merkmalsausprägungen zeigt sich, dass Verzögerungen bis 12 Minuten Verspätung am Zielort und 15 Minuten Wartezeit am Abholort zwar als weniger vertrauenswürdig wahrgenommen werden gegenüber kleineren Zeitverzögerungen, der Abstand zu jeweils 20 Minuten Verzug jedoch sehr hoch ist. Dies unterstreicht die Einschätzung dieser Zeitwerte als Schwellenwerte der Vertrauensbildung aus der Analyse der Must-Haves und No-Gos der Vertrauensbildung (vgl. Kapitel 10.4.1).

In Bezug auf verschiedene Möglichkeiten der Einflussnahme auf das Fahrgeschehen ist ersichtlich, dass eine Notbremse, die in Gefahrensituationen von den Personen an Bord bedient werden kann, um die Fahrt zu stoppen, als vertrauenswürdiger wahrgenommen wird im Vergleich zu einem Notrufknopf, um Hilfe zu rufen. Eine Service-Hotline wird als weniger vertrauenswürdig wahrgenommen, was dafür spricht, dass potenzielle Nutzerinnen und Nutzer Notfallvorkehrungen bevorzugen, die in ihrer eigenen Kontrolle liegen.

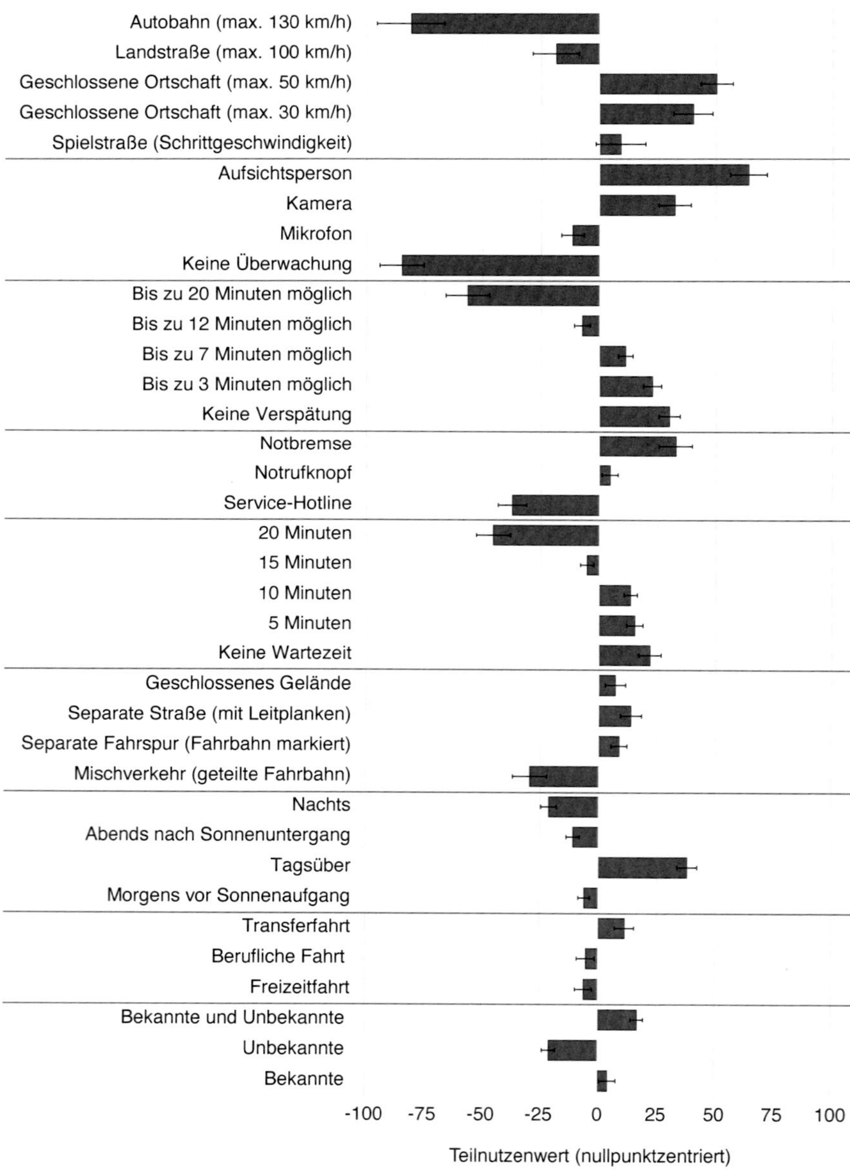

Abbildung 10.4: Teilnutzenwerte der Merkmalsausprägungen (Mittelwert und 95% Konfidenzintervall). Reihenfolge der Merkmale von oben nach unten (durch grauen Strich getrennt): Straße, Monitoring, Verspätung, Einflussnahme, Wartezeit, Fahrbahn, Zeitpunkt, Wegzweck, Mitreisende

In Bezug auf die Fahrbahn, d. h. den Verkehrsraum, in dem sich der beschriebene Fahrdienst bewegt, zeigt sich, dass der Mischverkehr im Vergleich zu den anderen Merkmalsausprägungen als am wenigsten vertrauenswürdig wahrgenommen wird. Dies bedeutet, dass eine Aufteilung des Verkehrsraums für Fahrzeuge mit unterschiedlichen Automatisierungsstufen bevorzugt wird. Am vertrauenswürdigsten wird eine separate, durch Leitplanken abgegrenzte Straße für den Einsatz von fahrerlosen Shuttlebussen wahrgenommen, gefolgt von einer separaten, durch Markierungen abgegrenzte Fahrspur und dem Verkehr von fahrerlosen Shuttlebussen ausschließlich innerhalb geschlossener Areale, z. B. am Flughafen oder auf Messegeländen.

In Bezug auf den Zeitpunkt der Fahrt wird eine Tagfahrt am vertrauenswürdigsten wahrgenommen. Fahrten bei Dunkelheit, also vor Sonnenaufgang und nach Sonnenuntergang, werden im Vergleich als weniger vertrauenswürdig wahrgenommen, insbesondere Nachtfahrten. Als Wegzweck wird eine Transferfahrt (z. B. zum Flughafen) im Vergleich zu alltäglichen Nutzungssituationen wie Berufs- oder Freizeitfahren eher als vertrauenswürdig wahrgenommen. Hinsichtlich der Mitreisenden werden sowohl bekannte als auch unbekannte Personen an Bord als vertrauenswürdig wahrgenommenen. Die Nutzung des beschriebenen Fahrdienstes ausschließlich mit Fremden wird im Vergleich am wenigstens als vertrauenswürdig wahrgenommen.

10.4.4 Modellierung der Vertrauensbildung: Marktsimulation

Im Folgenden werden die Ergebnisse von zwei Marktsimulationen vorgestellt, um exemplarisch das Zusammenspiel verschiedener Merkmale und Merkmalsausprägungen im Hinblick auf das wahrgenommene Vertrauen bei einer Fahrt mit einem fahrerlosen Shuttlebus zu beschreiben. Hierbei wurden jeweils zwei Merkmale variiert (Straße x Einflussnahme und Monitoring x Fahrbahn), während die übrigen Merkmalsausprägungen konstant gehalten wurden. Die Auswahl der zu variierenden Merkmale erfolgte auf Basis signifikanter Interaktionseffekte (siehe Tabelle 10.3) sowie unter Berücksichtigung der relativen Wichtigkeit der Merkmale (siehe Abbildung 10.3).

Tabelle 10.3: Signifikante Interaktionseffekte der Merkmale (Signifikanzwerte und Zunahme der Vorhersagegenauigkeit)

Interaktion	p	Percent Certainty (+)
Einflussnahme x Straße	.001	19%
Einflussnahme x Wegzweck	.005	10%
Wegzweck x Fahrbahn	.035	9%
Wartezeit x Mitreisende	.021	12%
Wartezeit x Verspätung	.010	22%
Straße x Fahrbahn	.018	17%
Fahrbahn x Monitoring	.027	13%

Straße x Einflussnahme

In der ersten Marktsimulation wurden die Merkmale „Straße“ und „Einflussnahme“ variiert, um zu untersuchen, wie sich das wahrgenommene Vertrauen bei einer alltäglichen

Fahrt mit einem fahrerlosen Shuttlebus unter Berücksichtigung verschiedener Straßenverkehrsumgebungen und Einflussmöglichkeiten auf das Fahrgeschehen verhält. Die Ergebnisse ermöglichen Antworten auf die Frage, inwieweit Notfallmaßnahmen die potenziell wahrgenommene Unsicherheit in verschiedenen Verkehrssituationen, insbesondere hinsichtlich der zulässigen Höchstgeschwindigkeit, kompensieren können. Zur besseren Interpretierbarkeit wurden jeweils drei Merkmalsausprägungen betrachtet. Dabei wurden für das Merkmal „Straße“ Ausprägungen gewählt, die ein möglichst breites Spektrum an Komplexität der Verkehrssituation abdecken und distinkte Teilnutzenwerte erzielten (siehe Abbildung 10.4), konkret: Autobahn (max. 130 km/h), Spielstraße (Schrittgeschwindigkeit) und geschlossene Ortschaft (max. 50 km/h). Die Konfiguration der Nutzungsszenarien für die Marktsimulation ist in Tabelle 10.4 dargestellt.

In Abbildung 10.5 ist das Ergebnis der Marktsimulation dargestellt. In allen Straßenverkehrsumgebungen wurde die Notbremse als Möglichkeit zur Beeinflussung des Fahrgeschehens bevorzugt (d. h. als vertrauenswürdig wahrgenommen), gefolgt von einem Notrufknopf, um Hilfe herbeizurufen und der Kontaktaufnahme zu einer Service-Hotline. Den größten Präferenzanteil erzielte eine Fahrt in einem fahrerlosen Shuttlebus auf einer Straße innerhalb einer geschlossenen Ortschaft mit max. 50 km/h und einer Notbremse an Bord. Auch in einer Spielstraße mit Schrittgeschwindigkeit wirkt das Vorhandensein einer Notbremse als vertrauensbildend, während die anderen Notfallvorkehrungen in diesem Szenario nur von wenigen Befragten bevorzugt wurden. Betrachtet man die Präferenzwerte der verschiedenen Nutzungsszenarien im Vergleich zur Nicht-Option (d. h. die Nutzung des beschriebenen Fahrdienstes in keinem der vorgestellten Szenarien als vertrauenswürdig wahrzunehmen), so zeigt sich, dass der Anteil der Personen, die keinem Nutzungsszenario vertrauten, überwiegend größer ist. Insbesondere im Autobahn-Szenario ist das wahrgenommene Vertrauen auch bei verschiedenen Notfallvorkehrungen an Bord gering.

Tabelle 10.4: Übersicht über die in der Marktsimulation konstant gehaltenen Merkmalsausprägungen bei Variation von „Straße“ und „Einflussnahme“

Merkmal	Konstant gehaltene Merkmalsausprägungen
Wegzweck	Freizeitfahrt
Zeitpunkt	tagsüber
Mitreisende	bekannt u. unbekannt
Monitoring	Kamera
Fahrbahn	Straße (Leitplanken)
Wartezeit	keine Wartezeit
Verspätung	keine Verspätung

Anmerkung: Variiert wurden das Merkmal „Straße“ mit den Ausprägungen „Autobahn (max. 130 km/h)“, „Spielstraße (Schrittgeschwindigkeit)“ und „geschlossene Ortschaft (max. 50 km/h)“ sowie das Merkmal „Einflussnahme“ mit den Ausprägungen „Notbremse“, „Notrufknopf“ und „Service-Hotline“.

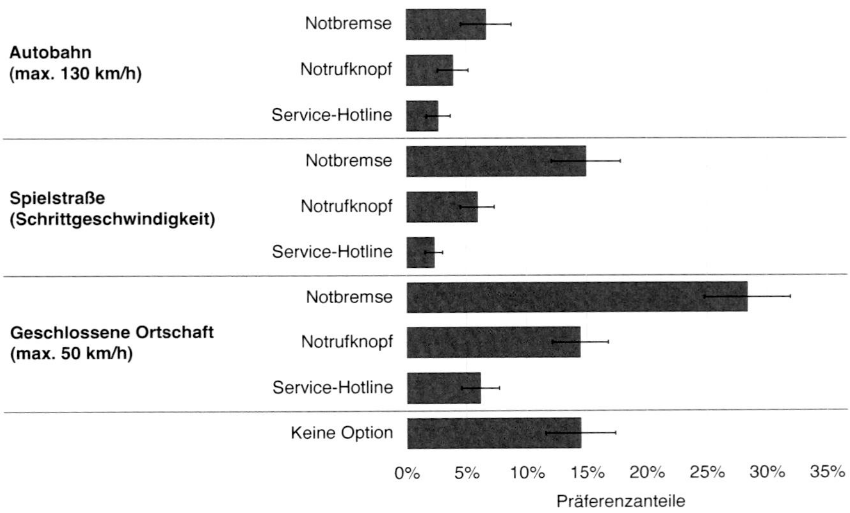

Abbildung 10.5: Marktsimulation der Straßenverkehrsumgebungen nach Einflussmöglichkeiten auf das Fahren (Präferenzanteile und 95% Konfidenzintervall)

Monitoring x Fahrbahn

In der zweiten Marktsimulation wurden die Merkmale „Monitoring“ und „Fahrbahn“ variiert, um zu untersuchen, wie sich das wahrgenommene Vertrauen bei einer alltäglichen Fahrt mit einem fahrerlosen Shuttlebus unter Berücksichtigung verschiedener Möglichkeiten der Überwachung des Fahr- und Bordgeschehens sowie der Verkehrsraumgestaltung verhält. Die Ergebnisse ermöglichen Antworten auf die Frage, inwieweit das Monitoring die potenziell wahrgenommene Unsicherheit in verschiedenen Verkehrssituationen, insbesondere hinsichtlich der Fahrbahnaufteilung zwischen Fahrzeugen mit unterschiedlichen Automatisierungsstufen, kompensieren kann. Zur besseren Interpretierbarkeit wurden jeweils drei Merkmalsausprägungen betrachtet. Dabei wurden für beide Merkmale Ausprägungen mit hoher Variation gewählt, die distinkte Teilnutzenwerte erzielten (siehe Abbildung 10.4). Die Konfiguration der Nutzungsszenarien für die Marktsimulation ist in Tabelle 10.5 dargestellt.

In Abbildung 10.6 ist das Ergebnis der Marktsimulation dargestellt. In allen Verkehrsräumen wurde eine menschliche Aufsichtsperson zur Überwachung des Fahr- und Bordgeschehens bevorzugt (d. h. als vertrauenswürdig wahrgenommen), gefolgt von einer Kamera. Im Vergleich zu den anderen Optionen wurde keine Überwachung in allen vorgelegten Szenarien am wenigsten und insgesamt kaum bevorzugt. Den größten Präferenzanteil erzielte eine Fahrt in einem fahrerlosen Shuttlebus auf einer separaten Fahrbahn, die durch Leitplanken vom restlichen Verkehr abgegrenzt ist, und eine menschliche Aufsichtsperson an Bord hat. Betrachtet man die Präferenzwerte der verschiedenen Nutzungsszenarien im Vergleich zur Nicht-Option, so zeigt sich, dass der Anteil der Personen, die keinem

Nutzungsszenario vertrauten, überwiegend kleiner ist. Im Vergleich zum Betrieb des beschriebenen Fahrdienstes auf einer separaten Fahrbahn wurde das Mischverkehr-Szenario auch mit verschiedenen Monitoring-Möglichkeiten an Bord weniger bevorzugt.

Tabelle 10.5: Übersicht über die in der Marktsimulation konstant gehaltenen Merkmalsausprägungen bei Variation von „Monitoring" und „Fahrbahn"

Merkmal	Konstant gehaltene Merkmalsausprägungen
Wegzweck	Freizeitfahrt
Zeitpunkt	tagsüber
Mitreisende	bekannt u. unbekannt
Einflussnahme	Notbremse
Straße	Geschlossene Ortschaft (max. 50 km/h)
Wartezeit	keine Wartezeit
Verspätung	keine Verspätung

Anmerkung: Variiert wurden das Merkmal „Fahrbahn" mit den Ausprägungen „Mischverkehr (geteilte Fahrbahn)", „Separate Fahrbahn (mit Fahrbahnmarkierungen)" und „Separate Fahrbahn (mit Leitplanken)" sowie das Merkmal „Monitoring" mit den Ausprägungen „keine Überwachung", „Kamera" und „Aufsichtsperson".

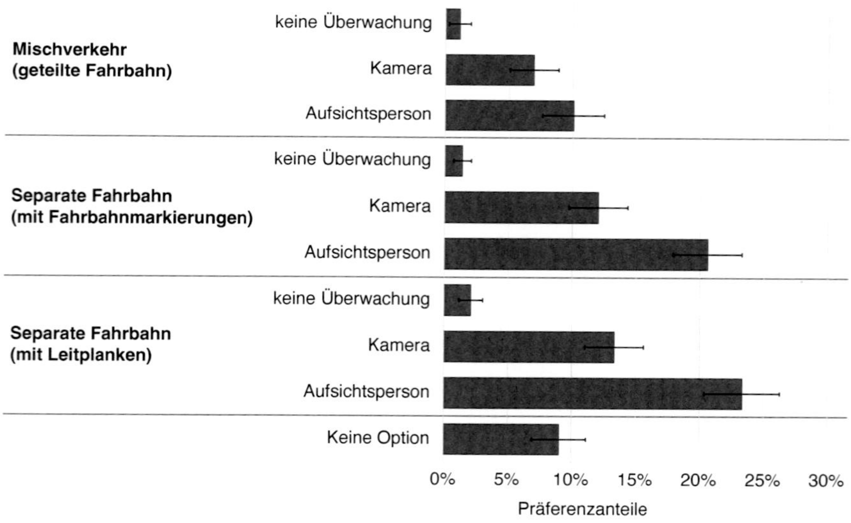

Abbildung 10.6: Marktsimulation des Verkehrsraums nach Überwachungsmöglichkeiten (Präferenzanteile und 95% Konfidenzintervall)

10.5 Zusammenfassung und Ausblick

Ziel der Studie war es, die Vertrauensbildung in unterschiedlichen Nutzungssituationen besser zu verstehen. Im Folgenden werden die wichtigsten Ergebnisse entlang der Forschungsfragen im Hinblick auf praktische und wissenschaftliche Implikationen zusammengefasst und interpretiert.

Zusammenfassung der Ergebnisse Das Idealszenario (BYO) umfasst eine Transferfahrt, die tagsüber stattfindet und verschiedene Personen befördert. Weiterhin werden eine Überwachungskamera und eine Notbremse als besonders vertrauenswürdig wahrgenommen, ebenso Fahrten innerhalb geschlossener Ortschaften mit max. 50 km/h auf einer separaten Fahrspur mit Fahrbahnmarkierung. Zeitliche Verzögerungen zwischen 12 und 15 Minuten sind als Grenzwerte zu verstehen, deren Überschreitung das wahrgenommene Vertrauen einschränkt. Als Ausschlusskriterien werden u. a. Autobahn- und Mischverkehr, eine Service-Hotline zur Beeinflussung des Fahrgeschehens und keine Überwachung identifiziert. Die wichtigsten Kriterien, um einem Fahrdienst mit fahrerlosen Shuttlebussen zu vertrauen, sind die Straßenverkehrsumgebung und Monitoring. Der Wegzweck (z. B. privat oder beruflich) und der Bekanntheitsgrad der Mitreisenden haben im Vergleich eine geringere Bedeutung für die Vertrauensbildung. Auch das Zusammenwirken bestimmter Merkmale beeinflusst die Vertrauensbildung. Beispielsweise werden Fahrten innerhalb geschlossener Ortschaften (max. 50 km/h) mit Notbremse oder Notrufknopf an Bord sowie Fahrten auf getrennten Fahrspuren mit Begleitperson oder Kameraüberwachung bevorzugt als vertrauenswürdig eingestuft, während das wahrgenommene Vertrauen bei Fahrten auf Autobahnen (max. 130 km/h) und im Mischverkehr auch bei Vorhandensein verschiedener Notfallvorkehrungen bzw. Überwachungsmaßnahmen deutlich geringer ist. Eine Schlussfolgerung ist, dass Maßnahmen zur Überwachung und Beeinflussung des Fahr- und Bordgeschehen in verschiedenen Verkehrssituationen Vertrauen schaffen können – aber nicht in allen gleichermaßen. Folglich gibt es Situationen, in denen die Vertrauensbildung besonders kritisch ist und in denen mögliche Unsicherheiten und wahrgenommene Risiken nur bedingt kompensiert werden können.

Praktische Implikationen Die Analyse zeigt, dass der Einsatz eines Fahrdienstes mit fahrerlosen Shuttlebussen im regulären Straßenverkehr grundsätzlich als vertrauenswürdig wahrgenommen wird. Insbesondere innerhalb geschlossener Ortschaften mit einer zulässigen Höchstgeschwindigkeit zwischen 30 und 50 km/h sowie auf separaten Fahrbahnen, die den Verkehr von konventionellen, d. h. von Menschen gesteuerten Fahrzeugen trennen. Diese Präferenzen sollten bei der Planung und Inbetriebnahme künftiger Verkehrsdienstleistungen berücksichtigt werden. Darüber hinaus sind Maßnahmen zur Überwachung und Beeinflussung des Fahr- und Bordgeschehen relevant, um Vertrauen in bestimmten Verkehrssituationen zu schaffen. Hinsichtlich Monitoring an Bord wirken eine Aufsichtsperson und Kameraüberwachung vertrauensfördernd. Denkbar ist, verschiedene Buchungsoptionen anzubieten, um individuelle Kontroll- und Sicherheitsbedürfnisse zu befriedigen. Bei Vorkehrungen für den Eingriff in das Fahrgeschehen in Notfallsituationen sind Optionen zu berücksichtigen, die von den Reisenden selbst bedient werden können, vorzugsweise eine Notbremse. Zeitverzögerungen von mehr als 12 Minuten Verspätung am Zielort bzw. 15 Minuten Wartezeit am Abholort sind zu vermeiden und sollten ggf. durch die Angabe von Gründen transparent kommuniziert werden, um die wahrgenommene Zuverlässigkeit und das Vertrauen nicht nachhaltig einzuschränken.

Wissenschaftliche Implikationen Die Untersuchung zeigt, dass die Vertrauensbildung bei einer Fahrt in einem Fahrdienst mit fahrerlosen Shuttlebussen kontext- und situationsabhängig ist und daher fortlaufend evaluiert werden muss, um die praktische Gestaltung an die individuellen Bedürfnisse und Anforderungen potentieller Nutzerinnern und Nutzer anzupassen. Insbesondere Autobahn- und Mischverkehrsszenarien werden trotz vorhandener Notfall- und Überwachungsmaßnahmen als eingeschränkt vertrauenswürdig eingestuft, ebenso Spielstraßen mit Schrittgeschwindigkeit, sofern keine Notbremse an Bord ist. Dies deutet darauf hin, dass die wahrgenommene Komplexität einer Verkehrssituation entscheidend für die Vertrauensbildung ist und dass es diesbezüglich „Kipppunkte“ gibt, an denen z. B. Sicherheitsmaßnahmen wahrgenommene Sicherheitsrisiken, die das Vertrauen und die Nutzungsbereitschaft einschränken können (vgl. Kapitel 9.4.3), nicht mehr oder nur unzureichend kompensieren. Aus den Ergebnissen der Marktsimulation lässt sich ableiten, dass zu diesen „Kipppunkten“ die zulässige Höchstgeschwindigkeit, andere aktive und passive Verkehrsbeteiligte (konventionelle Fahrzeuge, spielende Kinder am Straßenrand) sowie unvorhersehbare Ereignisse (z. B. ein auf die Straße rollender Ball) gehören können. Hier müssen Folgestudien ansetzen (z. B. Tiefeninterviews), um herauszufinden, ob andere als die in dieser Studie vorgestellten Maßnahmen zur Vertrauensbildung in den als kritisch identifizierten Nutzungssituationen beitragen können. Darüber hinaus ist zu untersuchen, inwiefern die Wahrnehmung der Komplexität und Kritikalität verschiedener Nutzungssituationen aus Sicht der Nutzenden von technischen Einschätzungen abweicht, z. B. hinsichtlich der Frage, welche Verkehrssituationen für vollautomatisierte Kraftfahrzeuge tatsächlich schwierig zu bewältigen sind (Stadtverkehr im Vergleich zum Autobahnverkehr). Hierzu sind Expertinnen und Experten zu befragen und ggf. Input für Sensibilisierungs- und Informationsstrategien in der öffentlichen Kommunikation zu entwickeln, um Wissenslücken zu schließen.

11 Vertrauensbildung in der Praxis: Potential eines Mobilitätssiegels

Vorangegangene Studienergebnisse zeigten, dass die zukünftigen Nutzerinnen und Nutzer ein Gütesiegel für vertrauenswürdig halten, um sich über einen Fahrdienst mit fahrerlosen Shuttlebussen vor der ersten Nutzung zu informieren (vgl. Kapitel 9.4.3). Offen blieb, welche inhaltlichen Aspekte in der Ausgestaltung gewünscht sind, d. h. welche Informationen ein Gütesiegel vermitteln soll und was das öffentliche Meinungsbild zu einem „Mobilitätssiegel“ prägt.

11.1 Zielsetzung und Forschungsfragen

Das Forschungsziel war es, die Einstellungen und Anforderungen an ein Mobilitätssiegel für einen Fahrdienst mit fahrerlosen Shuttlebussen aus Sicht potentieller Nutzerinnen und Nutzer zu untersuchen, um das Potential dieser Maßnahme zur praktischen Vertrauensbildung abzuschätzen. Hierzu wurden folgende Forschungsfragen bearbeitet:

Kann ein Mobilitätssiegel das Vertrauen beeinflussen? Ziel war es, die Einstellung zu einem Mobilitätssiegel für einen Fahrdienst mit fahrerlosen Shuttlebussen abzubilden, u. a. im Hinblick auf die Frage, inwieweit ein Mobilitätssiegel als wünschenswert, sinnvoll und vertrauensbildend wahrgenommen wird. Zur besseren Einordnung des Meinungsbildes wurde die Wahrnehmung und Einstellung zu Gütesiegeln für Produkte und Dienstleistungen im allgemeinen Konsumkontext vergleichend betrachtet.

Was sind die inhaltlichen Anforderungen an ein Mobilitätssiegel? Ziel war es, relevante Anforderungen an ein Mobilitätssiegel aus Sicht potentieller Nutzerinnen und Nutzer zu identifizieren. Dabei lag der Fokus auf Informations- und inhaltlichen Gestaltungsaspekten, z. B. zur Vergabe. Die Ergebnisse ergänzen den aktuellen Forschungsstand mit Fokus auf Designaspekten eines Mobilitätssiegels (Biermann et al., 2021).

Was beeinflusst die Einstellung zu einem Mobilitätssiegel? Ziel war es, herauszufinden, welche Faktoren im Zusammenhang mit der inhaltlichen Ausgestaltung des Mobilitätssiegels und den individuellen Merkmalen der potenziellen Nutzerinnen und Nutzer (u. a. Demografie, Persönlichkeit, Mobilitätsverhalten) die Einstellung zu einem Mobilitätssiegel vorhersagen können, um relevante Einflussfaktoren zu identifizieren.

11.2 Methodisches Vorgehen

Zur Beantwortung der Forschungsfragen wurde eine Online-Befragung durchgeführt. Aufbau und Ablauf des Fragebogens sind in Abbildung 11.1 dargestellt. Eine Liste der Fragebogenitems findet sich in Anhang A.3, Tabelle A.8. Die Items wurden, soweit nicht durch entsprechende Verweise kenntlich gemacht, auf der Basis qualitativer Vorstudien entwickelt. Dazu wurden 17 Personen in halbstrukturierten Interviews (vgl. Kapitel 5.2.1, Interviewstudie Nr. 3 und Nr. 5) befragt, inwiefern Gütesiegel für Produkte oder Dienstleistungen das Konsumverhalten beeinflussen und ob ein Mobilitätssiegel für einen Fahrdienst mit fahrerlosen Shuttlebussen die Vertrauensbildung fördern kann. Zudem wurden Anforderungen an die inhaltliche Ausgestaltung eines Mobilitätssiegels identifiziert. Die wichtigsten Ergebnisse wurden operationalisiert und mit Hilfe von Ratingskalen messbar gemacht in Bezug auf die Einstellung gegenüber Gütesiegeln (5 Items, z. B. „Gütesiegel haben Einfluss auf mein Konsumentenverhalten oder die Nutzung eines Produkts oder einer Dienstleistung") und einem Mobilitätssiegel (7 Items, z. B. „Ein Gütesiegel würde mein Vertrauen in den autonomen Shuttlebus fördern") sowie Informations- und Gestaltungsanforderungen (17 Items, z. B. „Das Gütesiegel sollte darüber informieren, dass der autonome Shuttlebus regelmäßig von Experten geprüft wird"). Zudem wurden Gegenwortpaare (8 Item-Paare, z. B. „Verlässlichkeit" vs. „Unzuverlässigkeit") formuliert, um die Wahrnehmung von Gütesiegeln auf einem semantischen Differential (Osgood, 1952) abzubilden. Die Ratingskalen waren voll verbal von „stimme gar nicht zu" (1), „stimme nicht zu" (2), „stimme eher nicht zu" (3), „stimme eher zu" (4), „stimme zu" (5) bis „stimme völlig zu" (6) formuliert, mit Ausnahme der Risikobereitschaft, die von „gar nicht risikofreudig" (1), „nicht risikofreudig" (2), „eher nicht risikofreudig" (3), „weder risikofreudig noch nicht risikofreudig" (4), „eher risikofreudig" (5), „risikofreudig" (6) bis „sehr risikofreudig" (7) formuliert war. Die Reliabilitätsprüfung mittels Cronbach's Alpha ergab für alle verwendeten Messinstrumente einen Wert von $\alpha \geq .8$.

11.3 Stichprobenbeschreibung

Insgesamt wurden 156 Fälle in die Auswertung einbezogen. Tabelle 11.1 gibt einen Überblick über die soziodemografischen und Persönlichkeitsmerkmale der Stichprobe. Der Anteil von Frauen und Männern war ausgewogen. Die Altersspanne lag zwischen 17 und 84 Jahren. Das Bildungsniveau war hoch. Das monatliche Haushaltsnettoeinkommen lag zwischen 2000 und unter 3000 Euro (Medianlevel). Im Durchschnitt gaben die Befragten an, eher risikobereit und vertrauensvoll gegenüber anderen Menschen zu sein.

Mobilitätsprofil Die Mehrheit besaß einen Pkw-Führerschein (90%, $n = 141$) und ein Auto (69%, $n = 108$). Die Befragten nutzten den Pkw überwiegend täglich (54%, $n = 84$). Carsharing wurde mehrheitlich nie genutzt (85%, $n = 133$). Der ÖPNV wurde überwiegend täglich (24%, $n = 38$) und mehrmals pro Monat (24%, $n = 37$) genutzt. Die Fahrradnutzung war heterogener und lag hauptsächlich im Spektrum von „nie" (26%, $n = 41$) und „mehrmals pro Monat" (25%, $n = 39$).

11.4 Studienergebnisse

Im Folgenden werden die Ergebnisse entlang der Forschungsfragen zusammengefasst. Zunächst einige grundlegende Befunde: Die Bereitschaft zur Nutzung eines Fahrdienstes mit fahrerlosen Shuttlebussen, gemessen an der Nutzungsabsicht und Einstellungen zur Mobilitätsdienstleistung, etwa im Hinblick auf das persönliche Interesse, war im Durchschnitt positiv (M = 3.86, SD = 1.27, 1-6 max.). Die Haltung gegenüber dem beschriebenen Fahrdienst war eher vertrauensvoll als misstrauisch (M = 3.90, SD = 0.92, 1-6 max.).

A. Instruktion

B. Screening

B1. Soziodemografie
Alter, Geschlecht, Bildung, Einkommen

B2. Persönlichkeit
Risikobereitschaft, interpersonales Vertrauen, Einstellung zu Gütesiegeln

C. Mobilitätsprofil

C1. Mobilitätsverhalten
Führerschein- und Pkw-Besitz, Verkehrsmittelnutzung

D. Beschreibung des Forschungsszenarios

In Ihrem Wohnort wird als Ergänzung zu bereits existierenden öffentlichen Verkehrsmitteln ein Fahrdienst mit elektrifizierten autonomen Shuttlebussen integriert. Dieses Mobilitätsangebot ist von jedem individuell per App on demand buchbar, ist nicht an feste Haltestellen oder Fahrpläne gebunden und kann sowohl Einzelpersonen als auch kleine Gruppen von bis zu 15 Personen befördern. Individuell on demand buchbar heißt in diesem Fall, dass Sie als Fahrgast nicht nur, wie bei konventionellen Taxis, über Abholzeit und -ort sowie Fahrtziel entscheiden können, sondern weitere Möglichkeiten haben, den Fahrtverlauf oder die Fahrzeugausstattung zu beeinflussen, beispielsweise wenn Sie Gegenstände transportieren müssen oder einen Kindersitz benötigen. Die Shuttlebusse werden autonom, das heißt fahrerlos, gesteuert. Sensoren, Umfelderkennung, Selbstlokalisierung und Planungsalgorithmen unterstützen das System.

E. Evaluierung des Forschungsszenarios

E1. Nutzungsbereitschaft
Nutzungsinteresse, Verhaltensabsicht

E2. Vertrauen
Vertrauen, Misstrauen

E3. Mobilitätssiegel
Vertrauensbildung, Akzeptanz, Informations- und Gestaltungsanforderungen

F. Abschluss

Abbildung 11.1: Aufbau und Ablauf der Befragung. Einsatz validierter Messinstrumente: Risikobereitschaft (Beierlein et al., 2014), interpersonales Vertrauen (Beierlein et al., 2012), Nutzungsbereitschaft (Davis et al., 1989), Vertrauen (Jessup et al., 2019; Pöhler et al., 2016)

Tabelle 11.1: Deskriptive Statistik der soziodemografischen und Persönlichkeitsmerkmale

Geschlecht	
weiblich	48% ($n = 75$)
männlich	51% ($n = 80$)
divers	1% ($n = 1$)
Alter (in Jahren)	$M = 39.2$ ($SD = 18.1$)
Bildungsabschluss	
(noch) kein Schulabschluss	–
Hauptschulabschluss	3% ($n = 4$)
Mittlere Reife	12% ($n = 18$)
(Fach-)Hochschulreife	33% ($n = 52$)
(Fach-)Hochschulabschluss	53% ($n = 82$)
Monatliches Haushaltsnettoeinkommen	$Mdn = 2000 - 3000$ EUR
Persönlichkeit	
Risikobereitschaft (1–7 max.)	$M = 4.07$ ($SD = 1.36$)
Interpersonales Vertrauen (1–6 max.)	$M = 4.10$ ($SD = 0.90$)

11.4.1 Gütesiegel: Wahrnehmung und Einstellungen

Um einen ersten Eindruck davon zu bekommen, wie Gütesiegel für Produkte und Dienstleistungen allgemein wahrgenommen werden, wurden Assoziationen in Form von gegensätzlich formulierten Attributen auf einem semantischen Differential erfasst (siehe Abbildung 11.2). Tendenziell wurden Gütesiegel positiv wahrgenommen. Assoziationen sind „Geprüftheit", „Sicherheit", „hohe Qualität", etwas „Positives" und „Verlässlichkeit". Gütesiegel wurden eher als vertrauenswürdig denn als unglaubwürdig wahrgenommen. Ebenso wurden Gütesiegel als relevant eingestuft, wenn auch mit geringerer durchschnittlicher Zustimmung im Vergleich zu den anderen vorgelegten Attributen. Im Hinblick auf das Interesse lösten Gütesiegel eher ein Gefühl von Gleichgültigkeit als Neugier aus.

Anschließend wurde die Einstellung zu Gütesiegeln, differenziert nach Gütesiegeln allgemein und einem Mobilitätssiegel für einen Fahrdienst mit fahrerlosen Shuttlebussen, erfasst und auf deskriptiver Ebene vergleichend betrachtet. Dazu wurden den Befragten verschiedene Aussagen zur Akzeptanz, zum wahrgenommenen Vertrauen und zur Zahlungsbereitschaft zur Bewertung vorgelegt. In Abbildung 11.3 ist die Verteilung der Zustimmungswerte dargestellt. Bei den Gütesiegeln allgemein zeigt sich, dass die Zustimmungswerte zur Akzeptanz nicht über die gesamte Skalenbreite verteilt sind, mit einer hohen Datendichte in der Skalenmitte. Die Verteilung der Zustimmungswerte zum wahrgenommenen Vertrauen und zur Zahlungsbereitschaft ist insgesamt breiter mit jeweils hoher Datendichte im grünen Bereich (d. h. über der Skalenmitte). Dies impliziert, dass die Befragten eher unentschlossen sind, ob Gütesiegel das Konsumverhalten verändern, aber tendenziell zustimmen, dass Gütesiegel die wahrgenommene Vertrauenswürdigkeit beeinflussen und die Bereitschaft besteht, für ein ausgezeichnetes Produkt oder eine ausgezeichnete Dienstleistung mehr zu bezahlen. In Bezug auf ein Mobilitätssiegel zeigt sich, dass die Datenpunkte insgesamt breiter gestreut sind, mit ähnlich hoher Datendichte im

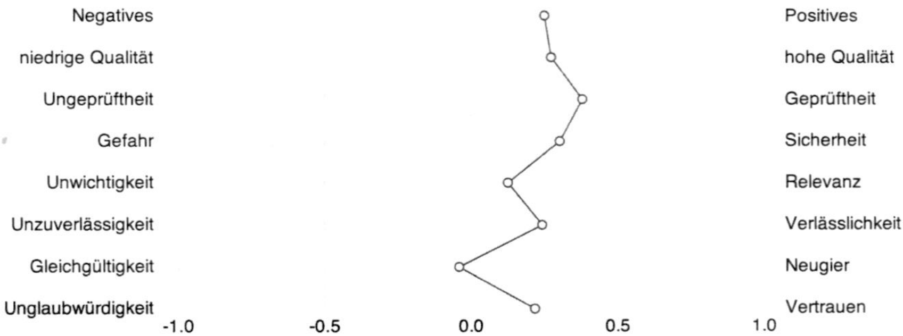

Abbildung 11.2: Assoziationen mit Gütesiegeln allgemein (semantisches Differential)

grünen Bereich für Akzeptanz und Vertrauen, während in Bezug auf die Zahlungsbereitschaft eher Unentschlossenheit erkennbar ist; hier liegt der Mittelwert unterhalb der Skalenmitte. Dies zeigt zum einen, dass das Meinungsbild zu einem Mobilitätssiegel insgesamt differenzierter ist. Zum anderen zeigt sich, dass das Vorhandensein eines Mobilitätssiegels tendenziell positiv bewertet wird, ebenso wie das Potential zur Vertrauensbildung, während eine erhöhte Zahlungsbereitschaft für eine Fahrt in einem mit einem Mobilitätssiegel ausgezeichneten fahrerlosen Fahrdienst eher nicht besteht.

11.4.2 Anforderungen an ein Mobilitätssiegel

Um die Anforderungen an ein Mobilitätssiegel zu untersuchen, wurden verschiedene Aussagen zum Informationsdesign vorgelegt, die sich in qualitativen Vorstudien als besonders relevant erwiesen. Diese wurden zunächst strukturell mittels einer Hauptkomponentenanalyse geprüft, um anschließend Wirkungszusammenhänge mit der Einstellung zu einem Mobilitätssiegel zu prüfen (Kapitel 11.4.3). Ein Item („Das Gütesiegel sollte darüber informieren, dass es von einer unabhängigen Institution vergeben wurde") korrelierte nur schwach ($< .3$) mit allen anderen Items und wurde aus der Analyse ausgeschlossen. Eine erste Analyse wies auf das Vorliegen von drei Komponenten mit Eigenwerten größer als 1.0 hin, von denen eine jedoch nur knapp über dem Schwellenwert lag. Unter Berücksichtigung des Screeplots und theoretischer Überlegungen wurde eine Zwei-Komponenten-Lösung gewählt. Die Interpretierbarkeit dieser Lösung wurde in zwei Fällen („Das Gütesiegel sollte darüber informieren, dass der autonome Shuttlebus unfallfrei fährt" und „Das Gütesiegel sollte darüber informieren, dass der autonome Shuttlebus zuverlässig ist") durch Querladungen mit geringer Differenz eingeschränkt. Die entsprechenden Items wurden aus dem Modell entfernt und die Analyse wurde erneut durchgeführt. Die finale Hauptkomponentenanalyse mit Varimax-Rotation basierte auf 14 Items. Der Bartlett-Test auf Sphärizität (χ^2 $(91) = 955.25$, $p < .001$) und das Kaiser-Meyer-Olkin Measure of Sampling Adequacy ($KMO = .85$, $MSA \geq .7$) zeigten, dass die Items für die Analyse geeignet waren. Die Zwei-Komponenten-Lösung erklärte insgesamt 55% der Varianz und war die am besten interpretierbare Lösung im Datensatz, da die Items nur auf einer der Komponenten hohe Ladungen aufwiesen (siehe Tabelle 11.2).

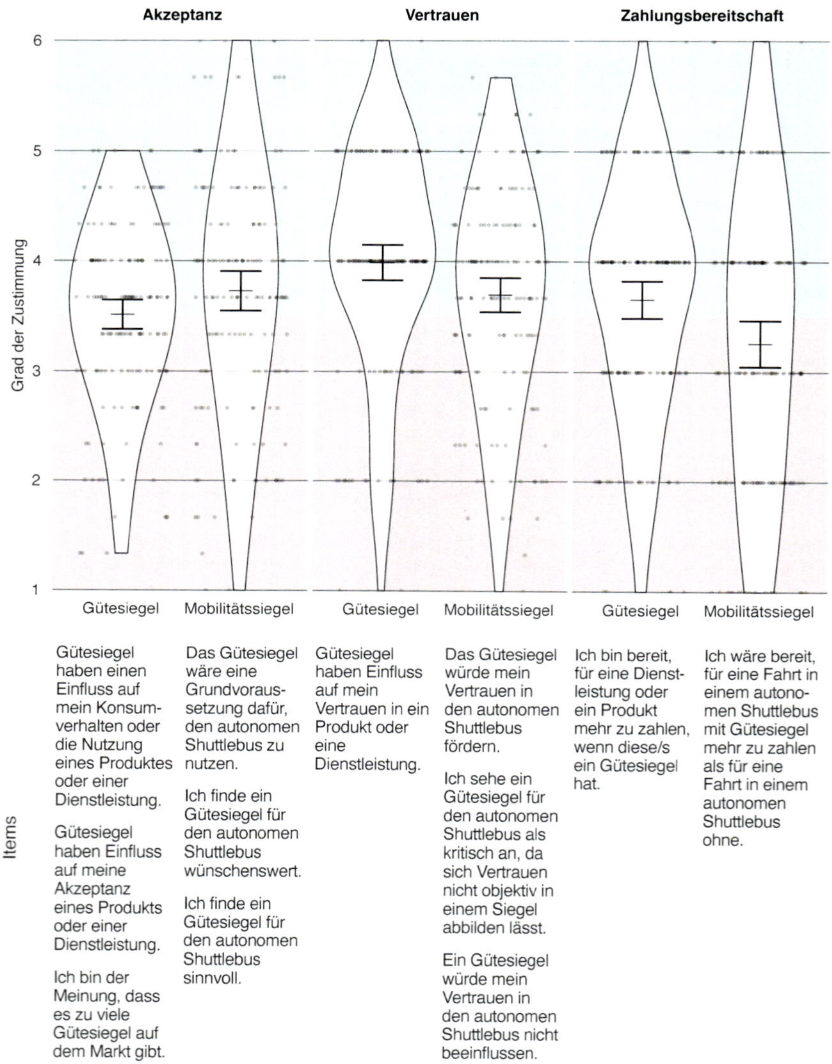

Abbildung 11.3: Violinplot (Mittelwerte und 95% Konfidenzintervall): Darstellung der „globalen“ Konstrukte Akzeptanz, Vertrauen und Zahlungsbereitschaft für ein Gütesiegel allgemein und für ein Mobilitätssiegel. Darunter: Auflistung der Items, die den „globalen“ Konstrukten zugrunde liegende (1 „stimme gar nicht zu“ bis 6 „stimme völlig zu“)

Die erste Komponente „Kontroll- und Sicherheitshinweise“ umfasst Anforderungen an das Mobilitätssiegel in Form von Informationen über regelmäßige Kontrollen, Sicherheitsstandards und die Vergabe. Die zweite Komponente „Servicehinweise“ umfasst Anforderungen an das Mobilitätssiegel in Form von Informationen zum Nutzungserlebnis. In Abbildung 11.4 sind die Zustimmungswerte für die Aussagen, die den identifizierten Komponenten zugrunde liegen, dargestellt. Die Zustimmung zu den Aussagen zu Kontroll- und Sicherheitshinweisen war insgesamt hoch, u. a. in Bezug auf die Einhaltung von Verkehrssicherheitsrichtlinien und die Vergabe durch Fachleute und anerkannte Institutionen (z. B. TÜV). Ebenfalls hoch, wenn auch vergleichsweise weniger ausgeprägt, war die Zustimmung zu den Aussagen zu den Servicehinweisen. Hinweise zur Barrierefreiheit und Kundenfreundlichkeit erhielten eine höhere Zustimmung als Hinweise zur Reisegeschwindigkeit und zum Komfort.

Tabelle 11.2: Ergebnisse einer Hauptkomponentenanalyse (Varimax-Rotation) mit Items zur Messung von Informations- und Gestaltungsanforderungen an ein Mobilitätssiegel einschließlich Cronbach's α

Items: Das Gütesiegel solle darüber informieren, dass ...	Ladung
Komponente 1: Kontroll- und Sicherheitshinweise (α = .92)	
... die Software des autonomen Shuttlebusses regelmäßig kontrolliert wird.	.83
... der autonome Shuttlebus regelmäßig von Experten geprüft wird.	.81
... der autonome Shuttlebus nach den Richtlinien der Verkehrssicherheit getestet wurde.	.80
... der Materialzustand des autonomen Shuttlebusses regelmäßig kontrolliert wird.	.79
... das Gütesiegel von Fachleuten vergeben wurde.	.73
... der autonome Shuttlebus getestet wurde.	.68
... der autonome Shuttlebus sicher fährt.	.67
... das Gütesiegel von einer anerkannten Institution vergeben wurde.	.66
... der autonome Shuttlebus mehrere Monate/Jahre getestet wurde.	.58
... der autonome Shuttlebus TÜV-geprüft ist.	.55
Komponente 2: Servicehinweise (α = .71)	
... der autonome Shuttlebus Komfort bietet.	.84
... der autonome Shuttlebus kundenfreundlich ist.	.77
... der autonome Shuttlebus barrierefrei ist.	.72
... dass die Geschwindigkeit des autonomen Shuttlebusses zwischen 30 km/h und 50 km/h liegt.	.54

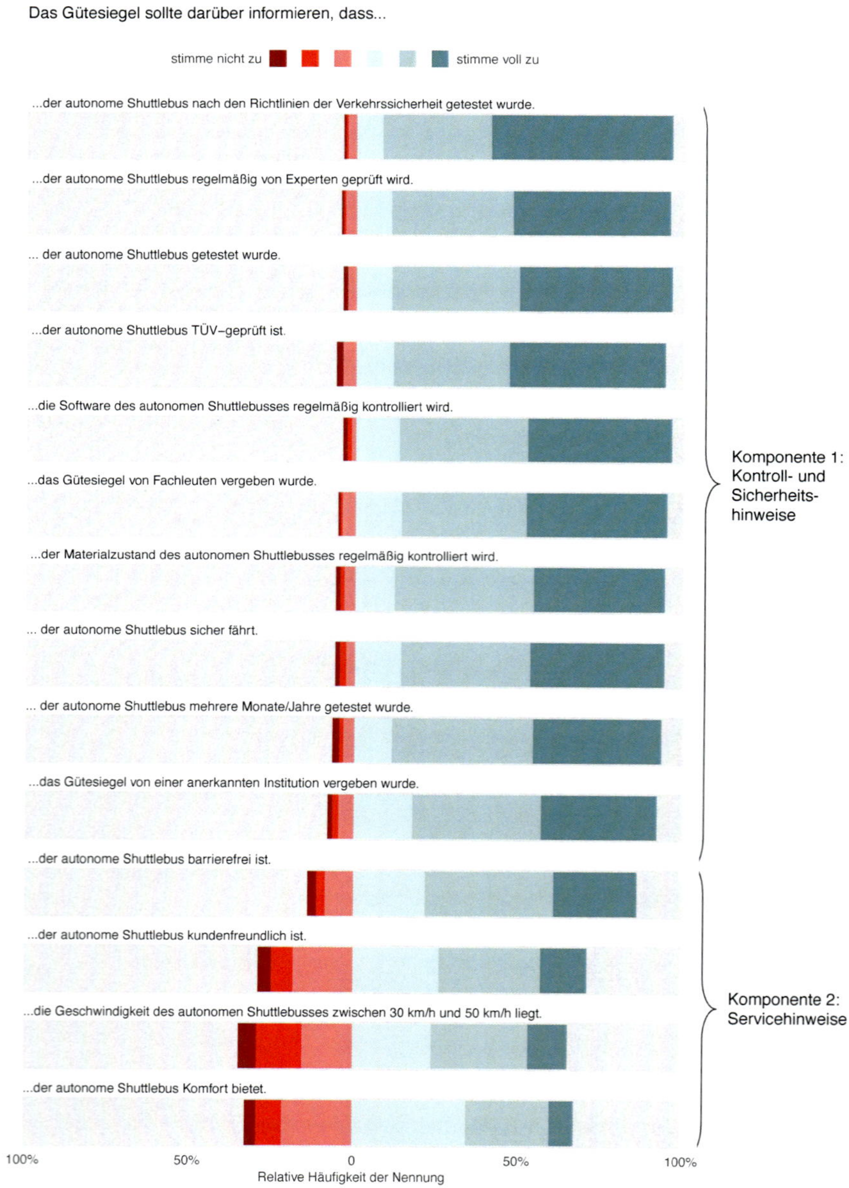

Abbildung 11.4: Zustimmung zum Informationsdesign für ein Mobilitätssiegel

11.4.3 Prädiktoren der Einstellung zu einem Mobilitätssiegel

Nach der Beschreibung der Einstellung zu einem Mobilitätssiegel bleibt zu klären, welche Einstellungsfaktoren relevant sind, um Schlussfolgerungen darüber ziehen zu können, was das öffentliche Meinungsbild prägt. Eine multiple Regression wurde verwendet, um zu prüfen, inwiefern die Mobilitätssiegel-Einstellung (abhängige Variable) potentieller Nutzerinnen und Nutzer durch die identifizierten Siegel-Komponenten (unabhängige Variablen) vorhergesagt werden kann. Zusätzlich wurden soziodemografische (Alter, Geschlecht, Bildung, Einkommen), mobilitätsbezogene (Pkw- und Führerscheinbesitz) und Persönlichkeitsmerkmale (interpersonales Vertrauen, Risikobereitschaft) sowie die allgemeine Gütesiegel-Einstellung als unabhängige Variablen in das Modell aufgenommen, um den Einfluss individueller und ggf. zielgruppenspezifischer Merkmale zu untersuchen. Das Modell mit den Prädiktoren „Kontroll- und Sicherheitshinweise" ($\beta = .19$, $p = .024$) und „Gütesiegel-Einstellung" ($\beta = .47$, $p < .001$) war statistisch signifikant und erklärte insgesamt 31% der Varianz der Mobilitätssiegel-Einstellung (F $(18, 123) = 4.45$, $p < .001$). Das bedeutet, dass die durch ein Mobilitätssiegel vermittelten Informationen u. a. über regelmäßige Kontrollen und Sicherheitsstandards sowie eine vertrauensvolle Einstellung gegenüber Gütesiegeln im Allgemeinen zu einer positiveren Einstellung gegenüber einem Mobilitätssiegel für einen Fahrdienst mit fahrerlosen Shuttlebussen führen.

11.5 Zusammenfassung und Ausblick

Ziel der Studie war es, die Einstellung zu einem Mobilitätssiegel für einen Fahrdienst mit fahrerlosen Shuttlebussen im Hinblick auf Vertrauensbildung und Akzeptanz abzubilden. Im Folgenden werden die wichtigsten Ergebnisse entlang der Forschungsfragen im Hinblick auf praktische und wissenschaftliche Implikationen zusammengefasst und interpretiert.

Zusammenfassung der Ergebnisse Die Einstellungen gegenüber Gütesiegeln sind kontextübergreifend überwiegend positiv. Gütesiegel haben sowohl im allgemeinen Konsumkontext als auch im Mobilitätskontext das Potential, die wahrgenommene Vertrauenswürdigkeit eines Produktes oder einer Dienstleistung und die Akzeptanz zu beeinflussen. Im Mobilitätskontext ist keine erhöhte Zahlungsbereitschaft für ausgezeichnete Produkte oder Dienstleistungen festzustellen. Die Einstellung gegenüber einem Mobilitätssiegel u. a. im Hinblick darauf, ob das Mobilitätssiegel als wünschenswert, sinnvoll und vertrauensbildend wahrgenommen wird, ist von der allgemeinen Einstellung gegenüber Gütesiegeln und der transparenten Kommunikation von Kontroll- und Sicherheitshinweisen abhängig.

Praktische Implikationen Die Analyse lässt den Schluss zu, dass ein Mobilitätssiegel für einen Fahrdienst mit fahrerlosen Shuttlebussen die wahrgenommene Vertrauenswürdigkeit des Fahrdienstes und die Nutzungsabsicht fördern kann. Dabei spielt die Informationsgestaltung eine entscheidende Rolle, konkret Informationen zur Verkehrssicherheit, zu Prüfverfahren und Softwarekontrollen sowie zu den am Mobilitätssiegel beteiligten Institutionen und Personen. Da diese Informationen umfangreich und vielschichtig sind, besteht die Herausforderung darin, eine Informationsflut zu vermeiden und die relevanten Informationen für verschiedene Personengruppen leicht verständlich zugänglich zu machen. Dazu muss zunächst die Priorisierung der dargestellten Informationen vorgenommen werden. Basierend auf den Ergebnissen dieser Studie sind vor allem Informationen zu Sicherheitsprüfungen und Gewährleistung der Verkehrssicherheit besonders wichtig. Da vor allem der TÜV anerkannt wird, sollte dieser in die Sicherheitsprüfungen des Fahrdienstes eingebunden werden. Dies kann durch einen Hinweis auf dem Siegel (z. B. „TÜV-geprüft") an die Nutzenden kommuniziert werden. Darüber hinaus ist es denkbar, QR-Codes auf dem Siegel zu implementieren, um z. B. auf die Website des Service-Providers zu verlinken, wo weitere und aktuellere Informationen aufbereitet sind.

Wissenschaftliche Implikationen Die Einstellung gegenüber einem Mobilitätssiegel hängt von Gestaltungsaspekten und der generellen Einstellung zur Qualitätskennzeichnung von Produkten oder Dienstleistungen ab. Die Prädiktoren erklären weniger als die Hälfte der Varianz. Das bedeutet, dass weitere entscheidende Faktoren existieren. Ein Ansatzpunkt für Folgestudien besteht darin, herauszufinden, was genau die Meinungen der Konsumentinnen und Konsumenten zu Gütesiegeln prägt und inwiefern der Kontext, in dem ein Produkt oder eine Dienstleistung zertifiziert wird, eine Rolle für die Vertrauensbildung und die Kauf- bzw. Nutzungsabsicht spielt. Z. B. stellt sich die Frage, ob und wenn ja welche Aspekte bei der Konzeption und Vergabe eines Mobilitätssiegels im Mobilitätskontext besonders kritisch sind oder sich von anderen Kontexten (z. B. Lebensmittel) unterscheiden. Auch zu erforschen ist, wie die im Rahmen dieser Studie gewonnenen Erkenntnisse zu inhaltlichen Informations- und Gestaltungsanforderungen in Form eines Mobilitätssiegels dargestellt werden können. Denkbar ist die Durchführung von Workshops, in denen potentielle Nutzerinnen und Nutzern gemeinsam mit Fachleuten ein Mobilitätssiegel entwickeln, z. B. hinsichtlich der Form- und Farbgestaltung eines analogen Mobilitätssiegels sowie der Architektur und Usability eines digitalen Formats. Die entwickelten Prototypen lassen sich anschließend in Experimenten nutzen, um das wahrgenommene Vertrauen und die Bereitschaft zur Nutzung eines Fahrdienstes mit fahrerlosen Shuttlebussen „hands-on" zu testen.

12 Diskussion

Ziel der Arbeit ist es, die öffentliche Meinung zu einem im Personenverkehr eingesetzten Fahrdienst mit fahrerlosen Shuttlebussen abzubilden und die Rolle des Vertrauens bei der Nutzung herauszuarbeiten. Dazu wurden in einem iterativen und konsekutiven Mixed-Methods-Ansatz qualitative und quantitative empirische Forschungsmethoden eingesetzt. Die Ergebnisse lassen Rückschlüsse auf Nutzungspräferenzen zu. Außerdem lässt sich aus den Ergebnissen ableiten, wie wahrgenommene Unsicherheiten durch vertrauensbildende Maßnahmen zu adressieren sind.

Über alle Studien hinweg zeigt sich, dass seitens der Befragten Interesse, Neugierde und eine vertrauensvolle Grundeinstellung gegenüber fahrerlosen Shuttlebussen bestehen. Vertrauen ist ein Akzeptanzfaktor und damit eine Voraussetzung für die Nutzung. Einschränkungen im Vertrauen und der Nutzungsbereitschaft werden vor allem in Bezug auf die Verkehrssicherheit gesehen. Gemeinsam mit den Befragten wurden daher am Fallbeispiel der fahrerlosen Shuttlebusse Strategien entwickelt, wie mit Unsicherheit umgegangen und Vertrauen aufgebaut werden kann. Die hohe Bedeutung von Sicherheit lässt sich mit Blick auf die Charakteristika der Befragten durch eine geringe Risikobereitschaft, ein hohes Kontrollbedürfnis und nicht zuletzt fehlendes Vertrauen in die Automatisierung und das autonome Fahren an sich begründen, was studienübergreifend festzustellen war. Letzteres ist bemerkenswert, weil das Vertrauen in den Fahrdienst als Anwendungsszenario für autonomes Fahren grundsätzlich vorhanden ist. Es liegt die Vermutung nahe, dass die Beschreibung eines konkreten Use-Cases zugänglicher und verständlicher ist, während „Automatisierung" und „autonomes Fahren" generell abstrakt sind. Außerdem besteht vermutlich eine grundsätzliche Offenheit gegenüber neuen Verkehrsangeboten aufgrund von wahrgenommenen Vorteilen (insbesondere gegenüber dem konventionellen ÖPNV), während gleichzeitig Ängste existieren, die sich auf die Abgabe der Fahrverantwortung an ein autonomes System beziehen. Dies verdeutlicht, dass Vertrauen verschiedene Ebenen hat, die es zu verstehen gilt und unterstreicht die Relevanz der Betrachtung von Fallbeispielen. Diese darf jedoch nicht losgelöst vom übergeordneten Kontext erfolgen, um die Sichtweisen der zukünftigen Nutzerinnen und Nutzer nachvollziehen und die Anforderungen an die Vertrauensbildung einordnen zu können.

Im Folgenden werden die Ergebnisse entlang der bearbeiteten Forschungslücken in den Forschungsstand eingeordnet (Kapitel 12.1). Anschließend werden methodische und inhaltliche Grenzen sowie Impulse für weitere wissenschaftliche Untersuchungen herausgearbeitet (Kapitel 12.2). Auf Basis der konsolidierten Studienergebnisse werden Handlungsempfehlungen für begleitende Informations- und Kommunikationsstrategien sowie für die Entwicklung, Gestaltung und Überführung von fahrerlosen Shuttlebussen in den Regelbetrieb abgeleitet (Kapitel 12.3). Das schließt die Beschreibung möglicher Einsatzszenarien unter Berücksichtigung verschiedener Zielgruppen ein, die sich in den Untersuchungen als relevant herausgestellt haben. Abschließend werden Handlungsempfehlungen für die Einrichtung einer Kommission zur Vergabe eines Mobilitätssiegels gegeben (Kapitel 12.3.3).

12.1 Einordnung der Ergebnisse in den Forschungsstand

In Tabelle 12.1 sind die Kernaussagen dieser Arbeit studienübergreifend und inklusive einer Einordnung vergleichbarer Forschungsarbeiten nach den leitenden Forschungslücken (siehe Kapitel 4.3) dargestellt. In den folgenden Unterkapiteln werden die Studienergebnisse im Hinblick auf mögliche Ursachen für die Befunde und Schlussfolgerungen diskutiert.

Tabelle 12.1: Übersicht der studienübergreifenden Kernergebnisse dieser Arbeit mit einer Zuordnung vergleichbarer Forschungsarbeiten

Zentrale Ergebnisse dieser Arbeit	Vergleichbare Forschung
Je nach Bezugspunkt (ÖPNV, eigenes Auto), Mobilitätspräferenz (z. B. für Umweltverbund, MIV) und persönlichen Eigenschaften (Risikowahrnehmung, Sicherheitsempfinden, Vertrauen in Automatisierung etc.) werden Nutzungsanreize und -barrieren gegeneinander abgewogen. Das Erleben von Automobilität und psychologische Faktoren sind zentrale Themen.	Alonso-González et al.; Golbabaei et al.; Nordhoff et al.; Urbanek (2021; 2023; 2019; 2021)
Einstellung zur Automobilität und Nutzungsbereitschaft hängen zusammen: Je sicherer sich die Menschen im Straßenverkehr insgesamt fühlen und je aufgeschlossener sie dem Umweltverbund gegenüberstehen, desto höher ist die Nutzungsbereitschaft; je mehr Freude beim Autofahren empfunden wird, desto geringer ist die Bereitschaft, auf das Auto zu verzichten; je größer die Bereitschaft, auf das Auto zu verzichten ist, desto höher ist die Nutzungsbereitschaft.	Nordhoff et al.; Webb et al. (2019; 2019)
Bei der Abwägung der Kriterien für den Verzicht auf ein Auto zugunsten eines fahrerlosen Shuttlebusses spielt der Autobesitz eine Rolle: Für Personen ohne Auto ist der Preis entscheidend, für Personen mit Auto der Erhalt der Flexibilität.	Aboutorabi Kashani, Abbasi et al.; Menon et al.; Webb et al. (2023; 2018; 2019)
Nutzungspräferenzen werden durch den Fahrtzweck, die Fahrstrecke und die Mitreisenden bestimmt. Bevorzugt werden Fahrten im Berufsverkehr und Fahrgemeinschaften mit Bekannten. Besorgungsfahrten und Langstrecken werden am wenigsten befürwortet. Freizeitfahrten werden mit Bekannten bevorzugt, für kurze Strecken und Einkaufsfahrten werden auch unbekannte Mitreisende akzeptiert.	König und Grippenkoven; Lavieri und Bhat; Nordhoff et al.; Nordhoff et al.; Paddeu, Shergold et al.; Patel et al. (2020; 2019; 2019; 2021; 2020; 2023)

Fortsetzung auf der nächsten Seite

Zentrale Ergebnisse dieser Arbeit	Vergleichbare Forschung
Vertrauen in den Fahrdienst (u. a. Systemzuverlässigkeit) und Vertrauen in die am Innovationsprozess beteiligten Interessengruppen (Forschung, Ingenieurwesen, Automobilindustrie, Behörden) sind Prädiktoren der Nutzungsbereitschaft und vermitteln zwischen Nutzungsbereitschaft, Verkehrssicherheitsrisiken und Informationsbereitschaft.	Herrenkind et al.; Hoff und Bashir; Kaye et al.; König et al.; Liao et al.; Nordhoff et al.; M. Wu und Yuen; Z. Wu et al. (2019; 2015; 2020; 2021; 2023; 2021; 2023; 2021)
Vertrauen wird von persönlichen Eigenschaften (Prädispositionen) und situativen Faktoren (Risikowahrnehmung, Privatsphärepräferenzen) beeinflusst. Die Vertrauensbereitschaft ist gruppenabhängig. Zuversichtliche und skeptische Personen unterscheiden sich nach Bildungsniveau, Wissensstand über autonome Fahrdienste, Mobilitätsverhalten, Vertrauensdispositionen und Nutzungsbereitschaft.	Biermann, Liehner et al.; Herrenkind et al.; Hoff und Bashir; Kaye et al.; Liao et al.; Nordhoff et al.; M. Wu und Yuen; Z. Wu et al. (2023; 2019; 2015; 2020; 2023; 2021; 2023; 2021)
Die Voraussetzungen für den Aufbau von Vertrauen sind gruppenabhängig. Es besteht mehr Einigkeit darüber, was Vertrauen hemmt, als was es fördert. Vertrauen und Misstrauen sind also unterschiedliche Konstrukte. Für skeptische Personen sind Kontrollaspekte und die Einbindung in den Innovationsprozess entscheidend. Für zuversichtliche Personen sind Sicherheitsaspekte und die Erprobung nach der Markteinführung wichtiger.	Biermann, Otten et al.; Hick et al.; Lewicki et al. (2023; 2024; 1998)
Grundsätzlich wird der Einsatz von fahrerlosen Shuttlebussen im Linienverkehr als vertrauenswürdig wahrgenommen. Sicherheitspersonal, On-Board-Überwachung und Notbremse sind vertrauensbildende Maßnahmen, die das Gefühl möglicher Unsicherheit im Straßenverkehr verringern können.	Dichabeng et al.; Nordhoff et al.; Paddeu, Parkhurst et al.; Zoellick et al. (2021; 2021; 2020; 2021)
Ein Mobilitätssiegel kann das Vertrauen und die Nutzungsbereitschaft fördern. Eine erhöhte Zahlungsbereitschaft besteht nicht. Die Einstellung zum Mobilitätssiegel hängt von der Informationsgestaltung und der generellen Einstellung zu Produktkennzeichnungen ab.	Biermann et al.; Feucht und Zander; Linzenich et al. (2021; 2018; 2019)

12.1.1 Öffentliche Wahrnehmung und Nutzungsbereitschaft

Das Erkenntnisinteresse der **Forschungslücke 1 – „Awareness“ und öffentliches Meinungsbild** bestand darin, die öffentliche Meinung zu neuen Verkehrs- und Mobilitätsdienstleistungen am Beispiel eines Fahrdienstes mit fahrerlosen Shuttlebussen im Hinblick auf den Informationsstand und -bedarf, die wahrgenommenen Anreize und Hemmnisse der Nutzung und die bevorzugten Nutzungsszenarien (Fahrtzweck, Bildung von Fahrgemeinschaften etc.) zu erfassen. Die Ergebnisse legen nahe, welche Zielgruppen relevant sind, wie diese erreichbar sind und an welchen Stellen (Verkehrsmittel und -wege) fahrerlose Shuttlebusse den konventionellen Personenverkehr in Zukunft ergänzen bzw. ersetzen können (siehe Kapitel 12.3.2). Die Schlussfolgerung ist, dass insbesondere der Einsatz für berufliche Fahrten (z. B. Pendelverkehr) ein hohes Nutzungspotential aufweist. Da der Informationsstand über fahrerlose Shuttlebusse als konkretes Anwendungsszenario für autonomes Fahren insgesamt gering ist, was auf die zum Zeitpunkt der Befragungen noch fehlende flächendeckende Verfügbarkeit zurückgeführt werden kann, und ein entsprechender Informationsbedarf besteht, werden die Erkenntnisse in direktem Zusammenhang mit Handlungsempfehlungen für Informations- und Kommunikationsstrategien diskutiert (siehe Kapitel 12.3.1).

Anreize und Hemmnisse der Nutzung

Grundsätzlich werden sowohl Anreize als auch Hemmnisse für die Nutzung eines Fahrdienstes mit fahrerlosen Shuttlebussen gesehen (siehe Interviewstudien in Kapitel 6), die als Chancen bzw. Risiken für die Umsetzung verstanden werden können und die sich mit der Wahrnehmung neuer Verkehrs- und Mobilitätsdienstleistungen in früheren Studien decken (siehe Tabelle 12.2). Z. B. im Hinblick auf mehr Flexibilität und Individualisierung im Vergleich zum konventionellen ÖPNV bei gleichzeitiger Sorge vor steigenden Mobilitätskosten (Golbabaei et al., 2023; Nordhoff et al., 2019). Die identifizierten Nutzungsanreize und -hemmnisse für fahrerlose Shuttlebusse überschneiden sich zum Teil mit denen für das autonome Fahren im Allgemeinen: Nutzung der Fahrzeit für andere Aktivitäten, gesteigerte Verkehrssicherheit durch die Automatisierung des Fahrens, Bedenken hinsichtlich der Systemzuverlässigkeit und der Cybersicherheit etc. (Patel et al., 2023). Andere hingegen sind spezifisch für einen Fahrdienst mit fahrerlosen Shuttlebussen. Dazu gehören, wie in vergleichbaren Anwendungsszenarien, wahrgenommene Vorteile für Umwelt und Verkehr durch die Bündelung von Fahrten (höhere Fahrzeugauslastung und geringere Fahrleistung) sowie Sicherheitsbedenken an Bord bei der gemeinsamen Nutzung mit fremden Mitreisenden ohne Fahrpersonal („sharing anxiety“) (Axsen & Sovacool, 2019; Dolins, Strömberg et al., 2021; Nordhoff et al., 2019). Die Inhaltsanalyse bestätigt, dass neben rationalen Überlegungen, z. B. zum Preis-Leistungs-Verhältnis, auch psychologische Hemmnisse (u. a. Angst vor Innovationen und Technikversagen, Misstrauen) eine Rolle spielen (Urbanek, 2021). Dies legt nahe, dass die Verkehrsmittelwahl nicht nur pragmatisch, sondern auch emotional motiviert ist (Steg, 2005) und insbesondere neue, d. h. bisher unbekannte Technologien, die das gewohnte Mobilitätsverhalten grundlegend verändern, Unsicherheiten auslösen. Diese äußern sich hier in Form von Sicherheitsrisiken, Kontrollverlust und mangelndem Vertrauen und sind vergleichbar mit anderen Forschungsarbeiten zum Thema (siehe Tabelle 12.2).

Einige der identifizierten Akzeptanzfaktoren werden je nach Perspektive sowohl als Chance als auch als Risiko gesehen (siehe Tabelle 12.2). Dazu gehören die Flexibilität, die je nach Bezugspunkt als Anreiz (im Vergleich zum konventionellen ÖPNV) oder als Hindernis (im Vergleich zum Pkw) wahrgenommen wird, und die Kosten (Angst vor steigenden Mobilitätskosten im Vergleich zum konventionellen ÖPNV vs. Erwartung geringerer Kosten durch Ridesplitting), aber auch Sicherheitsaspekte und Vertrauen. So wird z. B. eine höhere Verkehrssicherheit durch die Automatisierung des Fahrens erwartet, wenn die Technik als zuverlässig wahrgenommen wird. Andererseits kann die Angst vor Technikversagen zu Sicherheitsbedenken führen. Auch wird die Reduzierung des motorisierten Individualverkehrs einerseits als vorteilhaft empfunden, insbesondere wenn das

Tabelle 12.2: Akzeptanzfaktoren, die in den qualitativen Interviews identifiziert wurden, einschließlich ihrer Einordnung als wahrgenommene Chancen (+) und Risiken (–) der Nutzung und vergleichbarer Forschungsarbeiten

Faktor	Chance	Risiko	Vergleichbare Forschung
Flexibilität	+	–	Dichabeng et al.; Nordhoff et al. (2021; 2019)
Customization	+		Hick et al. (2024)
Digitalisierung	+		Alyavina et al. (2020)
Kein Autofahren	+	–	Alyavina et al.; Axsen und Sovacool; Nordhoff et al. (2020; 2019; 2019)
Transporteffizienz	+		Nordhoff et al. (2019)
Mischverkehr		–	Bala et al. (2023)
Umweltschutz	+		Axsen und Sovacool; Bernhard et al.; Golbabaei et al.; Nordhoff et al.; Roche-Cerasi (2019; 2020; 2023; 2019; 2019)
Multitasking	+		Patel et al. (2023)
Kosten	+	–	Alyavina et al.; Axsen und Sovacool; Golbabaei et al.; Webb et al. (2020; 2019; 2023; 2019)
Monitoring		–	Biermann et al. (2020)
Verkehrssicherheit	+	–	Axsen und Sovacool; Bernhard et al.; Golbabaei et al.; Nordhoff et al.; Roche-Cerasi; Salonen (2019; 2020; 2023; 2019; 2019; 2018)
Bordsicherheit		–	Dichabeng et al.; Dolins, Strömberg et al.; Paddeu, Shergold et al.; Salonen (2021; 2021; 2020; 2018)
Datensicherheit		–	Hick et al. (2024)
Cybersicherheit		–	Alyavina et al.; Dichabeng et al. (2020; 2021)
Kontrollverlust		–	Axsen und Sovacool (2019)
Innovationsangst		–	Alyavina et al.; Axsen und Sovacool (2020; 2019)
Vertrauen	+	–	Alyavina et al.; Axsen und Sovacool; P. L. Morgan et al.; Nordhoff et al. (2020; 2019; 2019; 2019)

Autofahren als nicht besonders positiv wahrgenommen wird, andererseits stellt der Verzicht auf das Auto gerade für Personen, die gerne Auto fahren, eine hohe Nutzungsbarriere dar. Dass bestimmte Faktoren zwei Seiten haben, ergibt sich bereits aus dem Stand der Forschung, entweder weil entsprechende Ambiguitäten direkt diskutiert werden, wie z. B. die unterschiedliche Wirkungsstärke von Vertrauen (Axsen & Sovacool, 2019; P. L. Morgan et al., 2019), oder weil sie sich aus der vergleichenden Betrachtung von Einzelstudien ergeben. Eine entsprechende Klassifikation speziell für Fahrdienste mit fahrerlosen Shuttlebussen fehlte bisher. Die Ergebnisse bestätigen den bisherigen Forschungsstand und gehen darüber hinaus, indem sie am Fallbeispiel eines Fahrdienstes mit fahrerlosen Shuttlebussen die Wirkungsstärke verschiedener Akzeptanzfaktoren verdeutlichen. Diesen Faktoren muss in der wissenschaftlichen Evaluation besondere Aufmerksamkeit gewidmet werden, da sie sowohl förderlich als auch hinderlich für die Akzeptanz sein können. Daher müssen sie in ihren Bedingungen und Voraussetzungen genau beleuchtet werden, um fundierte Empfehlungen für die Praxis, z. B. im Hinblick auf die Preisgestaltung, ableiten zu können.

Aus den Ergebnissen lässt sich zunächst ableiten, dass die Betrachtung einzelner Fallbeispiele relevant ist, um das breite Spektrum unterschiedlicher Nutzungsformen im Zusammenhang mit neuen Verkehrs- und Mobilitätsdienstleistungen und die damit verbundenen Sichtweisen abzudecken. Gleichzeitig muss der übergeordnete Mobilitätskontext, z. B. in Bezug auf allgemeine Einstellungen zur autonomen Mobilität und Erfahrungen damit betrachtet werden, um die Ergebnisse einordnen zu können. Das Fallbeispiel eines Fahrdienstes mit fahrerlosen Shuttlebussen zeigt dabei, dass die Sichtweise (Befürwortung, Ablehnung) davon abhängt, wie die Befragten in der Regel unterwegs sind (ÖPNV, eigenes Auto) und welche Eigenschaften sie mitbringen (Risikowahrnehmung, Skepsis oder Aufgeschlossenheit gegenüber Automatisierung allgemein und den damit verbundenen Verkehrsangeboten, Innovationsbereitschaft etc.). Daraus folgt, dass es unterschiedliche Zielgruppen gibt, auf deren Bedürfnisse die Entwicklung und Gestaltung des Dienstleistungsangebots abgestimmt werden muss (siehe Kapitel 12.3). Die wissenschaftlichen Impulse, die sich hierzu aus den Untersuchungen im Rahmen dieser Arbeit ergeben, werden im weiteren Verlauf dieses Kapitels zunächst im Hinblick auf das Automobilitätserleben und die bevorzugten Nutzungsszenarien und anschließend im Hinblick auf psychologische Faktoren, darunter Sicherheit und Vertrauen, dargestellt (Kapitel 12.1.2).

Automobilitätserleben und Nutzungsbereitschaft

In allen quantitativen Erhebungen (Kapitel 7 bis Kapitel 11) wurde das Mobilitätsprofil (u. a. Führerschein- und Autobesitz, Verkehrsmittelnutzung) der Befragten erfasst, um ein grundlegendes Verständnis des aktuellen Mobilitätsverhaltens und der Mobilitätsbedürfnisse zu erhalten. Insgesamt hat der Pkw einen hohen Stellenwert im Mobilitätsverhalten der Befragten, die damit repräsentativ für die Bevölkerung in Deutschland sind (Nobis & Kuhnimhof, 2018). Die Mehrheit der Befragten besitzt einen Pkw-Führerschein und ein Auto. Außerdem fühlen sich viele der Befragten auf ein Auto angewiesen und bevorzugen die Rolle als Fahrer/in. Dementsprechend ist die Pkw-Nutzung in allen Studien alltäglich. Die Nutzung des ÖPNV ist heterogener, jedoch besitzen einige der Befragten ein ÖPNV-Ticket (z. B. Semester- oder Jobticket). Sharing-Dienste wie Car- oder Bikesharing und Fahrgemeinschaften (darunter Ridepooling) werden mehrheitlich nie genutzt, hier äußern die Befragten Bedenken hinsichtlich der Verfügbarkeit und geben an, dass diese Dienste zu zeitaufwändig und umständlich sind. Gleichzeitig zeigt sich in allen Studien, dass die

Einstellung zu einem Fahrdienst mit fahrerlosen Shuttlebussen, u. a. gemessen an der Nutzungsabsicht, der wahrgenommenen Nützlichkeit im Vergleich zum konventionellen ÖPNV und dem Sicherheitsempfinden, grundsätzlich positiv ist. Dies bestätigt frühere Studien zur Nutzungsbereitschaft neuer Verkehrs- und Mobilitätsdienstleistungen in Deutschland (Lidynia et al., 2022; Pakusch & Bossauer, 2017; Philipsen et al., 2019) und zeigt eine grundsätzliche Offenheit der Bevölkerung gegenüber neuen Nutzungsformen im öffentlichen Personenverkehr. Die Diskrepanz zwischen Status quo und zukünftiger Nutzungsbereitschaft kann bedeuten, dass das aktuelle Verkehrsangebot nicht attraktiv genug ist und das eigene Auto daher in verschiedenen Situationen alternativlos ist, gleichzeitig aber Interesse und Bedarf an neuen Verkehrsangeboten besteht. Es liegt nahe, dass fahrerlose Shuttlebusse als spannend empfunden werden und Neugierde wecken. Das Verständnis der Motive für die Verkehrsmittelwahl ist daher sehr wichtig. Im Zusammenhang mit der Nutzungsbereitschaft fahrerloser Shuttlebusse können hier Aussagen über persönliche Mobilitätspräferenzen, das Fahrerleben, die Autobegeisterung und die Bereitschaft zum Autoverzicht getroffen werden. Die Ergebnisse stützen empirisch die Annahmen früherer Studien dazu, dass sich die Einstellungen zur Automobilität unterscheiden (Feys et al., 2020; Gauer et al., 2023). Außerdem unterstreichen die Ergebnisse, dass ein Verständnis dafür, wie Mobilität grundsätzlich erlebt und wahrgenommen wird und welche Bedeutung das Auto hat, wichtig ist, um die Einstellung zu neuen Nutzungsformen zu erfassen.

Mobilitätspräferenzen und Fahrerleben Die Bereitschaft, einen Fahrdienst mit fahrerlosen Shuttlebussen zu nutzen, hängt davon ab, wie regelmäßig die Menschen ihr Auto nutzen, wie sehr sie sich alternative Verkehrsangebote und eine Stärkung des Umweltverbundes wünschen und wie sicher sie sich beim Autofahren fühlen. Generell ist zu beobachten, dass bei einer positiven Wahrnehmung des Autofahrens und einer positiven Einstellung gegenüber Alternativen zum motorisierten Individualverkehr auch ein Fahrdienst mit fahrerlosen Shuttlebussen positiv bewertet wird (vgl. Kapitel 7.4.3). Es ist daher davon auszugehen, dass, wenn sich Menschen grundsätzlich sicher im Straßenverkehr bewegen und dem Umweltverbund generell aufgeschlossen gegenüberstehen, dies auch für die damit verbundenen neuen Dienstleistungen gilt. Die Ergebnisse gehen insofern über den bisherigen Forschungsstand hinaus, als sie zeigen, dass das Fahrerlebnis (u. a. in Bezug auf das Sicherheitsempfinden) nicht nur in einer konkreten Nutzungssituation wie der Fahrt in einem fahrerlosen Shuttlebus akzeptanzrelevant ist (Feys et al., 2020; Patel et al., 2023), sondern auch in Bezug auf das Mobilitätserleben der Menschen im Allgemeinen. Dies bedeutet, dass für ein bedarfsgerechtes Verkehrsangebot der Zukunft in der Gegenwart angesetzt werden muss. Es muss verstanden werden, was das Sicherheitsempfinden im Straßenverkehr allgemein beeinflusst, wie Verkehr aus Sicht der verschiedenen Beteiligten sicher gestaltet werden soll, wo Unsicherheiten liegen, welche Anforderungen an den Umweltverbund, insbesondere an den ÖPNV, bestehen und wie diese bei der Gestaltung zukünftiger Verkehrsangebote berücksichtigt werden können.

Autobegeisterung und Verzichtsbereitschaft Sowohl die Gespräche mit den Befragten in den Interviewstudien (vgl. Kapitel 6) als auch die Quantifizierung der Meinungen zu neuen Verkehrsangeboten (vgl. Kapitel 9.3) zeigen, dass Einschränkungen der Nutzungsbereitschaft für einen Fahrdienst mit fahrerlosen Shuttlebussen in der Vereinbarkeit mit den persönlichen Mobilitätsbedürfnissen (z. B. hinsichtlich der Verfügbarkeit) gesehen werden und sich in einer geringen Bereitschaft zum Autoverzicht ausdrücken. Dies steht im

Widerspruch zu Feldstudien, in denen keine Einschränkungen der Kompatibilität wahrgenommen werden (Nordhoff et al., 2021). Eine Erklärung ist, dass die Einstellungen in dieser Arbeit szenariobasiert ohne reale Interaktion mit einem fahrerlosen Shuttlebus gemessen wurden. Da das Ausprobieren eines neuen Verkehrsangebots positiv mit der Nutzungsbereitschaft korreliert (Bernhard et al., 2020; Paddeu, Parkhurst et al., 2020), ist davon auszugehen, dass die szenariobasierte Bewertung an dieser Stelle abstrakt war und Menschen ohne eigene Erfahrungen nur bedingt einschätzen können, inwieweit ihre Mobilitätsbedürfnisse in der Praxis tatsächlich befriedigt werden. Daher sind Folgeuntersuchungen notwendig, die das Erleben des beschriebenen Fahrdienstes ermöglichen, sobald dieser zur Verfügung steht. Die identifizierten Anreize zum Autoverzicht zugunsten eines Fahrdienstes mit fahrerlosen Shuttlebussen beziehen sich vor allem auf den Preis der Nutzung und den Erhalt der Flexibilität. Die Anreize werden von Personen mit und ohne Autobesitz unterschiedlich bewertet (vgl. Kapitel 7.4.2). Die Gruppenunterschiede sind zunächst nicht überraschend, da Personen ohne eigenes Auto in dieser Hinsicht auf nichts zu verzichten haben und ohnehin auf alternative Verkehrsmittel angewiesen sind. Daraus ergeben sich jedoch auch zielgruppenspezifische Voraussetzungen für einen langfristigen Verzicht und eine perspektivische Verkehrsverlagerung auf den öffentlichen Kollektivverkehr (siehe Kapitel 12.3.2).

Frühere Studien haben gezeigt, dass Besitzdenken einen Statusverlust bedeuten kann, der die Bereitschaft für neue Nutzungsformen einschränkt (Alonso-González et al., 2020; Axsen & Sovacool, 2019). Insbesondere gemeinsam genutzte fahrerlose Verkehrsdienste können die Funktion des Autos als Statussymbol nicht erfüllen (Golbabaei et al., 2021). Die Befragten in den Studien dieser Arbeit diskutierten jedoch weniger die Eigentumsverhältnisse als vielmehr die mit dem eigenen Auto verbundenen Annehmlichkeiten (Komfort, Fahrspaß etc.). Dies kann damit zusammenhängen, dass die Befragten überwiegend aus städtischen Gebieten stammen, in denen die Infrastruktur des öffentlichen Verkehrs besser ausgebaut ist als auf dem Land und die Notwendigkeit des Autos möglicherweise anders wahrgenommen wird. Daher stehen vor allem Aspekte des Nutzungserlebnisses im Vergleich zum öffentlichen Verkehr im Vordergrund. Ferner sind das Autofahren und insbesondere der Verzicht auf das Auto emotional besetzt. Während ein Teil der Befragten das Autofahren u. a. wegen der Parkplatzsuche als stressig empfindet und die Nutzung eines neuen Fahrdienstes als entlastend wahrnimmt, fühlen sich andere in ihrer Flexibilität und Freiheit eingeschränkt, insbesondere wenn sie gerne selbst fahren und das Autofahren an sich Spaß macht (vgl. Kapitel 6). Damit liefern die Ergebnisse einen neuen Input für die wissenschaftliche Diskussion, die sich bislang auf die Frage konzentriert hatte, wie Eigentum neu gedacht werden muss und welche Individualisierungsstrategien notwendig sind, um eine Bindung zu schaffen (J. Lee et al., 2019). Die Ergebnisse ergänzen damit die Frage, wie insbesondere für passionierte Autofahrerinnen und Autofahrer ein Fahrerlebnis geschaffen werden kann, das den emotionalen Verlust des Selberfahrens kompensiert. Um Antworten auf diese Frage zu geben, sind Folgestudien notwendig. Darin muss evaluiert werden, was Fahrspaß ausmacht und wie dieser auch ohne selbst zu fahren ausgelebt werden kann. Ansatzpunkte für eine wissenschaftliche Bewertung liefern die Ergebnisse dieser Arbeit dahingehend, dass u. a. das Aussehen eines Autos eine Rolle spielen könnte, aber auch motorsportliche Aspekte wie das Austesten der Grenzen eines Fahrzeugs. Daher sollte ggf. eine Mitbestimmung über unterschiedliche Fahrstile ermöglicht werden.

Nutzungspräferenzen

Generell geben die Befragten an, dass sie sich alleine an Bord nicht unwohl fühlen würden und dass ihnen das Gefühl, ungestört zu sein, wichtiger ist als die Anwesenheit anderer Personen an Bord (vgl. Kapitel 9.4.1). Dementsprechend ist die Nutzung eines Fahrdienstes mit fahrerlosen Shuttlebussen sowohl als Ridehailing als auch als Ridepooling denkbar. Dies ist konform mit den laufenden Pilotprojekten (Verband Deutscher Verkehrsunternehmen, 2023b) und zeigt, dass diese – aus Sicht der potentiellen Nutzerinnen und Nutzer – zukunftsfähig sind. Unabhängig von der Zusammensetzung der Fahrgemeinschaft (Bekannte oder Unbekannte) wird die Nutzung für berufliche Zwecke (hier: Weg zur Arbeit oder Ausbildungsstätte) bevorzugt (vgl. Kapitel 7.4.4). Damit steht im Einklang, dass Multitasking und die effizientere Nutzung der Reisezeit im Vergleich zu konventionellen Verkehrsmitteln als vorteilhaft empfunden werden (siehe Tabelle 12.2). Besorgungsfahrten und Langstrecken werden am wenigsten befürwortet. Mögliche Gründe hierfür sind, dass eine Verlängerung der Reisezeit durch die Bedienung von Mitreisenden bei der Erledigung konkreter Aufgaben als störend empfunden werden kann (König & Grippenkoven, 2020), und dass das Gefühl, ungestört zu sein und Freiraum zu haben, gerade bei längeren Fahrten wichtig ist. Entsprechend sollte in der Praxis eine Entscheidungsfreiheit ermöglicht werden, wann Fahrgemeinschaften erwünscht sind und wann nicht. Die Ergebnisse zum Fahrtzweck ergänzen den Stand der Forschung, der je nach Methode, verfügbaren Optionen und Mobilitätsbedürfnissen der Stichprobe unterschiedliche Präferenzen identifiziert (zu Vergleichszwecken siehe Nordhoff et al. (2019)). Daraus wird ersichtlich, dass der Einsatz von fahrerlosen Shuttlebussen grundsätzlich verschiedene Anwendungsfälle und Zielgruppen bedienen kann. Grundsätzlich werden Fahrten mit Bekannten gegenüber Fahrten mit Unbekannten bevorzugt, insbesondere in der Freizeit (Lavieri & Bhat, 2019). Hier dürfte der soziale Charakter ausschlaggebend sein, weil man sich gezielt mit anderen verabredet, um gemeinsam zu reisen. Wie auch in früheren Studien festgestellt (Alonso-González et al., 2021; König et al., 2021), werden Fahrten mit Unbekannten jedoch nicht kategorisch abgelehnt, wahrscheinlich weil sie vertrauten Nutzungssituationen im konventionellen öffentlichen Verkehr ähneln. Vor allem bei Kurzstrecken und Einkaufsfahrten werden auch fremde Mitreisende akzeptiert, vermutlich weil hier der Kontakt zu anderen Personen nur von kurzer Dauer ist und mögliche negative Begleiterscheinungen (Lärmbelästigung etc.) weniger gravierend wahrgenommen werden. Die Ergebnisse zeigen in Übereinstimmung mit früheren Studien, dass die Nutzungspräferenzen durch den Fahrtzweck, die Fahrtstrecke und die Mitreisenden bestimmt werden (König & Grippenkoven, 2020; Lavieri & Bhat, 2019; Nordhoff et al., 2019; Paddeu, Shergold et al., 2020; Patel et al., 2023). Somit darf die Service-Planung nicht losgelöst davon erfolgen.

12.1.2 Rolle von Vertrauen für die Nutzungsbereitschaft

Das Erkenntnisinteresse der **Forschungslücke 2 – Einflüsse auf das initiale Vertrauen und Zusammenhänge mit der Nutzungsbereitschaft** bestand darin, die Vertrauensbereitschaft der zukünftigen Nutzerinnen und Nutzer in einen Fahrdienst mit fahrerlosen Shuttlebussen zu ermitteln und Einflüsse auf die Vertrauensbildung sowie Zusammenhänge mit der Nutzungsbereitschaft herauszuarbeiten. Die Vertrauensbereitschaft in den beschriebenen Fahrdienst ist grundsätzlich vorhanden, wenn auch nicht bei allen in gleichem Maße. Dabei wird Vertrauen als Akzeptanzfaktor von persönlichen Eigenschaften (Prädispositionen) und situativen Faktoren beeinflusst. Diese umfassen wahrgenommene Verkehrssicherheitsrisiken und Privatsphärenpräferenzen, konkret die Bereitschaft, in einer bestimmten Nutzungssituation persönliche Informationen mit unterschiedlichen Zielgruppen zu teilen. Die Ergebnisse lassen Rückschlüsse darauf zu, wie Vertrauen in der Praxis adressiert werden kann.

Vertrauen als Prädiktor und Mediator der Nutzungsbereitschaft

Bereits in den Gesprächen mit den Befragten der Interviewstudien (vgl. Kapitel 6) zeigt sich, dass Vertrauen für die Nutzungseinstellung am Fallbeispiel eines Fahrdienstes mit fahrerlosen Shuttlebussen relevant ist. Die Messung der Beziehungsstruktur (vgl. Kapitel 9.4.2) validiert den Zusammenhang zwischen initialem Vertrauen und Nutzungsbereitschaft und bestätigt damit frühere Studien (Herrenkind et al., 2019; Kaye et al., 2020; Liao et al., 2023; M. Wu & Yuen, 2023). Vertrauen wird auf verschiedenen Ebenen als positiver Prädiktor identifiziert: Die Bereitschaft, einen Fahrdienst mit fahrerlosen Shuttlebussen zu nutzen, kann sowohl durch das Vertrauen in den Fahrdienst selbst als auch durch das Vertrauen in die beteiligte Forschung, Industrie und Behörden erklärt werden. Damit ergänzen die Ergebnisse den Forschungsstand, in dem Vertrauen überwiegend anwendungsbezogen gemessen (siehe Tabelle 4.1) oder in Bezug auf das Vertrauen in (fremde) Mitreisende diskutiert wurde (Deng et al., 2023). Die Ergebnisse zeigen, dass darüber hinaus auch die Vertrauenswürdigkeit der am Innovationsprozess beteiligten Interessengruppen akzeptanzrelevant ist, insbesondere wenn es um Datenthemen geht. Am meisten Vertrauen wird Beteiligten aus der Forschung und dem Ingenieurwesen entgegengebracht, gefolgt von der Automobilindustrie, die in Deutschland eine besondere Stellung bzgl. des Erlebens von Automobilität einnimmt (Wolking, 2021). Am wenigsten Vertrauen wird der öffentlichen Hand entgegengebracht. Vielleicht aufgrund schlechter Vorerfahrungen oder eines schlechten Rufs in anderen Bereichen, der auf den Mobilitätskontext übertragen wird. Die Ergebnisse ergänzen den Forschungsstand, in dem bereits die Reputation eines Herstellers als relevant für die Vertrauensbildung in einen neuen Fahrdienst identifiziert wurde (M. Wu & Yuen, 2023). Die Ergebnisse spiegeln die Variabilität der Vertrauensbildung wider und untermauern empirisch die Notwendigkeit, neben den offensichtlichen Akzeptanzfaktoren wie Mobilitätsverhalten oder Autobesitz auch die „unsichtbaren" Motive und psychologischen Hintergründe zu untersuchen, um die Nutzungseinstellung vollständig zu erfassen und fundierte Erkenntnisse an die Praxis weiterzugeben.

Vertrauen als „hidden player" Vertrauen ist ein Mediator, der zwischen der Nutzungsbereitschaft, wahrgenommenen Verkehrssicherheitsrisiken und der Bereitschaft zum Informationsaustausch vermittelt (vgl. Kapitel 9.4.3). Um die Nutzungsbereitschaft zu verstehen, ist es daher notwendig zu verstehen, wie sich Vertrauen zu verschiedenen Bezugspunkten (Fahrzeug, beteiligte Personen und Institutionen) verhält und wodurch es beeinflusst wird. Dass Sicherheits- und Datenaspekte dabei eine entscheidende Rolle spielen, ist nicht überraschend, da diese Aspekte bereits als wichtige Einflussfaktoren für die Bewertung innovativer Technologien im Allgemeinen, im übergeordneten Mobilitätskontext des autonomen Fahrens und auch im Zusammenhang mit neuen Verkehrs- und Mobilitätsdienstleistungen beschrieben wurden (Brell, Philipsen & Ziefle, 2019; Kaur & Rampersad, 2018; Liao et al., 2023; Zhang et al., 2019). Dies spricht für die Belastbarkeit der Erkenntnisse und zeigt auf, wo die Menschen bei Mobilitätsfragen, insbesondere beim autonomen Fahren, besonders sensibel sind und wo die kritischen Punkte liegen, die auch bei der Entwicklung und Gestaltung des Dienstleistungsangebots sowie bei der Kommunikation über neue Verkehrs- und Mobilitätsdienstleistungen besonders berücksichtigt werden müssen. Das Beziehungsgefüge der verschiedenen Faktoren konnte im Rahmen dieser Arbeit am konkreten Fallbeispiel quantifiziert und damit besser sichtbar gemacht werden. Dabei wird deutlich, wo genau Sicherheitsrisiken in verschiedenen Nutzungssituationen wahrgenommen werden und welche Informationen bereitwillig geteilt werden (siehe Liste unten). Damit ergänzen die Ergebnisse den bisherigen Forschungsstand und liefern wertvolle Implikationen für die Praxis (siehe Kapitel 12.3).

- **Verkehrssicherheit:** Verkehrssicherheitsrisiken schränken die Nutzungsbereitschaft ein und hängen mit dem Vertrauen in den Fahrdienst (u. a. Systemzuverlässigkeit) zusammen. Die Mediationsanalyse zeigt, dass der Zusammenhang zwischen Risikowahrnehmung und Nutzungsbereitschaft hier als Scheinkorrelation interpretiert werden kann und das Vertrauen in den Fahrdienst akzeptanzrelevant ist, d. h. mangelndes Vertrauen aufgrund wahrgenommener Sicherheitsrisiken führt zu mangelnder Nutzungsbereitschaft. Anders ausgedrückt: Sicherheit und Vertrauen sind eng miteinander verknüpft; Sicherheitsfragen sind Vertrauensfragen und dürfen nicht losgelöst voneinander betrachtet werden (Nordhoff et al., 2021). In Übereinstimmung mit dem Forschungsstand werden auch am Beispiel der fahrerlosen Shuttlebusse Unsicherheiten hinsichtlich der Zuverlässigkeit des Systems, Angst vor technischem Versagen und Haftungsfragen geäußert (Bala et al., 2023; Liao et al., 2023). Unsicherheiten werden auch aufgrund des fehlenden Bordpersonals gesehen, beziehen sich hier aber primär auf die Automatisierung des Fahrens und sind mit dem Wunsch nach Sicherheitspersonal an Bord verbunden. Entgegen dem Forschungsstand und den Erkenntnissen aus den ersten Interviews (vgl. Kapitel 6) sind keine Unsicherheiten durch fremde Mitreisende messbar (Dichabeng et al., 2021; Dolins, Strömberg et al., 2021). Die insgesamt hohe Zustimmung zu bordeigenen Sicherheitsvorkehrungen dürfte daher eher eine Kompensation für wahrgenommene technische Risiken darstellen. Dafür spricht, dass in allen Studien eine grundsätzliche Offenheit für Fahrgemeinschaften und ein grundsätzliches zwischenmenschliches Vertrauen der Befragten vorhanden ist. Die Ergebnisse ergänzen den Stand der Forschung, indem sie weitere verkehrsbedingte Sicherheitsrisiken aufzeigen, insbesondere Unsicherheiten im Mischverkehr und in verschiedenen Nutzungssituationen wie bei schlechten Witterungsbedingungen (Regen, Nebel, Schnee) oder bei Dunkelheit. Dies unterstützt die Annahme, dass das allgemeine Mobilitätserleben, d. h. wie sicher sich Menschen im Straßenverkehr bewegen und fühlen, wie ihre Einstellung zum autonomen Fahren ist, ein wichtiger Faktor ist, der berücksichtigt werden muss.
- **Informationsaustausch:** Die Ergebnisse zeigen eine grundsätzliche Offenheit, persönliche Informationen mit dem Fahrzeug, einer Servicezentrale und den Mitreisenden zu teilen, vor allem um konkrete Vorteile wie Fahrpreisermäßigungen oder Zeitersparnis bei Buchung und Bezahlung zu erhalten. Je ausgeprägter die Informationsbereitschaft ist, desto höher ist die Nutzungsbereitschaft, wobei ein Teil dieses Effekts durch das Vertrauen in den Fahrdienst und die verschiedenen am Innovationsprozess beteiligten Personen und Institutionen vermittelt wird. D. h. sowohl die wahrgenommene Vertrauenswürdigkeit des Fahrdienstes (als Datenempfänger) als auch die Vertrauenswürdigkeit der am Innovationsprozess beteiligten Interessengruppen, die ggf. auch an der Datenerhebung, -verarbeitung und/oder -auswertung beteiligt sind, spielen eine wichtige Rolle. Die Ergebnisse ergänzen den Stand der

Forschung, in dem Informationsaspekte mit Privatsphäre und Datenschutz thematisiert werden, insbesondere im Hinblick auf Überwachung und Sorge vor Tracking, Datenmissbrauch, Datenspeicherung und Datenzugriff (Brell, Philipsen & Ziefle, 2019; Herrenkind et al., 2019; Hick et al., 2024). Sie liefern konkrete Hinweise, welche Informationen unter welchen Bedingungen geteilt werden. So werden Reisedaten nur mit Bekannten geteilt, während Präferenzen bzgl. der Reiseroute oder besondere Bedürfnisse wie Barrierefreiheit auch mit einer Servicezentrale geteilt werden. Ebenso dürfen Präferenzen zur Fahrgemeinschaftskonstellation in Form von Angaben, mit welchen Personen man gerne oder nicht gerne zusammen fährt, gespeichert werden. Informationen zur Individualisierung der Fahrt (z. B. Lieblingsmusik) werden von der Allgemeinheit eher weniger bereitwillig geteilt und dem Teilen von persönlichen Informationen (z. B. Name, Alter) zum Knüpfen von sozialen Kontakten stehen die Befragten eher ablehnend gegenüber. Es wird deutlich, dass nicht nur der Erhalt von Informationen über andere Personen an Bord akzeptanzrelevant ist (König et al., 2021), sondern auch die Bereitschaft zur aktiven Datenfreigabe.

Die Mediationsanalyse zeigt, dass Vertrauen an verschiedenen Stellen sichtbar wird, hier im Sicherheitsempfinden und in der Informationsbereitschaft, also ein „hidden player" ist, der nicht immer direkt beobachtbar ist. Dazu passt, dass Vertrauen zuvor als Bauchgefühl beschrieben wurde, das unbewussten Mechanismen unterliegt und nicht immer in einfachen Worten auszudrücken ist (Biermann, Otten et al., 2023; Merritt et al., 2013). Dieses Wissen muss der Praxis zugänglich gemacht werden.

Vertrauen und User Diversity

Das Vertrauen und die Bereitschaft, sich auf einen Fahrdienst mit fahrerlosen Shuttlebussen zu verlassen, ist durchschnittlich in allen Studien vorhanden und bestätigt damit den Forschungsstand (Biermann, Liehner et al., 2023; Nordhoff et al., 2021). Jedoch gilt dies nicht für alle Personen gleichermaßen (vgl. Kapitel 8.4.1). Neben zuversichtlichen Personen mit hoher Vertrauens- und Nutzungsbereitschaft gibt es auch skeptische Personen, die einem neuen Fahrdienst mit fahrerlosen Shuttlebussen misstrauisch gegenüberstehen und die eine Nutzung eher ablehnen (Kaye et al., 2020). Die Gruppen unterscheiden sich im Bildungsniveau und im Wissensstand über autonome Fahrdienste, im Mobilitätsverhalten sowie Vertrauensdispositionen (siehe Liste unten). Auch die Anforderungen an die Vertrauensbildung, d. h. was aus ihrer Sicht Vertrauen fördert und hemmt, bewerten sie unterschiedlich. Die Gruppenzugehörigkeit wird durch die Vertrauensdispositionen und die Nutzungsabsicht erklärt.

- **Zuversichtliche Personen** haben Vertrauen in einen Fahrdienst mit fahrerlosen Shuttlebussen, wenig Misstrauen und zeigen eine hohe Nutzungsbereitschaft. Sie haben ein hohes Bildungsniveau und verfügen über Vorkenntnisse zu autonomen Fahrdiensten. Sie nutzen das Auto regelmäßig, aber überwiegend nicht täglich, und häufiger das Fahrrad. Sie haben Vertrauen in andere Menschen und in die Technik im Allgemeinen. Entscheidend für die Vertrauensbildung sind für sie vor allem Informationstransparenz zum Fahrgeschehen, Sicherheitsaspekte, z. B. statistische Unfallberichte und ein stabiles Fahrzeugdesign, und die Möglichkeit zum Ausprobieren der neuen Fahrdienstleistung, z. B. bei einer Probefahrt.

- **Skeptische Personen** stehen einem Fahrdienst mit fahrerlosen Shuttlebussen misstrauisch gegenüber und lehnen dessen Nutzung eher ab. Ihr Bildungs- und Wissensniveau ist im Vergleich geringer. Sie nutzen hauptsächlich das Auto als Fortbewegungsmittel. Sie stehen anderen Menschen und der Technik nicht grundsätzlich ablehnend gegenüber, sind aber im Vergleich weniger vertrauensvoll. Entscheidend für die Vertrauensbildung ist für sie, die Kontrolle über das Fahrzeug zu behalten und in den Innovationsprozess eingebunden zu sein.

Da sich die Gruppen hinsichtlich ihres Bildungs- und Wissensstandes unterscheiden, ist eine Schlussfolgerung, dass Informations- und Kommunikationsstrategien die Vertrauensbildung positiv unterstützen können. Entsprechende Handlungsempfehlungen, die auf die unterschiedlichen Eigenschaften und Bedürfnisse der Gruppen abgestimmt sind, werden in Kapitel 12.3.1 abgeleitet. Darüber hinaus lassen sich Unterschiede im Mobilitätsverhalten feststellen. In beiden Gruppen nimmt der Individualverkehr einen hohen Stellenwert ein, allerdings mit unterschiedlicher Tendenz. Während die skeptischen Personen vor allem das Auto zur Fortbewegung nutzen, sind die zuversichtlichen Personen heterogener unterwegs und nutzen auch die Verkehrsmittel des Umweltverbundes, insbesondere das Fahrrad. Eine Annahme ist daher, dass Personen, die sich multimodal fortbewegen, eine positive Einstellung zu verschiedenen Verkehrsmitteln haben, die sich auch in ihrer Vertrauenshaltung gegenüber neuen Verkehrsangeboten ausdrückt. Auf Basis der in dieser Arbeit durchgeführten Untersuchungen konnte gezeigt werden, dass Personen, die generell zuversichtlich im Umgang mit Technik sind, sich auch sicherer im Straßenverkehr fühlen, mehr Spaß am Autofahren haben und eher bereit sind, auf das Auto zu verzichten (vgl. Kapitel 7.4.3). Wie das Beziehungsgefüge zwischen dem Automobilitätserleben, der Vertrauensbildung und der Nutzungsbereitschaft konkret beschrieben werden kann, muss in Folgestudien evaluiert werden. Auch wenn Bildung, Wissen und mobilitätsbezogene Faktoren zur Charakterisierung der Gruppen herangezogen werden können, sind sie letztlich nicht ausschlaggebend für die Frage, ob eine Person einem neuen Fahrdienst eher vertrauensvoll oder skeptisch gegenübersteht. Dies hängt in erster Linie davon ab, wie vertrauensvoll oder ängstlich eine Person generell gegenüber anderen Menschen und der Technik eingestellt ist und bereit ist, etwas Neues zu nutzen (Prädiktion der Gruppenzugehörigkeit). Die Bereitschaft, sich auf eine neue Fahrdienstleistung zu verlassen, hat also wesentlich mit der Persönlichkeit und den Einstellungen der zukünftigen Nutzerinnen und Nutzer zu tun, mit der Offenheit gegenüber anderen (Menschen, technischen Innovationen), mit der Angst vor Enttäuschungen und mit eventuell bereits gemachten schlechten Erfahrungen, die verstanden werden müssen. Interessant ist in diesem Zusammenhang die Beobachtung, dass die skeptischen Personen zwar weniger Vertrauen in ihre Mitmenschen und die Technik im Allgemeinen haben als die zuversichtlichen, aber nicht per se misstrauisch sind. Ihr Misstrauen richtet sich gegen den neuen Fahrdienst mit fahrerlosen Shuttlebussen, ist also anwendungsbezogen. Daraus folgt, dass Prädispositionen und Einstellungen zwar richtungsweisend, aber nicht das alleinige Kriterium sind und bestätigt damit im Zielgruppenvergleich sowohl modellbasierte als auch empirische Vorarbeiten (Hoff & Bashir, 2015; Liao et al., 2023; M. Wu & Yuen, 2023; Z. Wu et al., 2021).

Hinsichtlich der Einflüsse auf die Vertrauensbildung in Bezug auf das Fahrzeug, die Dienstleistung und andere Aspekte zeigt sich zunächst, dass die verschiedenen „Vertrauenstypen“ weitgehend darin übereinstimmen, was Vertrauen hemmt, während sie sich stärker darin unterscheiden, was aus ihrer Sicht Vertrauen fördert. Damit wird deutlich, dass Vertrauensbildung unterschiedlichen Mechanismen unterliegt. Es ist daher ein Trugschluss zu glauben, dass der Abbau von Vertrauenshemmnissen unmittelbar zur Vertrauensbildung führt. Denn Vertrauen selbst, also die Bereitschaft, sich tatsächlich auf ein System zu verlassen, kann von ganz anderen Faktoren bestimmt sein als die Entscheidung, dies nicht zu tun. Für die wissenschaftliche Forschung bedeutet dies, dass Vertrauen und Misstrauen getrennt voneinander untersucht werden müssen, um herauszufinden, was Vertrauen fördert und hemmt und wie sich dies für verschiedene Gruppen unterscheidet (Biermann, Otten et al., 2023; Lewicki et al., 1998). Dieses Wissen muss dann an die Praxis weitergegeben werden. Für skeptische Personen ist es wichtig, die Kontrolle über das Fahrzeug zu behalten. Da sie häufig mit dem Auto fahren, fällt es ihnen möglicherweise besonders schwer, die Fahraufgabe und -verantwortung an ein System abzugeben. Für skeptische Personen stellt es zudem eine Vertrauenshürde dar, nicht von Anfang an in den Innovationsprozess eingebunden zu sein. Letzteres ist zwar auch für die zuversichtlichen Personen wünschenswert, wirkt sich aber im Gegensatz zu den skeptischen Personen nicht negativ auf die Vertrauensbildung aus, wenn keine besondere Einbindung erfolgt. Für sie sind andere Faktoren wichtiger, vor allem die Sicherheit und das Ausprobieren des Fahrdienstes nach dem Markteintritt. Bereits in anderen Studien wurde gezeigt, dass die Anforderungen an die Vertrauensbildung je nach Personengruppe unterschiedlich sind (Biermann, Liehner et al., 2023; Hick et al., 2024). Dabei standen jedoch Vergleiche zwischen verschiedenen Technologiekontexten bzw. Mobilitätsanwendungen im Vordergrund, die zwar für ein grundsätzliches Verständnis der Vertrauensbildung relevant sind, aber bislang offen ließen, inwiefern sich verschiedene Personen in der Bewertung eines einzelnen, konkreten Anwendungsszenarios unterscheiden. Hier konnte die Anforderungsanalyse wesentliche Wissenslücken schließen. Die identifizierten Unterschiede in den Voraussetzungen und Bedürfnissen müssen in der Praxis adressiert werden, um möglichst viele Menschen anzusprechen und ein Verkehrsangebot zu schaffen, das den individuellen Anforderungen gerecht wird (siehe Kapitel 12.3.1).

Situatives Vertrauen und Strategien im Umgang mit Unsicherheit

Vertrauen ist immer dann relevant, wenn eine Situation durch Unsicherheit und Risiko gekennzeichnet ist, z. B. weil nicht genügend Wissen vorhanden ist (J. Lee et al., 2019; Siegrist, 2001). Im Hinblick auf einen Fahrdienst mit fahrerlosen Shuttlebussen werden insbesondere Verkehrssicherheitsrisiken wahrgenommen, die das Vertrauen einschränken können. Es stellt sich daher die Frage, wie wahrgenommene Sicherheitsrisiken reduziert und Vertrauen in der Praxis aufgebaut werden kann. Dazu wurde mittels adaptiver Conjoint-Analyse eine Entscheidungssimulation durchgeführt, die die Vertrauenswürdigkeit verschiedener Nutzungssituationen unter Berücksichtigung verschiedener Einflussfaktoren misst, indem diese gegeneinander abgewogen werden, und somit praxisnah ist (vgl. Kapitel 10). Während Conjoint-Verfahren in anderen Technikakzeptanzkontexten bereits ein bewährtes Instrument zur Analyse von Nutzungspräferenzen darstellen (Offermann-Van Heek et al., 2018; Schomakers et al., 2021), wurden die Einstellungen zu neuen Verkehrs- und Mobilitätsdienstleistungen bislang überwiegend mit Hilfe von Strukturgleichungsmodellen auf Basis konventioneller Fragebogenerhebungen quantitativ erfasst. Die Entscheidungssimulation mittels Conjoint-Analyse liefert daher einen neuen Input sowohl für die wissenschaftliche Bewertung der Vertrauenswürdigkeit fahrerloser Shuttlebusse als auch für die Entwicklung, Gestaltung und Überführung in den Regelbetrieb (siehe Kapitel 12.3.2). Die Ergebnisse ermöglichen eine bessere Planbarkeit von

Vertrauen, etwa im Hinblick darauf, wo mögliche Beeinträchtigungen des Vertrauens noch akzeptiert werden und wo Kipppunkte in Richtung Misstrauen und Ablehnung der Nutzung bestehen können. Sie zeigen auf, wie möglicherweise wahrgenommene Unsicherheiten adressiert werden können. Dabei ergänzen sie den Forschungsstand, in welchem zwar vereinzelt nach Bewältigungsstrategien gefragt wurde, dies jedoch überwiegend in qualitativen Erhebungsverfahren (Fokusgruppe, Workshop) ohne eine konkrete Abwägungs- und Entscheidungssituation zwischen verschiedenen Möglichkeiten (Dichabeng et al., 2021; Paddeu, Parkhurst et al., 2020; Zoellick et al., 2021).

Grundsätzlich wird der Einsatz von Fahrdiensten mit fahrerlosen Shuttlebussen im regulären Straßenverkehr als vertrauenswürdig wahrgenommen und befürwortet. Besonders groß ist die Zustimmung innerhalb geschlossener Ortschaften mit maximal 50 km/h auf einer separaten Fahrspur mit Leitplanken. Im Gegensatz zu früheren Studien (Nordhoff et al., 2019; Patel et al., 2023) ist in dieser Arbeit daher keine Präferenz für den Einsatz von fahrerlosen Shuttlebussen in geschlossenen Bereichen erkennbar. Dies lässt sich am ehesten damit begründen, dass das Vertrauen in den beschriebenen Fahrdienst und in die Beteiligten, z. B. aus Forschung und Industrie, studienübergreifend vorhanden ist. Damit die Nutzung als vertrauenswürdig wahrgenommen wird, sind vor allem der Einsatzort (bevorzugt geschlossene Ortschaften), On-Board-Monitoring (Aufsichtsperson, Kamera), die Verkehrsfläche (bevorzugt eigene Fahrspuren), Eingriffsmöglichkeiten in das Fahrgeschehen (Notbremse), die Verlässlichkeit der Zeitangaben und der Zeitpunkt der Nutzung (tagsüber im Hellen) wichtig. Der Fahrtzweck und die Mitreisenden spielen ebenfalls eine Rolle, sind aber im Vergleich zu den anderen Faktoren für die Vertrauensbildung eher von untergeordneter Bedeutung. Die Untersuchung zeigt, dass Unsicherheiten im Straßenverkehr durch vertrauensbildende Maßnahmen teilweise abgebaut werden können. In verschiedenen Verkehrssituationen wird eine bordeigene Notbremse als besonders vertrauenswürdig wahrgenommen, um aktiv in das Verkehrsgeschehen einzugreifen. Dies gilt insbesondere für geschlossene Ortschaften (max. 50 km/h) und Spielstraßen mit Schrittgeschwindigkeit. Auf der Autobahn (max. 130 km/h) ist das Vertrauen auch bei vorhandener Notbremse gering. Generell wird das Fahren auf der Autobahn als wenig vertrauenswürdig wahrgenommen. Das bedeutet, dass die möglicherweise wahrgenommenen Unsicherheiten, die sich aus dem Verkehrsumfeld (andere Fahrzeuge, spielende Kinder etc.) und der Fahrtgeschwindigkeit ergeben können, innerhalb geschlossener Ortschaften und in Spielstraßen durch bordeigene Sicherheitseinrichtungen, insbesondere die Notbremse, kompensiert werden können, nicht aber auf der Autobahn. Hier müssen andere Maßnahmen ergriffen werden, z. B. Sicherheitspersonal an Bord. Unabhängig von der Art des Betriebs (Mischverkehr oder separater Fahrstreifen) wird eine Person an Bord für das Monitoring als besonders vertrauenswürdig wahrgenommen, gefolgt von einer Kamera. Dass menschliche Begleitung („human in the loop") als besonders vertrauenswürdig wahrgenommen wird, ist nicht überraschend. Der Wunsch nach Aufsicht und Sicherheitspersonal an Bord wurde bereits in anderen Studien dieser Arbeit (vgl. Kapitel 9.4.1) und in anderen Forschungsarbeiten (Nordhoff et al., 2021) sichtbar und kann womöglich durch die wahrgenommenen Sicherheitsbedenken, die das bisher ungewohnte Fahren ohne Fahrer/in auslöst, erklärt werden. Es entspricht auch dem Status quo in der Praxis, wo bisher Sicherheitspersonal anwesend sein muss (vgl. Kapitel 2.2). Insbesondere wenn der Shuttlebus auf einem eigenen Fahrstreifen und nicht im Mischverkehr fährt, kann Kameraüberwachung jedoch eine vertrauensstiftende Alternative sein. Dies bedeutet, dass sowohl für das Fahren auf der Autobahn als auch im Mischverkehr weitere Bewältigungsstrategien zu evaluieren sind.

Auch um abzuschätzen, inwieweit der Einsatz hier aus Sicht der Nutzenden überhaupt in Frage kommt.

12.1.3 Potential eines Mobilitätssiegels für die Vertrauensbildung

Das Erkenntnisinteresse der **Forschungslücke 3 – Praktische Vertrauensbildung durch Mobilitätssiegel** bestand darin, das Potential eines Gütesiegels für einen Fahrdienst mit fahrerlosen Shuttlebussen als vertrauensbildende Maßnahme zu untersuchen. Konkret sollten die Einstellungen und Anforderungen zukünftiger Nutzerinnen und Nutzer gegenüber einem Mobilitätssiegel herausgearbeitet werden. Die Ergebnisse der Fragebogenstudie zeigen, dass ein Mobilitätssiegel die Vertrauensbildung und Nutzungsbereitschaft in der Öffentlichkeit positiv unterstützten kann (vgl. Kapitel 11). D. h. es gibt keine mobilitätsspezifischen Hemmnisse für die Umsetzung eines Gütesiegels im Mobilitätsbereich. Anforderungen an die Informationsgestaltung beziehen sich auf Kontroll- und Sicherheitshinweise. Um diese umzusetzen, müssen Kompetenzen gebündelt und in die Konzeption und Vergabe eines Mobilitätssiegels eingebracht werden. Hierzu werden in Kapitel 12.3.3 Handlungsvorschläge unterbreitet. Die Ergebnisse lassen Rückschlüsse darauf zu, welche Strategien zur Vertrauensbildung in die Praxis integriert werden können.

Vertrauensbildung verstehen und nutzen

Technische Innovationen erfordern einen Vertrauensvorschuss der Nutzenden, um wahrgenommene Unsicherheiten zu überwinden und Veränderungen zu unterstützen. Ein umfassendes Verständnis dessen, was eine Technikinnovation vertrauenswürdig macht und was zu Unsicherheiten führt, und die frühzeitige Integration dieser Aspekte in die Entwicklung und Gestaltung ermöglicht es, proaktiv auf Nutzungshemmnisse zu reagieren und diese durch gezielte Gegenmaßnahmen abzubauen. Das Verstehen zielgruppenorientierter Bedürfnisse ist eine zentrale Aufgabe des Innovationsmanagements (Schuh & Bender, 2012) und ermöglicht ein an den Bedürfnissen der zukünftigen Nutzerinnen und Nutzer ausgerichtetes Angebot. Für die Praxis ergeben sich daraus positive Effekte wie eine reibungslose und damit effiziente Einführung in den Regelbetrieb und die Bindung der Nutzerinnen und Nutzer durch das Signal, dass ihre Bedürfnisse ernst genommen werden. Grundsätzlich wird ein Mobilitätssiegel als vertrauenswürdige Informationsquelle wahrgenommen. Die Ergebnisse bestätigen die positive Wirkung von Produktkennzeichnungen im Zusammenhang mit technischen Innovationen (Linzenich et al., 2019) und zeigen, dass Orientierungshilfen bei der Entscheidungsfindung zur Nutzung erwünscht sind. Grundsätzlich sind Konsumentinnen und Konsumenten bereit, für ein zertifiziertes Produkt mehr zu bezahlen (Feucht & Zander, 2018). Speziell im Mobilitätskontext kann jedoch keine erhöhte Zahlungsbereitschaft für ein Gütesiegel festgestellt werden. Ein möglicher Grund hierfür könnte sein, dass die Nutzung der beschriebenen Verkehrsdienstleistung noch nicht flächendeckend in den realen öffentlichen Personenverkehr integriert ist, so dass Preisinformationen fehlen, während die Sorge vor steigenden Mobilitätskosten ein zentrales Nutzungshemmnis darstellt (vgl. Kapitel 6.3.4). Daher sind Folgestudien notwendig, um die Zahlungsbereitschaft für vertrauensbildende Maßnahmen im Kontext neuer Verkehrs- und Mobilitätsdienstleistungen zu evaluieren und Handlungsempfehlungen für zielgruppengerechte Preis- und Tarifmodelle abzuleiten.

Vertrauen durch Mobilitätssiegel

Die Vertrauenswürdigkeit eines Mobilitätssiegels hängt inhaltlich von der transparenten Kommunikation der Kontroll- und Sicherheitshinweise ab. Um den unterschiedlichen Anforderungen (Gewährleistung der Verkehrssicherheit, Softwarefragen etc.) an die Informationsgestaltung gerecht zu werden, müssen verschiedene Interessengruppen mit unterschiedlichen Kompetenzen in die Planung und Gestaltung eines Mobilitätssiegels eingebunden werden. Diese und vorangegangene Studien (Biermann et al., 2021; Linzenich et al., 2019) zeigen, dass z. B. die Vergabe durch eine anerkannte, vom Fahrzeughersteller und -betreiber unabhängige Institution erfolgen und das Verfahren einer regelmäßigen, unangekündigten und unabhängigen Überprüfung unterzogen werden sollte. Denkbar wäre in diesem Zusammenhang die Einrichtung einer Kommission, die sich aus verschiedenen Interessengruppen zusammensetzt und für die Entwicklung, Vergabe und Qualitätskontrolle des Mobilitätssiegels zuständig ist (siehe Kapitel 12.3.3). Hinsichtlich des Formats eines Mobilitätssiegels zeichnet sich der Wunsch der zukünftigen Nutzerinnen und Nutzer nach einer Zweiteilung ab: Einerseits ein analoges Mobilitätssiegel, das gut sichtbar am Fahrzeug angebracht ist und insbesondere sicherheitsrelevante Informationen darstellt (z. B. „TÜV-geprüft"), andererseits ein digitales Format, z. B. in der Buchungs-App, um in einem dynamischen und interaktiven Prozess Vertrauen aufzubauen, indem die Nutzerinnen und Nutzer ihre Erfahrungen austauschen (Biermann et al., 2021). Dieser Vorschlag wird auf Basis der Ergebnisse dieser Studie unterstützt, da ein Siegel am Fahrzeug eine Signalwirkung und einen Wiedererkennungswert hat und somit eine niedrigschwellige Möglichkeit bietet, initial Vertrauen aufzubauen. Herausforderungen bestehen hingegen in der mangelnden Aktualität und Flexibilität, welche insbesondere in Bezug auf Sicherheitsfragen kritisch sind. Letztere könnten in einem digitalen Pendant regelmäßig aktualisiert werden, z. B. Informationen zu Sicherheitskontrollen. Auch die Unternehmen, die den Fahrdienst anbieten, könnten von einem digitalen Format profitieren, indem sie aus den geteilten Nutzungserfahrungen lernen, den Dienst kontinuierlich an die Bedürfnisse der Nutzerinnen und Nutzer anzupassen und zu optimieren, um so langfristig die Zufriedenheit zu erhöhen und die Chance auf wirtschaftliches Wachstum zu haben. Implikationen für weiterführende Untersuchungen, die sich aus den Ergebnissen dieser Studie im Hinblick auf ein Mobilitätssiegel ergeben, werden in Kapitel 12.2.2 beschrieben.

12.2 Limitationen und zukünftige Forschungsarbeit

Im Folgenden werden methodische und inhaltliche Limitationen sowie Impulse für zukünftige Forschungsarbeiten dargestellt.

12.2.1 Methodenreflexion

Grundsätzlich hat sich der Mixed-Methods-Ansatz bewährt. Die Interviews ermöglichten einen vertieften Einblick in die Sichtweisen verschiedener Personengruppen. Die identifizierten Akzeptanz- und Vertrauensfaktoren wurden in den anschließenden quantitativen Befragungen an einer breiten Stichprobe gemessen. Die aus den Interviews abgeleiteten Annahmen decken sich weitgehend mit den in den Fragebogenauswertungen ermittelten Wirkungszusammenhängen. Das mehrstufige Verfahren ist somit valide. Teilweise konnten Annahmen nicht bestätigt werden, z. B. zur Relevanz der Sicherheit an Bord, die in den Fragebogenstudien im Gegensatz zu den Interviews und dem Forschungsstand von untergeordneter Bedeutung ist. Die Unterschiede können stichprobenbedingt begründet sein. Die methodischen Grenzen dieser Arbeit und die sich daraus ergebenden Impulse für die Zukunft werden im Folgenden im Hinblick auf die Stichprobenkonstellation, den szenariobasierten Forschungsansatz und die explorative Vorgehensweise dargestellt:

- **Stichprobenkonstellation:** Die Studienergebnisse sind vor dem Hintergrund der Stichprobenmerkmale einzuordnen. Eine repräsentative Stichprobe (hinsichtlich Alter, Geschlecht, Bildung) lag vor (Kapitel 9). An den übrigen Studien nahmen überwiegend mehr Männer als Frauen teil, wobei das Geschlechterverhältnis wie in der deutschen Bevölkerung in etwa ausgeglichen war (Statistisches Bundesamt, 2023c). Das Durchschnittsalter der Befragten lag zwischen Anfang 30 und Mitte 40 und entsprach damit dem deutschen Durchschnitt (Statistisches Bundesamt, 2023b). Das Bildungsniveau war im Vergleich zur deutschen Bevölkerung überdurchschnittlich hoch (Maaz et al., 2022). Das monatliche Haushaltsnettoeinkommen lag in allen Studien zwischen 2000 und 3000 EUR (Medianlevel). Die meisten Befragten lebten in städtischen Gebieten und der Stellenwert des Pkw im Mobilitätsverhalten war insgesamt hoch. Um weitere Perspektiven zu erfassen, sollten in Folgestudien Personengruppen angesprochen werden, die in dieser Arbeit unterrepräsentiert sind. Dazu gehören:
  - Personen der höheren Altersgruppen, die vor dem Hintergrund des demografischen Wandels und der Mobilisierung der Gesellschaft eine wichtige Zielgruppe darstellen. Studien deuten an, dass ältere Menschen aufgrund einer geringeren Technikaffinität neuen Verkehrs- und Mobilitätsdienstleistungen zurückhaltender gegenüberstehen (Bala et al., 2023). Daher müssen wahrgenommene Unsicherheiten und Gestaltungsanforderungen, z. B. in Bezug auf die Mensch-Fahrzeug-Interaktion und Barrierefreiheit, gezielt aus der Sicht älterer Personengruppen evaluiert werden, um das Verkehrsangebot an ihre Bedürfnisse anzupassen.
  - Personen aus bildungsferneren und einkommensstärkeren Schichten. Wissensunterschiede zu neuen Verkehrs- und Mobilitätsdienstleistungen hängen mit Einkommensunterschieden und dem Beschäftigungsstatus zusammen (Golbabaei et al., 2023). Daher sollten weitere soziale Schichten angesprochen werden, um zusätzlichen Informationsbedarf zu ermitteln und die Zahlungsbereitschaft für fahrerlose Shuttlebusse umfassender zu untersuchen, z. B. im Hinblick auf die Frage, ob die geringe Zahlungsbereitschaft für ein Mobilitätssiegel einkommensabhängig oder eine generelle Einstellungsfrage ist.
  - Personen aus ländlicheren Gebieten ohne gut ausgebautes öffentliches Verkehrsnetz. Im Hinblick auf die Bewertung des Fahrdienstes mit fahrerlosen Shuttlebussen, der zukünftig den öffentlichen Personenverkehr ergänzen könnte, ist das Referenzszenario aus Sicht der Befragten in dieser Arbeit wahrscheinlich der Stadtverkehr. Dort ist das bestehende ÖPNV-Netz stärker ausgebaut als auf dem Land und die Menschen sind eher multimodal unterwegs (Nobis & Kuhnimhof, 2018). Studien zeigen, dass in ländlicheren Gebieten der Autobesitz und die wahrgenommene Notwendigkeit eines eigenen Autos die Nutzungsbereitschaft für fahrerlose Shuttlebusse einschränken (Lidynia et al., 2022). Insbesondere im Hinblick auf die Überführung in den Linienverkehr und im Hinblick

auf relevante Anwendungsfälle sind hier also regionale und siedlungsstrukturelle Einflüsse zu berücksichtigen.

- Personen ohne Führerschein und vulnerable Verkehrsteilnehmende (z. B. Radfahrer/in und Fußgänger/in) (Saleh et al., 2017), um die autoorientierte Perspektive der Befragten in dieser Arbeit zu spiegeln, z. B. im Hinblick auf Anforderungen an die Verkehrssicherheit oder wahrgenommene Kontrollbedürfnisse und Strategien im Umgang damit.
- Personen, die den Fahrdienst nicht selbst nutzen, sondern andere (schutzbedürftige) Personen fahren lassen, z. B. Eltern für ihre Kinder (Aboutorabi Kashani, Kamyab et al., 2023), um zu untersuchen, welche zusätzlichen Unsicherheiten möglicherweise wahrgenommen werden und inwieweit weitere Vertrauensstrategien notwendig sind, um diese abzubauen.
- Personen aus anderen Ländern und Kulturräumen, da die mit den Einstellungen verbundenen sozialen Normen und Wertvorstellungen kulturspezifisch sind und von den ordnungspolitischen Vorgaben, der Marktdurchdringung und der Erlebbarkeit innovativer Verkehrsdienstleistungen in der Verkehrswirklichkeit abhängen können (Bala et al., 2023). So wird beispielsweise argumentiert, dass Automobilität in Deutschland aufgrund der langen Tradition der Automobilindustrie und ihrer Bedeutung für die deutsche Wirtschaft besonders stark mit der nationalen Identität verbunden sein könnte (Gauer et al., 2023; Wolking, 2021). Die Ergebnisse dieser Arbeit müssen daher krossvalidiert werden. Bisherige Ländervergleichsstudien fokussieren auf Aspekte des Mobilitätserlebens (Gauer et al., 2023) und der Technologiediffusion (Kröger et al., 2019) und sind daher um Vertrauensaspekte (z. B. Sicherheitsempfinden, Vertrauen in die öffentliche Hand bei der Umsetzung neuer Verkehrsangebote) zu ergänzen.

- **Szenariobasierte Untersuchung:** Da der beschriebene Fahrdienst zum Zeitpunkt der Datenerhebung noch nicht flächendeckend in den Echtbetrieb überführt war, wurde die Bewertung szenariobasiert erfasst. Das initiale Vertrauen bestimmt maßgeblich die Einstellung zur Nutzung (Befürwortung, Ablehnung) (Kaye et al., 2020; Liao et al., 2023; M. Wu & Yuen, 2023). Daher bot dieser Erhebungszeitpunkt die Möglichkeit, relevante Anforderungen an die Vertrauensbildung aus Sicht verschiedener Zielgruppen zu erfassen und in die praktische Entwicklung und Gestaltung einfließen zu lassen. Jedoch sind Einstellungen dynamisch und können sich verändern, z. B. durch Wissen, den Einfluss gesellschaftlicher Erwartungen und Normen oder ein steigendes Umweltbewusstsein. Außerdem variieren die Einflüsse auf die Vertrauensbereitschaft und Nutzungsabsicht je nach Messzeitpunkt (vor oder nach der Nutzung) (Bernhard et al., 2020; Paddeu, Parkhurst et al., 2020). Daher sind Feldstudien notwendig, die eine Erprobung fahrerloser Shuttlebusse im realen Verkehr ermöglichen, sobald diese verfügbar sind. In diesem Zusammenhang ist zu evaluieren, ob die in der vorliegenden Arbeit als sinnvoll identifizierten Vertrauensstrategien, z. B. On-Board-Monitoring, in realen Verkehrssituationen validiert werden können.
- **Explorativer Forschungsansatz:** Da der Forschungsstand zu den Einstellungen gegenüber neuen Verkehrs- und Mobilitätsdienstleistungen, insbesondere zu den Einflüssen auf die Vertrauensbildung und den Zusammenhängen mit der Nutzungs-

bereitschaft, noch am Anfang steht (Paddeu, Parkhurst et al., 2020), wurde ein explorativer Forschungsansatz gewählt. Die identifizierten Akzeptanz- und Vertrauensfaktoren können in Folgestudien für modellbasierte Ansätze genutzt werden, um die Wirkungszusammenhänge umfassend zu untersuchen, z. B. durch Strukturgleichungsmodellierungen, siehe z. B. Liao et al.; Nordhoff et al. (2023; 2021). Sie können auch dazu dienen, das Modell zur Beschreibung der Vertrauensvariabilität nach Hoff und Bashir (2015) am konkreten Fallbeispiel anzuwenden und ggf. zu modifizieren. In diesem Zusammenhang ist es besonders wichtig, dass bei der Modellierung der Vertrauensbereitschaft nicht nur das anwendungsbezogene, auf ein bestimmtes technisches System fokussierte Vertrauen erfasst wird, sondern dass die Analyse weiter gefasst wird und auch die am Innovationsprozess beteiligten Interessensgruppen einbezogen werden. Letztere werden im ursprünglichen Modell von Hoff und Bashir (2015) bislang nicht berücksichtigt. Die folgenden Faktoren können auf der Grundlage dieser Arbeit operationalisiert werden: soziodemografische und mobilitätsbezogene Faktoren (schulisches Bildungsniveau, Verkehrsmittelnutzung), Einstellungen, die das allgemeine Erleben von Automobilität (Mobilitätspräferenzen, Fahrerlebnis, Bereitschaft zum Autoverzicht) und die Informationsbereitschaft im Zusammenhang mit fahrerlosen Shuttlebussen beschreiben, Vertrauensdispositionen (zwischenmenschliches Vertrauen, technisches bzw. anwendungsbezogenes Vertrauen *und* soziales bzw. organisationales Vertrauen), Verkehrssicherheitsrisiken (Systemzuverlässigkeit, Reaktionsfähigkeit, Mischverkehr, Witterungsverhältnisse, Dunkelheit etc.) und Nutzungsbereitschaft.

12.2.2 Offene Forschungsfragen

Die inhaltlichen Grenzen dieser Arbeit und die sich daraus ergebenden offenen Fragen für Folgeuntersuchungen werden im Folgenden dargestellt:

- **Fahrspaß ohne selbst zu fahren?** Politisch wird eine Verkehrsverlagerung vom motorisierten Individualverkehr zum öffentlichen Kollektivverkehr angestrebt (Bundesministerium für Digitales und Verkehr, 2023). Produkt- und Nutzungsinnovationen, wie z. B. Fahrdienste mit fahrerlosen Shuttlebussen, können dazu beitragen. Aufgabe der sozialwissenschaftlichen Forschung ist es, die Bedürfnisse, Wünsche und Befürchtungen der potenziellen Nutzerinnen und Nutzer herauszuarbeiten, um daraus abzuleiten, wie eine flexible, den individuellen Mobilitätsbedürfnissen angepasste Fortbewegung bei gleichzeitiger Reduzierung des motorisierten Individualverkehrs ermöglicht werden kann. Es geht explizit nicht darum, jemanden zur Nutzung eines neuen Verkehrsangebots zu überreden. Für Menschen, die gerne Auto fahren, für die das eigene Auto einen hohen Stellenwert hat und für die der Verzicht auf das Auto schmerzhaft wäre, stellt die Nutzung fahrerloser Shuttlebusse eine Herausforderung dar, vor allem wegen des Verzichts auf das eigene Fahren (vgl. Kapitel 6 und Kapitel 7). Um auch die Gruppe der autobegeisterten Menschen zu erreichen, sind daher Folgestudien notwendig, in denen die Einstellungen zur Automobilität vertiefend analysiert werden, u. a. im Hinblick darauf, was den erlebten Fahrspaß (beim Selberfahren) ausmacht und wie dieser beim autonomen Fahren befriedigt werden kann. Darüber hinaus sind „Stellschrauben“ zu identifizieren, um die Notwendigkeit und den Druck, ein eigenes Auto zu besitzen, zu reduzieren, z. B. zu welchen

Tageszeiten, auf welchen Strecken und zwischen welchen Start- und Zielorten der Shuttlebus eingesetzt werden sollte.

- **Kaufkraft und Zahlungsbereitschaft für neue Mobilität:** Aus den in Kapitel 6 dargestellten Interviewstudien geht hervor, dass die Kosten für den Einsatz von fahrerlosen Shuttlebussen ein zentrales Thema sind. Während ein Teil der Befragten erwartet, dass die Nutzung fahrerloser Shuttlebusse die Mobilitätskosten durch Ridesplitting senkt und im Vergleich zur Anschaffung und zum Betrieb eines privaten Pkw günstiger ist, befürchten andere, dass die Mobilitätskosten im Vergleich zum konventionellen ÖPNV steigen, da das Angebot innovativ, hochtechnologisch und leistungsfähiger ist. Es besteht Einvernehmen darüber, dass die Nutzungskosten in keinem Fall die bisherigen Mobilitätskosten übersteigen sollten, sodass der Preis ein wesentliches Kriterium für die Bereitschaft zur Verkehrsverlagerung ist (vgl. Kapitel 7.4.2). Folglich muss untersucht werden, wie die Zahlungsbereitschaft für neue Verkehrsangebote wie fahrerlose Shuttlebusse ist, um Preis- und Tarifmodelle für die Praxis abzuleiten. Dabei ist auch zu berücksichtigen, wie sich die Kaufkraft für Mobilität bei verschiedenen Zielgruppen darstellt und wie Zugangsbarrieren, etwa durch einen steigenden Anteil der Mobilitätskosten am Haushaltseinkommen vor dem Hintergrund der Energiekrise, im Sinne einer sozial gerechten Mobilität abgebaut werden können (Naumann, 2023).
- **Schwerpunktthema künstliche Intelligenz:** Die Beschreibung des Forschungsszenarios in dieser Arbeit konzentrierte sich auf die Aspekte Bedarfsverkehr und Ridepooling sowie auf die Automatisierung des Fahrens, um die Nutzungsbereitschaft und die Rolle des Vertrauens zunächst an diesen zentralen Merkmalen herauszuarbeiten. Ein Schwerpunktthema in Folgestudien sollte der Einsatz von künstlicher Intelligenz (KI) beim autonomen Fahren sein. Die Interviewstudien zeigen, dass fahrerlose Shuttlebusse mit KI assoziiert werden. Die Nutzungsvorstellungen sind allerdings vage, teils diffus und von Science Fiction geprägt (vgl. Kapitel 6). Hier muss angesetzt werden, um zu verstehen, wie KI im Mobilitätssektor wahrgenommen wird, welche Chancen und Risiken mit dem Einsatz verbunden werden und ob KI aus Sicht der Nutzenden die Vertrauensbildung fördern oder hemmen kann. Weitere offene Fragen sind, welche Anforderungen seitens der Nutzenden an KI gestellt werden, welche Aufgaben KI übernehmen darf (z. B. im Hinblick auf die Mensch-Fahrzeug-Kommunikation) und wie wahrgenommene Unsicherheiten durch fehlendes Bordpersonal z. B. durch einen KI-gestützten Agenten (statt Sicherheitspersonal) kompensiert werden könnten.
- **Akzeptanz durch Vertrauen im Kontextvergleich:** Im Mittelpunkt dieser Arbeit stand die Untersuchung von Vertrauen und Akzeptanz am Fallbeispiel fahrerloser Shuttlebusse, die ein Anwendungsszenario neuer Verkehrs- und Mobilitätsdienstleistungen darstellen. Aus dem Stand der Forschung geht hervor, dass der Kontext die Vertrauens- und Nutzungsbewertung prägt. Beispielsweise gibt es Bewertungsunterschiede im Hinblick auf verschiedene Verkehrsmittel innerhalb des Mobilitätssektors (Biermann, Liehner et al., 2023), aber auch zwischen verschiedenen Nutzungskontexten (z. B. Smart Home, Ambient Assisted Living, Mobilität) (Brell, Biermann et al., 2019; Hick et al., 2024). Die Ergebnisse aus der vorliegenden Arbeit sollten daher mit anderen Anwendungskontexten abgeglichen werden. Einerseits, um zu evaluieren, inwieweit Vertrauensstrategien aus anderen Kontexten, z. B. aus der

Luftfahrt (Lotz et al., 2023; Schuh et al., 2021), übertragbar sind. Andererseits, um herauszuarbeiten, wie Informations- und Kommunikationsstrategien im Hinblick auf die Einführung von Technologieinnovation an unterschiedliche Anwendungsbereiche und damit Zielgruppen angepasst werden müssen. Beispielsweise sind im Bereich Mobilität eher Datenthemen relevant, während im Bereich Ambient Assisted Living eher Individualisierungsstrategien von Bedeutung sind (Hick et al., 2024).

- **Vertrauensstrategien und Wirkungsanalysen:** Die Studienergebnisse zeigen, dass verschiedene Strategien, darunter ein Mobilitätssiegel, die Vertrauensbildung und Nutzungsbereitschaft in der Praxis fördern können. Allerdings gilt dies nicht für alle Verkehrssituationen. Für den Mischverkehr und Autobahnszenarien müssen weitere vertrauensbildende Maßnahmen evaluiert werden. Nach der Markteinführung wird die Wirkungsanalyse der vertrauensbildenden Maßnahmen von Bedeutung sein. Hier könnten zunächst die tatsächlichen Nutzungszahlen vor und nach der Einführung z. B. eines Mobilitätssiegels vergleichend analysiert werden, um einen ersten Anhaltspunkt für die Wirkungsweise zu erhalten. Inwieweit die einzelnen Maßnahmen in der Realität vertrauensbildend wirken, muss dann durch begleitende Befragungen ermittelt werden, z. B. inwieweit die Nutzenden ein On-Board-Monitoring oder ein Mobilitätssiegel als vertrauensbildend wahrnehmen, inwieweit es ihre Nutzungsbereitschaft beeinflusst und was positiv oder negativ aufgenommen wird.

12.3 Handlungsempfehlungen

Auf Basis der Studienergebnisse können empirisch fundierte Handlungsempfehlungen für die Umsetzung eines Fahrdienstes mit fahrerlosen Shuttlebussen in der Praxis abgeleitet werden. Diese richten sich an die Bildungspolitik, die Verkehrsplanung, das Engineering und die Service-Provider. Die Handlungsempfehlungen beziehen sich auf den Abbau bestehender Informationsdefizite und die Partizipation der Öffentlichkeit in der Pilot- und Umsetzungsphase. Ziel ist es, das Bewusstsein der Öffentlichkeit für neue Verkehrs- und Mobilitätsdienstleistungen zu entwickeln, ein an die zielgruppenspezifischen Bedürfnisse und Anforderungen der zukünftigen Nutzenden angepasstes Verkehrsangebot zu schaffen und somit eine hohe Marktdurchdringung zu erreichen. Handlungsfelder sind die den Innovationsprozess begleitende Information, Kommunikation und Öffentlichkeitsbeteiligung (Kapitel 12.3.1) sowie Produktion, Service-Planung und Inbetriebnahme (Kapitel 12.3.2). Hierzu werden im Folgenden verschiedene Handlungsvorschläge erarbeitet. Zudem werden drei ausgewählte Use-Cases skizziert (Kapitel 12.3.2). Abschließend werden Empfehlungen zur Umsetzung eines Mobilitätssiegels abgeleitet (Kapitel 12.3.3).

12.3.1 Information, Kommunikation und Öffentlichkeitsbeteiligung

Aus den in Kapitel 6 dargestellten Interviews geht hervor, dass „autonomes Fahren" in der breiten Öffentlichkeit bekannt ist, während die damit verbundenen neuen Verkehrs- und Mobilitätsdienstleistungen eher unbekannt sind. Die Nutzungsvorstellungen zu einem Fahrdienst mit fahrerlosen Shuttlebussen sind überwiegend vage und werden mit Science Fiction in Verbindung gebracht, was nur bedingt die Realität widerspiegelt. Personen mit spezifischen Vorkenntnissen haben zumeist berufliche Berührungspunkte oder haben an Bürgerdialogen teilgenommen. Kommunikative und partizipative Maßnahmen zur Information und Einbindung der Bevölkerung in den Innovationsprozess sind sinnvoll, um

Wissenslücken zu schließen, den identifizierten Informationsbedarf zu decken und Fehlinformationen vorzubeugen. Die folgenden Handlungsempfehlungen richten sich zum einen an die Kultusministerien der Länder, die für die Gestaltung der Lehrpläne und Unterrichtsinhalte verantwortlich sind, und zum anderen an die Mitarbeitenden in den Städten und Gemeinden, die für die Öffentlichkeitsarbeit und Beteiligung im Rahmen des kommunalen Mobilitätsmanagements zuständig sind.

- **Mobilitätsbildung:** Auch (lange) vor der eigentlichen Markteinführung eines neuen Verkehrsangebots sind Bildungsinitiativen sinnvoll, um Wissen zu schaffen und Berührungsängste mit dem Thema „Automatisierung im Verkehr" abzubauen. Die Gesamtstichprobe in dieser Arbeit ist überdurchschnittlich gebildet. Dennoch ist der Wissensstand über neue Verkehrs- und Mobilitätsdienstleistungen wie fahrerlose Shuttlebusse insgesamt gering. Dies weist auf Wissenslücken hin und unterstreicht das Potential entsprechender Bildungsmaßnahmen. Gruppenunterschiede zeigen, dass Personen, die fahrerlosen Shuttlebussen gegenüber aufgeschlossen sind, auch angeben, mehr über das Thema zu wissen als skeptische Personen (vgl. Kapitel 8.4.1). Wissen kann also auch zur Vertrauensbildung beitragen. Um für neue Verkehrsangebote zu sensibilisieren, können diese in Bildungseinrichtungen thematisiert werden, z. B. in der schulischen Ausbildung durch das Angebot und die Vermittlung von technischen Inhalten (Automatisierungstechnik, künstliche Intelligenz, Software-Entwicklung). Voraussetzung ist, dass die Vermittlung dieser Kompetenzen in die universitäre Ausbildung der Lehrkräfte einfließt.
- **Wissenschaftliche Beteiligungsformate:** Die Studienergebnisse zeigen, dass Personen aus der Forschung und wissenschaftlichen Informationen (z. B. Studienberichte oder Statistiken) im Zusammenhang mit der Nutzung fahrerloser Shuttlebusse großes Vertrauen entgegengebracht wird (vgl. Kapitel 9.4.3). Außerdem wünschen sich die zukünftigen Nutzerinnen und Nutzer, in den Innovationsprozess eingebunden zu werden, z. B. durch Befragungen (vgl. Kapitel 8.4.2). Dazu können wissenschaftliche Beteiligungsformate genutzt werden. In der Praxis haben sich standardisierte Befragungen (z. B. Online-Fragebögen) oder interaktive Formate wie Bürgerdialoge bewährt. Bei Bürgerdialogen werden potenzielle Nutzende eingeladen, unter wissenschaftlicher Anleitung relevante Fragestellungen zu erarbeiten (Brell et al., 2021). Auf diese Weise lassen sich Impulse für die praktische Gestaltung gewinnen.
- **Niedrigschwelliger Informationszugang:** Aus den Interviewstudien geht hervor, dass Informationsbedarf zu fahrzeugtechnischen und dienstleistungsbezogenen Aspekten besteht (vgl. Kapitel 6.3.2). Diese sollten daher adressiert werden, z. B. wie funktioniert die Nutzung eines neuen Fahrdienstes mit fahrerlosen Shuttlebussen, wie ist der Leistungsumfang, wie hoch sind die Kosten. Informationen müssen leicht zugänglich sein, um ein breites Publikum zu erreichen. Die Studien zeigen, dass viele der Befragten neben dem privaten Pkw auch regelmäßig den ÖPNV nutzen. Eine Möglichkeit, viele Menschen zu erreichen, besteht darin, an Bushaltestellen oder Bahnhöfen über neue Verkehrs- und Mobilitätsangebote als Ergänzung zum öffentlichen Personenverkehr (z. B. als Zubringerdienst) zu informieren. Dies ist besonders sinnvoll, wenn ein neues Verkehrsangebot sich dem Rollout nähert.
- **Schwerpunktthemen Verkehrssicherheit und Datenschutz:** Die gefühlte Sicherheit und die Bereitschaft, persönliche Informationen preiszugeben, hängen mit

dem Vertrauen in fahrerlose Shuttlebusse und der Nutzungsbereitschaft zusammen (vgl. Kapitel 9.4.2). Daher sollten Aspekte der Verkehrssicherheit und des Datenschutzes als Schwerpunkte in der öffentlichen Kommunikation thematisiert werden. Um abzuleiten, welche Inhalte relevant sind, ist ein Blick auf die wahrgenommenen Herausforderungen aus Sicht der Bevölkerung hilfreich: Unsicherheiten werden vor allem bei Haftungsfragen im Schadensfall, beim Verhalten und der Reaktionsfähigkeit des Steuerungssystems im Straßenverkehr sowie beim Datenschutz und der Erstellung von Bewegungsprofilen gesehen (vgl. Kapitel 6.3.4 und Kapitel 9.4.1). Um diese abzubauen, müssen rechtliche Rahmenbedingungen zu Haftung und Datenschutz erarbeitet und transparent kommuniziert werden. Im Hinblick auf den Datenschutz ist relevant, welche Daten zu welchem Zweck erhoben werden, wer die Daten erhält und einsehen kann. Darüber hinaus sollte über die Möglichkeiten und Grenzen des autonomen Fahrens aufgeklärt werden, um das Fahren ohne Menschen am Steuer auch für Nichtfachleute verständlich und damit weniger angstbesetzt zu machen. Dazu können mediale Formate auf verschiedenen Kanälen (Rundfunk, Zeitungen, Social Media) genutzt werden, um Wissen evidenzbasiert und realitätsnah zu vermitteln und einen Gegenpol zur Science Fiction zu setzen.

- **Demonstrationen und Testfahrten:** Die Befragten empfinden es als Vertrauenshemmnis, eine neue Verkehrsdienstleistung nicht ausprobieren zu können (vgl. Kapitel 8.4.2). Nach der Markteinführung sollte daher der Zugang zur ersten Nutzungserfahrung in einem geschützten Raum ermöglicht werden. Dies kann durch kostenlose Testfahrten bei öffentlichen Veranstaltungen gelingen. Ziel ist es, dass die Bevölkerung einen Fahrdienst mit fahrerlosen Shuttlebussen live erleben kann. Die Fahrten können von Mitarbeitenden des Service Providers und von beteiligten Personen aus Forschung und Technik begleitet werden, denen großes Vertrauen entgegengebracht wird (vgl. Kapitel 9.4.3) und die bei Bedarf für Fragen zur Verfügung stehen. Darüber hinaus können neben Einzelveranstaltungen im Rahmen des Rollouts auch regelmäßige Fahrgasttrainings angeboten werden, die es ermöglichen, fahrerlose Shuttlebusse auszuprobieren.

- **Zielgruppengerechte Ansprache:** Die Vertrauensbereitschaft ist gruppenabhängig und die Voraussetzungen, um einem neuen Fahrdienst mit fahrerlosen Shuttlebussen vertrauen zu können, werden unterschiedlich bewertet (vgl. Kapitel 8). Daher sind neben den oben beschriebenen allgemeinen Aspekten der Information, Kommunikation und Öffentlichkeitsbeteiligung auch zielgruppenspezifische Aspekte zu berücksichtigen. Personen, die einem fahrerlosen Shuttlebus aufgeschlossen und interessiert gegenüberstehen, müssen anders angesprochen werden als Personen, die eher skeptisch und ängstlich sind. Wie dies geschehen kann, wird im Folgenden beschrieben:

  - *Für Zuversichtliche:* Für Menschen, die neugierig und interessiert an einem Fahrdienst mit fahrerlosen Shuttlebussen sind, sind vor allem sicherheitsrelevante Informationen und die Erprobung des neuen Verkehrsangebots nach der Markteinführung vertrauensbildend (vgl. Kapitel 8.4.2). Bestandteil von Informationskonzepten können daher evidenzbasierte Berichte über Sicherheitstests und Unfallstatistiken sein. Dieser Personenkreis muss vor allem kurz nach dem Rollout angesprochen werden, um anhand konkreter Nutzungsszenarien Hintergrundinformationen zum Fahrgeschehen zu vermitteln und eine Erprobung des neuen Verkehrsangebots zu ermöglichen. Informationen können öffentlich zugänglich gemacht werden (z. B. auf der Website der Kommune oder Social Media-Profilen), direkt an Interessenverbände adressiert oder im Rahmen von Testfahrten kommuniziert werden.

- *Für Zweifelnde:* Für Personen, die einem Fahrdienst mit fahrerlosen Shuttlebussen skeptisch oder ablehnend gegenüberstehen, sind vor allem Kontrollaspekte entscheidend (siehe Kapitel 8.4.2). Die Ansprache dieser Personengruppe sollte daher bereits vor der Markteinführung erfolgen, z. B. durch Informationen über konkrete Eingriffsmöglichkeiten in den Fahrbetrieb (Notrufknöpfe, Kontakt zu einer Servicezentrale). Darüber hinaus stellt für diese Gruppe die Nichtbeteiligung am Innovationsprozess eine Vertrauenshürde dar. D. h. in wissenschaftlichen Begleitformaten sollten skeptische Personen gezielt zur Diskussion eingeladen werden, um ihnen Mitsprache zu ermöglichen und gemeinsam zu erarbeiten, wie ihr Kontrollbedürfnis adressiert werden kann. Um diesen Personenkreis zu erreichen, können leicht zugängliche Aushänge im öffentlichen Raum zur Akquise für entsprechende Beteiligungsformate dienen.

12.3.2 Produktion, Service-Planung und Inbetriebnahme

Handlungsempfehlungen für die Produktion, Service-Planung und Inbetriebnahme eines neuen Fahrdienstes mit fahrerlosen Shuttlebussen orientieren sich an der Frage, wie in Zukunft neuartige, sichere und vertrauenswürdige Verkehrsangebote entwickelt werden können, die anpassungsfähig sind und proaktiv auf die Bedürfnisse der Nutzerinnen und Nutzer eingehen. Die Handlungsempfehlungen richten sich an Personen, die an der technischen Entwicklung von Shuttlebussen beteiligt sind, an Mitarbeitende der kommunalen Verkehrsplanung aus verschiedenen Ressorts (z. B. Stadtplanung und Bauamt) und an zukünftige Service-Provider. Aus den gebündelten Untersuchungsergebnissen lassen sich allgemeine Handlungsvorschläge ableiten, um Vertrauen zu fördern („Dos“) und was nicht getan werden sollte, weil es Vertrauen hemmt („Don’ts“). Darüber hinaus werden Vorschläge für Buchungsoptionen gemacht, die gegen Aufpreis angeboten werden können. Diese Optionen sind ggf. nicht für die breite Masse, aber für einzelne Personen oder Gruppen relevant. Abschließend werden drei zielgruppenspezifische Use-Cases skizziert.

„Dos“ und „Don’ts“

Aus Sicht der Bevölkerung wird der Einsatz fahrerloser Shuttlebusse im Linienverkehr grundsätzlich akzeptiert, vorzugsweise auf nach Nutzungsarten getrennten Fahrbahnen, während Mischverkehr eher abgelehnt wird (vgl. Kapitel 9.4.1 und Kapitel 10.4.3). Die dafür notwendige Umverteilung des Verkehrsraumes kann Herausforderungen mit sich bringen, z. B. weil weniger Platz für Parkflächen bleibt oder weniger Fahrspuren für konventionelle Fahrzeuge zur Verfügung stehen. Wie damit umgegangen werden kann, zeigen Beispiele aus der Praxis: Eine Maßnahme ist es, die Bevölkerung in der Planungs- und Umbauphase über die konkreten Vorhaben und z. B. mögliche Ausweichrouten während der Bauphase zu informieren und ggf. über Beteiligungsformate einzubinden (Kurzweil & Raimund, 2022). Eine weitere Maßnahme ist die Schulung von kommunalen Mobilitätsverantwortlichen. Schulungsinhalte sind z. B. wie Barrieren für schwächere Verkehrsteilnehmende (Fuß- und Radverkehr) erkannt und in den Planungsprozess integriert werden können (Kurzweil & Raimund, 2022). Darüber hinaus können ökonomische Signale wie vergünstigte Dauerstellplätze am Stadtrand und monetäre Anreizsysteme zur Verkehrsverlagerung wie „Schnuppertickets“ für den Umweltverbund und ein neues Verkehrsangebot eingesetzt werden, um zur Verkehrsverlagerung zu motivieren, den motorisierten Individualverkehr zu reduzieren und damit auch verkehrlichen Belastungen der Infrastruktur vorzubeugen (Kurzweil & Raimund, 2022; Rauber et al., 2022). Da zudem seitens der potentiellen Nutzenden der Einsatz von fahrerlosen Shuttlebussen innerhalb von Ortschaften bevorzugt wird (vgl. Kapitel 10.4.3), kann geschlussfolgert werden, dass Einsatzszenarien fokussiert werden sollten, die den konventionellen ÖPNV ergänzen, z. B. als Zubringer, außerhalb der Hauptverkehrszeiten und dort, wo der ÖPNV vergleichsweise schlecht ausgebaut ist. Längere Strecken werden hingegen eher abgelehnt (vgl. Kapitel 7.4.4).

Bzgl. der Fahrzeugentwicklung werden von den Befragten vor allem Gestaltungswünsche geäußert, die zu berücksichtigen sind, um ein Sicherheitsgefühl zu vermitteln und Vertrauen zu schaffen. Dazu gehören ein stabiles Fahrzeugdesign und in Fahrtrichtung ausgerichtete Sitze (vgl. Kapitel 8.4.2). Was genau unter einem stabilen Fahrzeugdesign zu verstehen ist, muss in Folgeuntersuchungen evaluiert werden. Hierzu sind Beteiligungsformate geeignet, welche dazu dienen, die Öffentlichkeit aktiv in den Gestaltungsprozess einzubinden. Zum Thema Sicherheit können weitere Vorschläge für die Innenausstattung fahrerloser Shuttlebusse abgeleitet werden, die sich auf bordeigene Sicherheitseinrichtungen beziehen (vgl. Kapitel 9.4.1 und Kapitel 10.4.4). Insbesondere eine Notbremse wurde als vertrauensbildende Maßnahme identifiziert, um die wahrgenommene Unsicherheit in verschiedenen Verkehrssituationen zu reduzieren. Hier kann man sich an der gängigen Praxis im ÖPNV orientieren, z. B. dem Einbau und der Gestaltung der Notbremse in Zügen, die den Menschen vertraut ist und daher wahrscheinlich keiner gesonderten Erläuterung bedarf. Anders als in konventionellen Bussen wünschen sich die Befragten Sicherheitsgurte und Kopfstützen, wie im Pkw, und einen Notrufknopf am Sitz, um in Gefahrensituationen Hilfe rufen zu können. Außerdem werden mehrere Türen zum Ein- und Ausstieg bevorzugt, falls eine versperrt sein sollte. Um die empfundene Unsicherheit aufgrund fehlenden Bordpersonals zu kompensieren, wünschen sich die Befragten Kontaktmöglichkeiten zu einer Servicezentrale, z. B. durch eine Gegensprechanlage im Shuttlebus, die als externe Leitstelle den Fahrbetrieb überwacht und in Gefahrensituationen eingreift (vgl. Kapitel 8.4.2).

Da die Digitalisierung des Dienstleistungsangebots insbesondere im Vergleich zum konventionellen ÖPNV als vorteilhaft wahrgenommen wird, sollte parallel zur Fahrzeugentwicklung ein digitaler Mobilitätsservice entwickelt werden, vorzugsweise in Form einer App, um den Nutzerinnen und Nutzern eine mobile Reiseplanung, Buchung und Bezahlung zu ermöglichen (vgl. Kapitel 6.3.3). Um die Angebote und Informationen für die Nutzerinnen und Nutzer übersichtlicher zu gestalten und zu bündeln, kann auch eine Integration in bestehende Plattformen erfolgen, wie das Beispiel des Ridepooling-Anbieters „MOIA“ aus Hamburg zeigt (Kostorz et al., 2021). Über eine App lassen sich auch Maßnahmen zur Informations- und Datentransparenz, die von den Befragten gefordert werden (siehe Kapitel 8.4.2 und Kapitel 9.4.1), realisieren. Grundsätzlich sind die Befragten bereit, ein persönliches Profil anzulegen, das Präferenzen zu bevorzugten Routen, zur Konstellation der Fahrgemeinschaft und zu besonderen Bedürfnissen wie Barrierefreiheit enthält. Diese Informationen dienen dem Service-Provider dazu, ein auf die individuellen Bedürfnisse zugeschnittenes Angebot zu gestalten und die Kundenbindung zu erhöhen. Die Kommerzialisierung der Daten sollte vermieden werden. Über eine Shuttle-App könnte auch geregelt werden, welche Daten mit dem Fahrzeug, einer Servicezentrale oder anderen Mitreisenden geteilt werden dürfen, z. B. durch Aktivieren oder Deaktivieren voreingestellter Optionen. Informationen über den Fahrtverlauf können einerseits ebenfalls über eine App, z. B. Informationen über die Ankunftszeit oder mögliche Verspätungen vor der Abholung oder die aktuelle Position des Shuttlebusses, und andererseits über Informations- und Kommunikationstechnik an Bord bereitgestellt werden. Dabei sollten vertraute Schnittstellen wie Touchscreens und Knöpfe gewählt werden, die bekannt sind und daher bevorzugt werden, während Schnittstellen, die auf Mimik, Gestik oder Sprache basieren, eher abgelehnt werden (Biermann et al., 2020).

„Add-ons": Vorschläge für kostenpflichtige Buchungsoptionen

Optionale Buchungsangebote beziehen sich auf die Individualisierung des Entertainments, Buchungsmöglichkeiten für private Fahrten (Ridehailing statt Ridepooling) und Ausstattungsmerkmale zur Erhöhung des Sicherheitsgefühls an Bord, welche über die sicherheitsnotwendige Grundausstattung hinausgehen. Da diese Buchungsangebote für die Produktion und Service-Provider mit zusätzlichem Aufwand verbunden sind und entsprechende Maßnahmen aus Sicht der Nutzerinnen und Nutzer nicht grundsätzlich verfügbar sein müssen, könnten sie Bestandteil von Premium-Abonnementmodellen sein oder individuell gegen Aufpreis hinzugebucht werden. Die Studienergebnisse bilden somit die Grundlage für Tarifmodelle, die in Folgestudien mit der Zahlungsbereitschaft der Nutzerinnen und Nutzer zu evaluieren sind. Erstens sind Individualisierungsstrategien zum Entertainment an Bord optional, beispielsweise Angaben zur Lieblingsmusik (vgl. Kapitel 9.4.1). Zweitens ist die private Buchung einer Fahrt optional, da Fahrgemeinschaften auch mit Fremden akzeptiert werden (vgl. Kapitel 7.4.4 und Kapitel 9.4.1). Daher muss diese Option nicht grundsätzlich für alle Fahrten und Strecken angeboten werden, sondern kann auf bestimmte Anwendungsfälle und/oder Tageszeiten fokussiert werden, z. B. für Gruppenfahrten zu Freizeitveranstaltungen am Wochenende. Solche „Eventfahrten" könnten dazu beitragen, grundsätzlich das Bewusstsein für neue Verkehrsangebote zu fördern und langfristig eine Verkehrsverlagerung zu begünstigen, indem Gruppen angesprochen werden, die alleine keine Nutzung in Betracht gezogen hätten. Auch ließen sie sich gut mit kostenpflichtigen Individualisierungsstrategien verbinden, die neben Entertainment Verköstigungen an Bord beinhalten könnten. Drittens gibt es optionale Sicherheitseinrichtungen, die über eine notwendige Grundausstattung hinausgehen. Dazu gehört zukünftig das Fahren mit Sicherheitspersonal, das in verschiedenen Verkehrssituationen für einen Teil der Befragten durch On-Board-Monitoring (Kameraüberwachung) ersetzt werden kann. Dies gilt aber nicht für alle Personengruppen. Speziell für kontrollbedürftige Personen könnte das Fahren mit Sicherheitspersonal in dafür vorgesehenen Shuttlebussen einer Flotte weiterhin gegen Aufpreis angeboten werden, insbesondere in als kritisch eingestuften Verkehrssituationen wie Mischverkehr oder bei schlechtem Wetter und Dunkelheit (siehe Kapitel 9.4.1 und Kapitel 10.4.4), während alle anderen regulär ohne fahren.

Beispielhafte Use-Cases

Auf Basis von Nutzungspräferenzen und Gruppenunterschieden in der Bewertung von Autoverzicht und Umstiegsbereitschaft (vgl. Kapitel 7) lassen sich Zielgruppen ableiten: Berufstätige und Pendelnde, Personen ohne eigenes Auto, die bereits auf den ÖPNV angewiesen sind, und Personen mit eigenem Auto, die dieses regelmäßig nutzen. Für diese Zielgruppen werden im Folgenden beispielhafte Use-Cases skizziert.

- **Business Class für Berufstätige:** Als Use-Case für fahrerlose Shuttlebusse werden Dienstfahrten bevorzugt (vgl. Kapitel 7.4.4). Sie richten sich an Personen, die aus beruflichen Gründen unterwegs sind. Der Use-Case umfasst auch Personen, die sich noch in Ausbildung befinden und täglich zu ihrer Ausbildungsstätte fahren (Schülerinnen und Schüler, Studierende). Der Verkehr findet hauptsächlich morgens und abends statt. Um Flächenkonkurrenz und damit Staus zu vermeiden, sind separate Fahrspuren, auf denen die fahrerlosen Shuttlebusse zu den Hauptverkehrszeiten verkehren können, für Dienstfahrten sinnvoll. Dies ermöglicht ein pünktliches Fahren. Gestaltungsoptionen bestehen hinsichtlich der Ausstattungsmerkmale, z. B. in Bezug auf WLAN an Bord oder eine andere Sitz- und Tischanordnung, um die Fahrzeit produktiv zu nutzen. Der Einsatz von fahrerlosen Shuttlebussen für Dienstfahrten eignet sich zum Transport von Tür zu Tür oder als Zubringerdienst auf der ersten oder letzten Meile. Damit werden voraussichtlich Fahrten mit dem eigenen Pkw und Dienstwagen (Tür-zu-Tür) oder auch mit dem ÖPNV ersetzt. Der Einsatz von fahrerlosen Shuttlebussen kann folglich zu einer Reduzierung des motorisierten Individualverkehrs und zu einer Entlastung des ÖPNV in den Hauptverkehrszeiten beitragen. Im Rahmen des betrieblichen Mobilitätsmanagements könnten fahrerlose Shuttlebusse gezielt gefördert werden, indem Anreizsysteme initiiert werden, die Mitarbeitenden honorieren, wenn sie umweltfreundlich zur Arbeit kommen, z. B. indem sie für jeden mit dem fahrerlosen Shuttlebus statt mit dem privaten Pkw zurückgelegten Arbeitsweg Punkte erhalten, die später gegen Vergünstigungen und Gutscheine eingetauscht werden können (Rauber et al., 2022).

- **Low-Budget für Personen ohne eigenes Auto:** Personen ohne eigenes Auto sind bereits auf öffentliche Verkehrsmittel oder Sharing-Dienste angewiesen. Für sie ist die Reisegeschwindigkeit entscheidend (vgl. Kapitel 7.4.2). Daher sollen die Fahrten mit fahrerlosen Shuttlebussen flexibler und schneller sein als mit konventionellen öffentlichen Verkehrsmitteln. Fahrten, die hier ersetzt werden, sind voraussichtlich der Individualverkehr (Fuß- und Radverkehr), der ÖPNV und ggf. Taxis. Damit es zu keiner Kanabilisierung kommt, sondern der Umweltverbund gestärkt wird, ist zu ermitteln, auf welchen Strecken, zwischen welchen Punkten und zu welchen Tageszeiten diese Personen die Nutzung bevorzugen, um fahrerlose Shuttlebusse z. B. als Bestandteil von multimodalen und intermodalen Verkehrsketten sinnvoll zu integrieren. Weitere Kriterien für die Nutzung fahrerloser Shuttlebusse sind für Personen ohne eigenes Auto der Preis und die Umweltfreundlichkeit (vgl. Kapitel 7.4.2). Gültige ÖPNV-Tickets (Monatskarten, Semestertickets etc.) könnten auf ausgewählten Strecken im Linienverkehr um die Berechtigung zur Nutzung von fahrerlosen Shuttlebussen ergänzt werden. Hier sind Preismodelle zu gestalten, die akzeptiert werden. In der öffentlichen Kommunikation sollten vor allem Vorteile in Bezug auf Ridesplitting hervorgehoben werden. Um das Umweltbewusstsein dieser Zielgruppe zu adressieren, könnten die im Vergleich zum motorisierten Individualverkehr eingesparten Schadstoffemissionen angezeigt werden. Außerdem könnten Anreizaktionen eingesetzt werden, wie Spenden an Umweltprojekte für die eingesparten Emissionen. Diese hätten eine symbolische Funktion für die Verkehrsmittelwahl und die Personen ohne eigenes Auto könnten eine soziale Vorbildfunktion in der Öffentlichkeit verkörpern.

- **Komfortvariante für Personen mit eigenem Auto:** Dieser Use-Case richtet sich an Personen, die ein Auto besitzen oder zur freien Verfügung haben und dieses regelmäßig nutzen. Für diese Gruppe sind Tür-zu-Tür-Verbindungen sinnvoll. Der Einsatz von fahrerlosen Shuttlebussen kann für sie den motorisierten Individualverkehr wahrscheinlich nicht vollständig ersetzen, hat aber das Potential dazu, dies zumindest auf Teilstrecken zu tun. Daher müssen die individuellen Bedürfnisse verstanden und Anreize geschaffen werden, um das Verkehrsangebot attraktiv zu gestalten. Flexibilität ist dabei entscheidend (vgl. Kapitel 7.4.2). Im Vergleich zum privaten Pkw sind Verfügbarkeit, keine Wartezeiten und persönlicher Freiraum relevante Punkte. Für diese Zielgruppe könnten daher zusätzliche Buchungsoptionen wie Privatfahrten und Individualisierungsmöglichkeiten hinsichtlich der Ausstattung und des Entertainments sinnvoll sein, um die Fahrt möglichst komfortabel und selbstbestimmt (ähnlich wie im privaten Pkw) zu gestalten und damit das Gefühl des fehlenden Autobesitzes zu kompensieren.

12.3.3 Mobilitätssiegel: Aufgabenverteilung und Kommissionsbildung

Ein Gütesiegel, das ein neues Verkehrsangebot als vertrauenswürdig auszeichnet, hat das Potential, die Vertrauensbildung und die Nutzungsbereitschaft zu fördern und ist daher eine wichtige Maßnahme für die Praxis (vgl. Kapitel 11.4.1). Für die Umsetzung könnte eine Kommission gebildet werden, die sich aus verschiedenen Interessengruppen zusammensetzt und verschiedene Aufgaben im Zusammenhang mit der Entwicklung, Vergabe und Kontrolle eines Mobilitätssiegels übernimmt. Hierzu werden im Folgenden Handlungsvorschläge unterbreitet, die aufzeigen, welche Interessensgruppen vertreten sein sollten und welche Kompetenzen diese haben sollten.

Voraussetzung für die Entwicklung eines Mobilitätssiegels ist zunächst die Ableitung aussagekräftiger Bewertungskriterien. Hier sind vor allem Forschende aus technischen und nicht-technischen Disziplinen gefragt. Forschende aus den Ingenieurwissenschaften können bewerten, welche technischen Aspekte ein neues Verkehrsangebot erfüllen muss, um sicher und zuverlässig zu sein. Forschende aus der Psychologie oder den Sozial- und Kommunikationswissenschaften können die Anforderungen der zukünftigen Nutzerinnen und Nutzer erfassen und in die Gestaltung eines Mobilitätssiegels einfließen lassen. Die Befragung zeigt, dass Informationstransparenz, insbesondere im Hinblick auf die Vermittlung sicherheitsrelevanter Informationen, entscheidend für die wahrgenommene Vertrauenswürdigkeit eines Mobilitätssiegels ist (vgl. Kapitel 11.4.2). An dieser Stelle wird die Bedeutung einer engen Zusammenarbeit mit der Öffentlichkeit deutlich, die daher in die Entwicklung eines Mobilitätssiegels einbezogen werden muss. Um sicherzustellen, dass das Mobilitätssiegel mit den Gesetzesvorgaben und Regelungen, z. B. im Sinne des Datenschutzes, vereinbar ist, müssen auch Person mit juristischer Ausbildung einbezogen werden. Dies ist vor allem dann relevant, wenn neben einem statischen Siegel auch ein digitales Siegel existiert, um die fehlende Flexibilität und Aktualität auszugleichen und Partizipationsmöglichkeiten zu schaffen (Biermann et al., 2021). Für die Umsetzung sind Designschaffende und ein App-Entwicklungsteam gefragt, die gemeinsam mit Bürgerinnen und Bürgern Gestaltungsvorschläge erarbeiten, bewerten und schließlich realisieren.

Um zu beurteilen, ob ein neues Verkehrsangebot wie ein fahrerloser Shuttlebus mit dem Mobilitätssiegel ausgezeichnet werden soll, müssen verschiedene Fachleute zusammenkommen. Dazu gehören Forschende aus dem Ingenieurwesen, welche die technische Zuverlässigkeit beurteilen, aber auch Träger hoheitlicher Aufgaben, z. B. der TÜV, der in der Öffentlichkeit als besonders vertrauenswürdig für die Durchführung von Sicherheitsprüfungen wahrgenommen wird (vgl. Kapitel 8.4.2 und Kapitel 9.4.3). Ferner müssen Branchenexperten beteiligt werden, um ihr Praxiswissen einzubringen. Diese könnten gleichzeitig dafür sorgen, dass das Mobilitätssiegel branchenintern bekannt und wahrgenommen wird und somit die Akzeptanz und Verbreitung des Mobilitätssiegels unterstützen. Damit das Mobilitätssiegel auch in der Öffentlichkeit, d. h. bei der eigentlichen Zielgruppe, wahrgenommen wird, sind Informations- und Kommunikationsmaßnahmen notwendig. Bestandteil der Kommissionsarbeit muss daher die Öffentlichkeitsarbeit sein. Entsprechende Maßnahmen (öffentliche Veranstaltungen, Pressemitteilungen) müssen vor bzw. kurz nach der Einführung forciert werden, um auf das neue Label aufmerksam zu machen und zu erklären, worum es geht. Darüber hinaus kann Öffentlichkeitsarbeit dazu beitragen, potentielle Antragstellende zu gewinnen. Auch die Verleihung kann im Sinne der Bewusstseinsbildung öffentlichkeitswirksam gestaltet werden. Hier bietet es sich an, eine öffentliche Veranstaltung zu konzipieren, bei der die Bevölkerung ein neues Verkehrsangebot erleben und ausprobieren kann.

13 Zusammenfassung und Fazit

Das Vertrauen der Nutzenden ist eine wichtige Voraussetzung für die Akzeptanz, die erfüllt werden muss, um eine hohe Marktdurchdringung neuer Verkehrs- und Mobilitätsdienstleistungen zu erreichen. Unzureichend bekannt war bislang, was die Vertrauensbildung beeinflusst und wie mit wahrgenommenen Risiken in der Praxis umgegangen werden kann. Um diese Forschungslücken zu schließen, wurde ein Mixed-Methods-Ansatz angewandt. Die Studienergebnisse zeigen für einen Fahrdienst mit fahrerlosen Shuttlebussen, welche Anwendungsfälle und Zielgruppen relevant sind und wie diese erreicht werden können. Ferner sind Rückschlüsse möglich, was die Vertrauenswürdigkeit von fahrerlosen Shuttlebussen prägt und welche vertrauensbildenden Maßnahmen und Strategien, einschließlich der Einführung eines neuen Mobilitätssiegels, in der Praxis sinnvoll sind. Die Ergebnisse bilden die Basis für empirisch fundierte an Produktion und Entwicklung, Service-Planung und Mobilitätsmanagement gerichtete Handlungsempfehlungen. Außerdem zeigen die Ergebnisse, welche Informationsdefizite bestehen und wie diese durch zielgruppenspezifische Bildungs- und Beteiligungsmaßnahmen abgebaut werden können.

Die öffentliche Meinung zu einem neuen Verkehrsangebot mit fahrerlosen Shuttlebussen ist überwiegend positiv. Aus Sicht der zukünftigen Nutzerinnen und Nutzer wird der Einsatz im Linienverkehr, insbesondere innerstädtisch auf nach Nutzungsarten getrennten Fahrspuren befürwortet. Nutzungspräferenzen liegen bei beruflichen Fahrten und bei Fahrten mit bekannten Mitreisenden. Je nach Fahrtzweck und -strecke werden auch Fahrgemeinschaften mit Unbekannten akzeptiert. Langstrecken werden eher abgelehnt. Der Einsatz fahrerloser Shuttlebusse eignet sich daher besonders ergänzend zum konventionellen ÖPNV als Ridehailing und Ridepooling. Die hier ermittelten Nutzungspräferenzen sind in Folgestudien insbesondere mit Personen aus ländlicheren Siedlungsstrukturen zu überprüfen.

Die Nutzungsbereitschaft wird durch das initiale Vertrauen in die fahrerlosen Shuttlebusse und in die am Innovationsprozess beteiligten Interessengruppen aus Forschung, Technik, Automobilindustrie und öffentlicher Hand bestimmt. Vertrauen ist somit ein wichtiger Faktor für die Akzeptanz auf verschiedenen Ebenen und eine Voraussetzung für die Nutzung. Die Vertrauensbereitschaft ist gruppenabhängig: Ob jemand eher vertrauensvoll oder skeptisch ist, hängt von individuellen Merkmalen ab, konkret vom zwischenmenschlichen und technischen Vertrauen (Prädispositionen) sowie von einstellungsbezogenen Faktoren (u. a. dem Interesse am fahrerlosen Shuttlebus). Zu den Einflussfaktoren auf das Vertrauen zählen die Risikowahrnehmung und die Bereitschaft zum Informationsaustausch in verschiedenen Nutzungssituationen (mit dem Fahrzeug, der Servicezentrale oder den Mitreisenden). Insbesondere Verkehrssicherheitsrisiken schränken das Vertrauen in den Fahrdienst und damit die Nutzungsbereitschaft ein. Diese können in einigen, aber nicht in allen, Verkehrssituationen durch vertrauensbildende Einrichtungen wie On-Board-Monitoring und Notbremse kompensiert werden. Der Einsatz von fahrerlosen Shuttlebussen auf der Autobahn und im Mischverkehr wird insgesamt als wenig vertrauenswürdig wahrgenommen. Hier werden technische Sicherheitseinrichtungen als unzureichend empfunden und Sicherheitspersonal gefordert.

Für die Praxis gilt daher: vertrauensbildende Maßnahmen umsetzen, um Sicherheitsrisiken zu reduzieren. Zu den Maßnahmen gehören der Regelbetrieb auf getrennten Fahrspuren sowie eine den Innovationsprozess begleitende Information und Öffentlichkeitsbeteiligung. Dabei sind zielgruppenspezifische Bedürfnisse zu berücksichtigen, sodass nicht nur eine, sondern verschiedene Kommunikationsstrategien realisiert werden müssen. Diese umfassen Aufklärungsinitiativen zum autonomen Fahren weit vor der Markteinführung und Angebote zur Partizipation (z. B. Befragungen, Bürgerdialoge), um mit skeptischen Personen frühzeitig Dialog zu führen. Bei laufenden Projekten sind regelmäßige Updates zu Sicherheitsthemen (z. B. Haftungsfragen, Sicherheitschecks) wichtig und nach dem Rollout sind öffentliche Veranstaltungen zum Ausprobieren des neuen Verkehrsangebots von Bedeutung, vor allem um das Vertrauen der bereits Interessierten zu stärken. Das Fahrzeugdesign ist vertrauenswürdig zu gestalten, insbesondere durch die Innenraumgestaltung (Sitzposition in Fahrtrichtung, mehrere Türen zum Ein- und Aussteigen) und bordeigene Sicherheitseinrichtungen. Service-Provider sollten ein bedarfsgerechtes Angebot bereitstellen, das unterschiedliche Anwendungsfälle (z. B. Dienstfahrten, Freizeitfahrten) und Zielgruppen berücksichtigt. Zur Vertrauensbildung kann außerdem ein Mobilitätssiegel eingeführt werden. Dies erfordert die Einbindung verschiedener Interessengruppen sowie eine transparente Kommunikation bei Sicherheits- und Datenthemen.

Die in der Einleitung dieser Arbeit dargestellten Herausforderungen hinsichtlich der Verlagerung vom motorisierten Individualverkehr auf den öffentlichen Kollektivverkehr können anhand der empirischen Daten wie folgt bewertet werden: Die gemeinsame Nutzung und Sicherheit an Bord mit unbekannten Personen ist kein großes Thema, wohl aber die Verkehrssicherheit und damit verbundene Risiken. Eigentumsfragen wird keine große Bedeutung beigemessen, eher der emotionale Verlust des Fahrerlebens ist relevant. Umsetzungshürden sind daher weniger anwendungsspezifisch, sondern beziehen sich auf die Automatisierung des Fahrens im Allgemeinen. Hohe Nutzungsbarrieren bestehen bei Personen mit starkem Kontrollwunsch und bei Personen, die gerne selbst Autofahren. Wie erstere erreicht werden können, wurde im vorherigen Abschnitt im Hinblick auf Informations- und Gestaltungsempfehlungen dargestellt. Inwieweit letztere erreicht werden können, ist Aufgabe der Folgeforschung. Diese sollte sich mit der Frage beschäftigen, was Fahrspaß ausmacht und wie dieser auch ohne selbst zu fahren befriedigt werden kann.

Die Ergebnisse dieser Arbeit bestätigen den bisherigen sozialwissenschaftlichen Forschungsstand zur Untersuchung von Akzeptanz und Vertrauen gegenüber neuen Verkehrs- und Mobilitätsdienstleistungen insofern, als ein Interesse an fahrerlosen Shuttlebussen ergänzend zum öffentlichen Personenverkehr für verschiedene Einsatzszenarien besteht, Vertrauen ein wichtiger Akzeptanzfaktor ist und dabei die Risikowahrnehmung der zukünftigen Nutzerinnen und Nutzer eine Rolle spielen. Die Ergebnisse gehen in folgenden Punkten über den bisherigen Forschungsstand hinaus: Neben technischen Vertrauensdispositionen wird gezeigt, dass auch soziales und organisationales Vertrauen akzeptanzrelevant sind und vermittelnd zwischen verschiedenen Einflussfaktoren und der Nutzungsabsicht wirken. Die Untersuchungen decken zielgruppenspezifische, anwendungsbezogene und situative Einflüsse auf das Vertrauen und Zusammenhänge mit der Nutzungsbereitschaft auf und zeichnen dabei ein umfassenderes Bild der Wirkungszusammenhänge. Die iterative und konsekutive Anwendung von qualitativen und quantitativen Methoden der empirischen Forschung hat sich dabei als erfolgreich erwiesen. Mit der adaptiven Choice-based Conjointanalyse wurde im Kontext fahrerloser Shuttlebusse ein neuartiger methodischer Zugang gewählt, um Trade-offs in der Vertrauensbildung sichtbar zu machen.

Abbildungsverzeichnis

Tabellenverzeichnis

Literatur

Aboutorabi Kashani, M., Abbasi, M., Mamdoohi, A. R., & Sierpiński, G. (2023). The Role of Attitude, Travel-Related, and Socioeconomic Characteristics in Modal Shift to Shared Autonomous Vehicles with Ride Sharing. *World Electric Vehicle Journal, 14*(1), 23. https://doi.org/10.3390/wevj14010023

Aboutorabi Kashani, M., Kamyab, S., Mamdoohi, A. R., & Sierpiński, G. (2023). What Makes Parents Consider Shared Autonomous Vehicles as a School Travel Mode? *Sustainability, 15*(23), 16180. https://doi.org/10.3390/su152316180

Ajzen, I. (1985). From intentions to actions: A theory of planned behavior. In J. Kuhl & J. Beckmann (Hrsg.), *Action control: From cognition to behavior* (S. 11–39). Springer Berlin Heidelberg.

Albrecht, T., Kühne, B., & Verse, B. (2023). *Digitalisierung und Automatisierung im Verkehr. Ein reugulativer Rahmen für eine nachhaltige Entwicklung*, Umweltbundesamt.

Alonso-González, M. J., Cats, O., van Oort, N., Hoogendoorn-Lanser, S., & Hoogendoorn, S. (2021). What are the determinants of the willingness to share rides in pooled on-demand services? *Transportation, 48*(4), 1733–1765. https://doi.org/10.1007/s11116-020-10110-2

Alonso-González, M. J., Hoogendoorn-Lanser, S., van Oort, N., Cats, O., & Hoogendoorn, S. (2020). Drivers and barriers in adopting Mobility as a Service (MaaS) – A latent class cluster analysis of attitudes. *Transportation Research Part A: Policy and Practice, 132*, 378–401. https://doi.org/10.1016/j.tra.2019.11.022

Alsaid, A., Li, M., Chiou, E. K., & Lee, J. D. (2023). Measuring trust: A text analysis approach to compare, contrast, and select trust questionnaires. *Frontiers in Psychology, 14*, 1192020. https://doi.org/10.3389/fpsyg.2023.1192020

Alyavina, E., Nikitas, A., & Tchouamou Njoya, E. (2020). Mobility as a service and sustainable travel behaviour: A thematic analysis study. *Transportation Research Part F: Traffic Psychology and Behaviour, 73*, 362–381. https://doi.org/10.1016/j.trf.2020.07.004

American Psychological Association. (2020). *Publication Manual of the American Psychological Association* (7. Aufl.), American Psychological Association.

Atchley, A., Barr, H. M., O'Hear, E., Weger, K., Mesmer, B., Gholston, S., & Tenhundfeld, N. (2023). Trust in systems: identification of 17 unresolved research questions and the highlighting of inconsistencies. *Theoretical Issues in Ergonomics Science*, 1–25. https://doi.org/10.1080/1463922X.2023.2223251

Axsen, J., & Sovacool, B. K. (2019). The roles of users in electric, shared and automated mobility transitions. *Transportation Research Part D: Transport and Environment, 71*, 1–21. https://doi.org/10.1016/j.trd.2019.02.012

Bahnen Monheim. (2024a). Streckenplan Autonomer E-Bus. Verfügbar 10. Januar 2024 unter https://www.bahnen-monheim.de/autonomer-bus/der-betrieb

Bahnen Monheim. (2024b). Weiterentwicklung der Altstadtstromer. Verfügbar 10. Januar 2024 unter https://www.bahnen-monheim.de/autonomer-bus/weiterentwicklung-der-altstadtstromer

Baier, D., & Brusch, M. (2021). Conjointanalyse: Erfassung von Kundenpräferenzen im Überblick. In D. Baier & M. Brusch (Hrsg.), *Conjointanalyse. Methoden – Anwendungen – Praxisbeispiele* (2. Aufl., S. 3–34). Springer Gabler.

Bala, H., Anowar, S., Chng, S., & Cheah, L. (2023). Review of studies on public acceptability and acceptance of shared autonomous mobility services: past, present and future. *Transport Reviews*, *43*(5), 970–996. https://doi.org/10.1080/01441647.2023.2188619

Barber, B. (1983). *The logic and limits of trust.* Rutgers University Press.

Bauske, E., & Kaiser, F. G. (2019). *Umwelteinstellung in Deutschland von 1996 bis 2016: Eine Sekundäranalyse der Umweltbewusstseinsstudien*, Umweltbundesamt.

Beierlein, C., Kemper, C. J., Kovaleva, A., & Rammstedt, B. (2012). *Kurzskala zur Messung des zwischenmenschlichen Vertrauens: Die Kurzskala Interpersonales Vertrauen (KUSIV3)*, GESIS – Leibniz-Institut für Sozialwissenschaften. https://doi.org/10.6102/zis37

Beierlein, C., Kovaleva, A., Kemper, C. J., & Rammstedt, B. (2014). *Eine Single-Item-Skala zur Erfassung von Risikobereitschaft: Die Kurzsskala Risikobereitschaft-1 (R-1)*, GESIS – Leibniz-Institut für Sozialwissenschaften. https://doi.org/10.6102/zis236

Bernhard, C., Oberfeld, D., Hoffmann, C., Weismüller, D., & Hecht, H. (2020). User acceptance of automated public transport: Valence of an autonomous minibus experience. *Transportation Research Part F: Traffic Psychology and Behaviour*, *70*, 109–123. https://doi.org/10.1016/j.trf.2020.02.008

Biermann, H., Liehner, G. L., Philipsen, R., & Ziefle, M. (2023). Autonomous Shuttle or Conventional Cab? Investigating Users' Decision to Share a Ride. In G. Praetorius, C. Sellberg & R. Patriarca (Hrsg.), *Proceedings of the 14th International Conference on Applied Human Factors and Ergonomics* (S. 88–98). https://doi.org/10.54941/ahfe1003795

Biermann, H., Otten, S., & Ziefle, M. (2023). Understanding Trust in Automation: A Consideration of Human Factors Context. In T. Ahram & C. Falcão (Hrsg.), *Proceedings of the 14th International Conference on Applied Human Factors and Ergonomics* (S. 9–20). https://doi.org/10.54941/ahfe1003173

Biermann, H., Philipsen, R., Brell, T., & Ziefle, M. (2020). Shut Up and Drive? User Requirements for Communication Services in Autonomous Driving. In H. Krömker (Hrsg.), *Proceedings of the 22nd International Conference on Human-Computer Interaction* (S. 3–14). https://doi.org/10.1007/978-3-030-50523-3_1

Biermann, H., Philipsen, R., & Ziefle, M. (2021). A Matter of Trust – Identification and Evaluation of User Requirements and Design Concepts for a Trust Label in Autonomous Driving. In N. Black, W. Neumann & I. Noy (Hrsg.), *Proceedings of the 21st Congress of the International Ergonomics Association* (S. 560–567). https://doi.org/10.1007/978-3-030-74608-7_68

Biermann, H., Philipsen, R., & Ziefle, M. (2023). Crazy Little Thing Called Trust – User-Specific Attitudes and Conditions to Trust an On-Demand Autonomous Shuttle Service. In V. Duffy, S. Landry, J. Lee & N. Stanton (Hrsg.), *Human-Automation*

Interaction. Automation, Collaboration, & E-Services (11. Aufl., S. 235–252). Springer Cham.

Blanz, M. (2021). *Forschungsmethoden und Statistik für die Soziale Arbeit: Grundlagen und Anwendungen* (2. Aufl.). W. Kohlhammer Verlag.

Blauer Engel. (2024). Blauer Engel – Gut für mich. Gut für die Umwelt. Verfügbar 16. Februar 2024 unter https://www.blauer-engel.de/de/blauer-engel/unser-zeichen-fuer-die-umwelt

Bødker, S., Dindler, C., Iversen, O. S., & Smith, R. C. (2022). *Participatory Design.* Springer Nature Switzerland AG.

Brand, B. M., & Baier, D. (2021). Adaptive Choice-Based Conjointanalyse. In D. Baier & M. Brusch (Hrsg.), *Conjointanalyse. Methoden – Anwendungen – Praxisbeispiele* (2. Aufl., S. 205–231). Springer Gabler.

Brécard, D., Lucas, S., Pichot, N., & Salladarré, F. (2012). Consumer Preferences for Eco, Health and Fair Trade Labels. An Application to Seafood Product in France. *Journal of Agricultural and Food Industrial Organization, 10*(1). https://doi.org/10.1515/1542-0485.1360

Brell, T., Biermann, H., Philipsen, R., & Ziefle, M. (2019). Trust in Autonomous Technologies. A Contextual Comparison of Influencing User Factors. In A. Moallem (Hrsg.), *Proceedings of the 21st International Conference on Human-Computer Interaction* (S. 371–384). https://doi.org/10.1007/978-3-030-22351-9_25

Brell, T., Philipsen, R., Biermann, H., & Ziefle, M. (2021). Social Acceptance of Autonomous Driving - The Importance of Public Discourse and Citizen Participation. In G. Dartmann, A. Schmeink, V. Lücken, H. Song, M. Ziefle & G. Prestifilippo (Hrsg.), *Smart Transportation: AI Enabled Mobility and Autonomous Driving* (S. 1–17). CRC Press.

Brell, T., Philipsen, R., & Ziefle, M. (2019). sCARy! Risk Perceptions in Autonomous Driving: The Influence of Experience on Perceived Benefits and Barriers. *Risk Analysis, 39*(2), 342–357. https://doi.org/10.1111/risa.13190

Bundesamt für Sicherheit in der Informationstechnik. (2024). Vernetztes Fahren – Chancen und Risiken. Verfügbar 8. Januar 2024 unter https://www.bsi.bund.de/dok/12578020

Bundesanstalt für Straßenwesen. (2021). Selbstfahrende Autos – assistiert, automatisiert oder autonom? [Pressemeldung Nr.: 06/2021 vom 11. März 2021]. https://www.bast.de/DE/Presse/Mitteilungen/2021/06-2021.html

Bundesanstalt für Straßenwesen. (2023a). Assistierter Modus. Verfügbar 11. Januar 2024 unter https://www.bast.de/DE/Fahrzeugtechnik/Fachthemen/F4-Nutzerkommunikation/assistierter-modus.html

Bundesanstalt für Straßenwesen. (2023b). Automatisierter Modus. Verfügbar 11. Januar 2024 unter https://www.bast.de/DE/Fahrzeugtechnik/Fachthemen/F4-Nutzerkommunikation/automatisierter-modus.html?nn=1813014

Bundesanstalt für Straßenwesen. (2023c). Autonomer Modus. Verfügbar 11. Januar 2024 unter https://www.bast.de/DE/Fahrzeugtechnik/Fachthemen/F4-Nutzerkommunikation/autonomer-modus.html?nn=1813014

Bundesministerium für Digitales und Verkehr. (2023). *Mobilitätswende in Stadt und Land – Klimaschutz und räumliche Gerechtigkeit als Transformationsziele des Verkehrs.* https://bmdv.bund.de/SharedDocs/DE/Anlage/G/wissenschaftlicher-beirat-gutachten-mobilitaetswende.html

Bundesministerium für Verkehr und digitiale Infrastruktur. (2020). *Mitnutzungspotentiale kommunaler Träger- infrastrukturen für den Ausbau der nächsten Mobilfunkgeneration 5G. Eine Handreichung der AG Digitale Netze des Bundesministeriums für Verkehr und digitale Infrastruktur.* https://bmdv.bund.de/SharedDocs/DE/Publikationen/DG/mitnutzungspotentiale-kommunale-traegerinfrastrukturen-ausbau-5g.pdf?%7B%5C_%7D%7B%5C_%7Dblob=publicationFile

Carrese, F., Sportiello, S., Zhaksylykov, T., Colombaroni, C., Carrese, S., Papaveri, M., & Patella, S. M. (2023). The Integration of Shared Autonomous Vehicles in Public Transportation Services: A Systematic Review. *Sustainability*, *15*(17), 13023. https://doi.org/10.3390/su151713023

Chaalal, E., Guerlain, C., Pardo, E., & Faye, S. (2023). Integrating Connected and Automated Shuttles With Other Mobility Systems: Challenges and Future Directions. *IEEE Access*, *11*, 83081–83106. https://doi.org/10.1109/ACCESS.2023.3294110

Chee, P. N. E., Susilo, Y. O., & Wong, Y. D. (2021). Longitudinal interactions between experienced users' service valuations and willingness-to-use a first-/last-mile automated bus service. *Travel Behaviour and Society*, *22*, 252–261. https://doi.org/10.1016/j.tbs.2020.10.004

Chen, C. F. (2019). Factors affecting the decision to use autonomous shuttle services: Evidence from a scooter-dominant urban context. *Transportation Research Part F: Traffic Psychology and Behaviour*, *67*, 195–204. https://doi.org/10.1016/j.trf.2019.10.016

Chen, J., Li, R., Gan, M., Fu, Z., & Yuan, F. (2020). Public Acceptance of Driverless Buses in China: An Empirical Analysis Based on an Extended UTAUT Model. *Discrete Dynamics in Nature and Society*, *4318182*, 1–13. https://doi.org/10.1155/2020/4318182

Chen, X., Li, T., & Yuan, Q. (2023). Impacts of built environment on travel behaviors of Generation Z: a longitudinal perspective. *Transportation*, *50*(2), 407–436. https://doi.org/10.1007/s11116-021-10249-6

Chng, S., Anowar, S., & Cheah, L. (2022). Understanding Shared Autonomous Vehicle Preferences: A Comparison between Shuttles, Buses, Ridesharing and Taxis. *Sustainability*, *14*(20), 13656. https://doi.org/10.3390/su142013656

Choi, J. K., & Ji, Y. G. (2015). Investigating the Importance of Trust on Adopting an Autonomous Vehicle. *International Journal of Human-Computer Interaction*, *31*(10), 692–702. https://doi.org/10.1080/10447318.2015.1070549

Cohen, J. (1988). *Statistical power analysis for the behavioural sciences.* (2. Aufl.). Routledge.

Coppola, R., & Morisio, M. (2016). Connected Car: Technologies, Issues, Future Trends. *ACM Computing Surveys (CSUR)*, *49*(3), 1–36. https://doi.org/10.1145/2971482

Davis, F. D. (1985). *A technology acceptance model for empirically testing new end-user information systems: Theory and results* (Dissertation). Massachusetts Institute of Technology.

Davis, F. D., Bagozzi, R. P., & Warshaw, P. R. (1989). User Acceptance of Computer Technology: A Comparison of Two Theoretical Models. *Management Science*, *35*(8), 982–1003. https://doi.org/10.1287/mnsc.35.8.982

Deng, X., Coxon, S., & Napper, R. (2023). Designing trust in Shared Autonomous Vehicles: trusting the vehicle and fellow passengers: A exploratory review. *Proceedings of the 44th Australasian Transport Research Forum*, 1–14.

Dethloff, C. (2004). *Akzeptanz und Nicht-Akzeptanz von technischen Produktinnovationen* (Dissertation). Universität zu Köln.

Dichabeng, P., Merat, N., & Markkula, G. (2021). Factors that influence the acceptance of future shared automated vehicles – A focus group study with United Kingdom drivers. *Transportation Research Part F: Traffic Psychology and Behaviour, 82*, 121–140. https://doi.org/10.1016/j.trf.2021.08.009

Diekmann, A. (2009). *Empirische Sozialforschung. Grundlagen, Methoden, Anwendungen* (19. Aufl.). Rowohlt Taschenbuch Verlag.

Dolins, S., Strömberg, H., Wong, Y. Z., & Karlsson, M. (2021). Sharing Anxiety is in the Driver's Seat: Analyzing User Acceptance of Dynamic Ridepooling and Its Implications for Shared Autonomous Mobility. *Sustainability, 13*(14), 7828. https://doi.org/10.3390/su13147828

Dolins, S., Wong, Y. Z., & Nelson, J. D. (2021). The 'Sharing Trap': A Case Study of Societal and Stakeholder Readiness for On-Demand and Autonomous Public Transport in New South Wales, Australia. *Sustainability, 13*(17), 9574. https://doi.org/10.3390/su13179574

Döring, N., & Bortz, J. (2016). *Forschungsmethoden und Evaluation in den Sozial- und Humanwissenschaften* (5. Aufl.). Springer Berlin Heidelberg.

Dunn, A. M., Heggestad, E. D., Shanock, L. R., & Theilgard, N. (2018). Intra-individual Response Variability as an Indicator of Insufficient Effort Responding: Comparison to Other Indicators and Relationships with Individual Differences. *Journal of Business and Psychology, 33*, 105–121. https://doi.org/10.1007/s10869-016-9479-0

Dziekan, K., & Zistel, M. (2018). Öffentlicher Verkehr. In O. Schwedes (Hrsg.), *Verkehrspolitik* (S. 347–372). Springer VS.

Emberger-Klein, A., & Menrad, K. (2018). The effect of information provision on supermarket consumers' use of and preferences for carbon labels in Germany. *Journal of Cleaner Production, 172*, 253–263. https://doi.org/10.1016/j.jclepro.2017.10.105

Emeakaroha, V. C., Fatema, K., Van Der Werff, L., Healy, P., Lynn, T., & Morrison, J. P. (2017). A Trust Label System for Communicating Trust in Cloud Services. *IEEE Transactions on Services Computing, 10*(5), 689–700. https://doi.org/10.1109/TSC.2016.2553036

Etminani-Ghasrodashti, R., Ketankumar Patel, R., Kermanshachi, S., Michael Rosenberger, J., Weinreich, D., & Foss, A. (2021). Integration of shared autonomous vehicles (SAVs) into existing transportation services: A focus group study. *Transportation Research Interdisciplinary Perspectives, 12*, 100481. https://doi.org/10.1016/j.trip.2021.100481

Europäische Union. (2023). Eurobarometer. Climate change. Verfügbar 17. Januar 2024 unter https://europa.eu/eurobarometer/surveys/detail/2954

Fagnant, D., & Kockelman, K. (2015). Preparing a nation for autonomous vehicles: opportunities, barriers and policy recommendations. *Transportation Research Part A: Policy and Practice, 77*, 167–181. https://doi.org/10.1016/j.tra.2015.04.003

Feucht, Y., & Zander, K. (2018). Consumers' preferences for carbon labels and the underlying reasoning. A mixed methods approach in 6 European countries. *Journal of Cleaner Production, 178*, 740–748. https://doi.org/10.1016/j.jclepro.2017.12.236

Feys, M., Rombaut, E., & Vanhaverbeke, L. (2020). Experience and acceptance of autonomous shuttles in the brussels capital region. *Sustainability, 12*(20), 8403. https://doi.org/10.3390/su12208403

Field, A. (2009). *Discovering statistics using SPSS*. SAGE Publications Limited.

Fine, G. A., & Holyfield, L. (1996). Secrecy, Trust, and Dangerous Leisure: Generating Group Cohesion in Voluntary Organizations. *Social Psychology Quarterly*, *59*(1), 22–38. https://doi.org/10.2307/2787117

Fraedrich, E., & Lenz, B. (2015). Gesellschaftliche und individuelle Akzeptanz des autonomen Fahrens. In M. Maurer, C. J. Gerdes, B. Lenz & H. Winner (Hrsg.), *Autonomes Fahren. Technische, rechtliche und gesellschaftliche Aspekte* (S. 639–660). Springer Open.

Freiburger Verkehrs AG. (2024). MobilSiegel. Die Auszeichnung für klimafreundliche Mobilität in Unternehmen. Verfügbar 16. Februar 2024 unter https://www.vag-freiburg.de/service-infos/mobilitaet-fuer-unternehmen/mobilsiegel

Gauer, V. H., Axsen, J., Dütschke, E., Long, Z., & Kelber, A. (2023). Who is more attached to their car? Comparing automobility engagement and response to shared, automated and electric mobility in Canada and Germany. *Energy Research and Social Science*, *99*, 103048. https://doi.org/10.1016/j.erss.2023.103048

Ghazizadeh, M., Peng, Y., Lee, J. D., & Boyle, L. N. (2012). Augmenting the Technology Acceptance Model with trust: Commercial Drivers' Attitudes towards Monitoring and Feedback. *Proceedings of the Human Factors and Ergonomics Society 56th Annual Meeting*, 2286–2290. https://doi.org/10.1177/1071181312561481

Gleichstellungsbüro RWTH Aachen. (2021). *Geschlechtergerechte Sprache. Handreichung.*

Golbabaei, F., Yigitcanlar, T., & Bunker, J. (2021). The role of shared autonomous vehicle systems in delivering smart urban mobility: A systematic review of the literature. *International Journal of Sustainable Transportation*, *15*(10), 731–748. https://doi.org/10.1080/15568318.2020.1798571

Golbabaei, F., Yigitcanlar, T., Paz, A., & Bunker, J. (2023). Perceived Opportunities and Challenges of Autonomous Demand-Responsive Transit Use: What Are the Socio-Demographic Predictors? *Sustainability*, *15*(15), 11839. https://doi.org/10.3390/su151511839

Gold, C., Körber, M., Hohenberger, C., Lechner, D., & Bengler, K. (2015). Trust in Automation – Before and after the experience of take-over scenarios in a highly automated vehicle. *Procedia Manufacturing*, *3*, 3025–3032. https://doi.org/10.1016/j.promfg.2015.07.847

Greszki, R., Meyer, M., & Schoen, H. (2015). Exploring the effects of removing "too fast"responses and respondents from web surveys. *Public Opinion Quarterly*, *79*(2), 471–503. https://doi.org/10.1093/poq/nfu058

Haas, R. E., Bhattacharjee, S., & Möller, D. P. F. (2020). Advanced Driver Assistance Systems. In K. Akhilesh & D. Möller (Hrsg.), *Smart Technologies. Scope and Applications* (S. 345–371). Springer Singapore.

Hansen, T., & Sener, I. N. (2023). Strangers On This Road We Are On: A Literature Review of Pooling in On-Demand Mobility Services. *Transportation Research Record*, *2677*(3), 1368–1381. https://doi.org/10.1177/03611981221123801

Hengstler, M., Enkel, E., & Duelli, S. (2016). Applied artificial intelligence and trust-The case of autonomous vehicles and medical assistance devices. *Technological Forecasting and Social Change*, *105*, 105–120. https://doi.org/10.1016/j.techfore.2015.12.014

Herrenkind, B., Brendel, A. B., Nastjuk, I., Greve, M., & Kolbe, L. M. (2019). Investigating end-user acceptance of autonomous electric buses to accelerate diffusion.

Transportation Research Part D: Transport and Environment, *74*, 255–276. https://doi.org/10.1016/j.trd.2019.08.003

Hewitt, C., Politis, I., Amanatidis, T., & Sarkar, A. (2019). Assessing Public Perception of Self-Driving Cars: the Autonomous Vehicle Acceptance Model. *Proceedings of the 24th International Conference on Intelligent User Interfaces*, 518–527. https://doi.org/10.1145/3301275.3302268

Hick, S., Biermann, H., & Ziefle, M. (2024). How deep is your trust? A comparative user requirements' analysis of automation in medical and mobility technologies. *Humanities and Social Science Communication*, *11*(77). https://doi.org/10.1057/s41599-023-02575-0

Hoff, K. A., & Bashir, M. (2015). Trust in Automation: Integrating Empirical Evidence on Factors That Influence Trust. *Human Factors*, *57*(3), 407–434. https://doi.org/10.1177/0018720814547570

Hüsing, B., Bierhals, R., Bührlen, B., Friedewald, M., Kimpeler, S., Menrad, K., Wengel, J., Zimmer, R., & Zoche, P. (2002). *Technikakzeptanz und Nachfragemuster als Standortvorteil. Abschlussbericht an das Bundesministerium für Bildung und Forschung*, Fraunhofer-Institut für Systemtechnik und Innovationsforschung (Fraunhofer ISI).

Iclodean, C., Cordos, N., & Varga, B. O. (2020). Autonomous shuttle bus for public transportation: A review. *Energies*, *13*(11), 2917. https://doi.org/10.3390/en13112917

Jessup, S. A., Schneider, T. R., Alarcon, G. M., Ryan, T. J., & Capiola, A. (2019). The Measurement of the Propensity to Trust Technology. In J. Chen & G. Fragomeni (Hrsg.), *Proceedings of the 21st International Conference on Human-Computer Interaction* (S. 476–489). https://doi.org/10.1007/978-3-030-21565-1_32

Jian, J.-Y., Bisantz, A. M., & Drury, C. G. (2000). Foundations for an Empirically Determined Scale of Trust in Automated Systems. *International Journal of Cognitive Ergonomics*, *4*(1), 53–71. https://doi.org/10.1207/S15327566IJCE0401_04

Kanawattanachai, P., & Yoo, Y. (2002). Dynamic nature of trust in virtual teams. *Journal of Strategic Information Systems*, *11*(3-4), 187–213. https://doi.org/10.1016/S0963-8687(02)00019-7

Kaur, K., & Rampersad, G. (2018). Trust in driverless cars: Investigating key factors influencing the adoption of driverless cars. *Journal of Engineering and Technology Management*, *48*, 87–96. https://doi.org/10.1016/j.jengtecman.2018.04.006

Kaye, S. A., Lewis, I., Buckley, L., Gauld, C., & Rakotonirainy, A. (2020). To share or not to share: A theoretically guided investigation of factors predicting intentions to use fully automated shared passenger shuttles. *Transportation Research Part F: Traffic Psychology and Behaviour*, *75*, 203–213. https://doi.org/10.1016/j.trf.2020.10.010

Kent, J. L. (2014). Driving to save time or saving time to drive? The enduring appeal of the private car. *Transportation Research Part A: Policy and Practice*, *65*, 103–115. https://doi.org/10.1016/j.tra.2014.04.009

Kohn, S. C., de Visser, E. J., Wiese, E., Lee, Y. C., & Shaw, T. H. (2021). Measurement of Trust in Automation: A Narrative Review and Reference Guide. *Frontiers in Psychology*, *12*, 604977. https://doi.org/10.3389/fpsyg.2021.604977

Kollmann, T. (1998). *Akzeptanz innovativer Nutzungsgüter und -systeme. Konsequenzen für die Einführung von Telekommunikations- und Multimediasystemen.* Gabler Verlag.

König, A., & Grippenkoven, J. (2020). Travellers' willingness to share rides in autonomous mobility on demand systems depending on travel distance and detour. *Travel Behaviour and Society, 21*, 188–202. https://doi.org/10.1016/j.tbs.2020.06.010

König, A., Wirth, C., & Grippenkoven, J. (2021). Generation Y's Information Needs Concerning Sharing Rides in Autonomous Mobility on Demand Systems. *Sustainability, 13*(14), 8095. https://doi.org/10.3390/su13148095

Kostorz, N., Fraedrich, E., & Kagerbauer, M. (2021). Usage and user characteristics—insights from Moia, Europe's largest ridepooling service. *Sustainability, 13*(12), 958. https://doi.org/10.3390/su13020958

Kovaleva, A., Beierlein, C., Kemper, C. J., & Rammstedt, B. (2014). *Internale-Externale-Kontrollüberzeugung-4 (IE-4)*, GESIS – Leibniz-Institut für Sozialwissenschaften. https://doi.org/10.6102/zis184

Kraftfahrt-Bundesamt. (2024). Gesetzgebung zum autonomen Fahren. Verfügbar 10. Januar 2024 unter https://www.kba.de/DE/Themen/Marktueberwachung/Produktpruefungen/AutomatisiertesAutonomesFahren/Gesetzgebung/gesetzgebung_autonomes_fahren_node.html

Kröger, L., Kuhnimhof, T., & Trommer, S. (2019). Does context matter? A comparative study modelling autonomous vehicle impact on travel behaviour for Germany and the USA. *Transportation Research Part A: Policy and Practice, 122*, 146–161. https://doi.org/10.1016/j.tra.2018.03.033

Krueger, R., Rashidi, T. H., & Rose, J. M. (2016). Preferences for shared autonomous vehicles. *Transportation Research Part C: Emerging Technologies, 69*, 343–355. https://doi.org/10.1016/j.trc.2016.06.015

Krumpal, I. (2013). Determinants of social desirability bias in sensitive surveys: A literature review. *Quality and Quantity, 47*, 2025–2047. https://doi.org/10.1007/s11135-011-9640-9

Kuckartz, U. (2014). *Mixed Methods. Methodologie, Forschungsdesigns und Analyseverfahren.* Springer VS.

Kuckartz, U., & Rädiker, S. (2022). *Qualitative Inhaltsanalyse: Methoden, Praxis, Computerunterstützung.* Juventa Verlag.

Kuhnimhof, T. (2021). Next Generation Travel: Young Adults' Travel Patterns. In R. Vickerman (Hrsg.), *International Encyclopedia of Transportation* (S. 215–221). Elsevier Ltd.

Kurzweil, A., & Raimund, W. (2022). *Kommunale, nicht-investive Maßnahmen im Verkehr. Eine Beispielsammlung*, Umweltbundesamt.

Lavieri, P. S., & Bhat, C. R. (2019). Modeling individuals' willingness to share trips with strangers in an autonomous vehicle future. *Transportation Research Part A: Policy and Practice, 124*, 242–261. https://doi.org/10.1016/j.tra.2019.03.009

Lee, J., & See, K. (2004). Trust in Automation: Designing for Appropriate Reliance. *Human Factors, 46*(1), 50–80. https://doi.org/10.1518/hfes.46.1.50_30392

Lee, J., Lee, D., Park, Y., Lee, S., & Ha, T. (2019). Autonomous vehicles can be shared, but a feeling of ownership is important: Examination of the influential factors for intention to use autonomous vehicles. *Transportation Research Part C: Emerging Technologies, 107*, 411–422. https://doi.org/10.1016/j.trc.2019.08.020

Lee, J. D., & Moray, N. (1994). Trust, self-confidence, and operators' adaption to automation. *International Journal of Human-Computer Studies, 40*(1), 153–184. https://doi.org/10.1006/ijhc.1994.1007

Lewicki, R., McAllister, D., & Bies, R. (1998). Trust and Distrust: New Relationships and Realities. *Academy of Management Review, 23*(3), 438–458. https://doi.org/10.5465/AMR.1998.926620

Lewis, J. D., & Weigert, A. (1985). Trust as a Social Reality. *Social Forces, 63*(4), 967–985. https://doi.org/10.1093/sf/63.4.967

Liao, Y., Guo, H., & Liu, X. (2023). A Study of Young People's Intention to Use Shared Autonomous Vehicles: A Quantitative Analysis Model Based on the Extended TPB-TAM. *Sustainability, 15*(15), 11825. https://doi.org/10.3390/su151511825

Lidynia, C., Liehner, G. L., & Ziefle, M. (2022). Paving the Way to Autonomy – Influencing Factors for the Acceptance of Autonomously Operating Transportation Services in Rural Germany. In K. Plant & G. Praetorius (Hrsg.), *Proceedings of the 13th International Conference on Applied Human Factors and Ergonomics* (S. 261–271). https://doi.org/10.54941/ahfe1002456

Liehner, G. L., Brauner, P., Schaar, A. K., & Ziefle, M. (2022). Delegation of Moral Tasks to Automated Agents—The Impact of Risk and Context on Trusting a Machine to Perform a Task. *IEEE Transactions on Technology and Society, 3*(1), 46–57. https://doi.org/10.1109/tts.2021.3118355

Linzenich, A., Arning, K., & Ziefle, M. (2019). Identifying the Do's and Don'ts for a Trust-Building CCU Product Label. In B. Donnellan, C. Klein & M. Helfert (Hrsg.), *Proceedings of the 8th International Conference on Smart Cities and Green ICT Systems* (S. 58–69). https://doi.org/10.5220/0007690100580069

Linzenich, A., Arning, K., & Ziefle, M. (2021). Making CCU Visible: Investigating Laypeople's Requirements for a Trusted, Informative CCU Label. In M. Helfert, C. Klein, B. Donnellan & O. Gusikhin (Hrsg.), *Proceedings of the 8th International Conference SMARTGREENS 2019 and 5th International Conference VEHITS 2019* (S. 40–64). https://doi.org/10.1007/978-3-030-68028-2_3

Liu, M., Wu, J., Zhu, C., & Hu, K. (2022). Factors Influencing the Acceptance of Robo-Taxi Services in China: An Extended Technology Acceptance Model Analysis. *Journal of Advanced Transportation*, 8461212. https://doi.org/10.1155/2022/8461212

Liu, P., Xu, Z., & Zhao, X. (2019). Road tests of self-driving vehicles: Affective and cognitive pathways in acceptance formation. *Transportation Research Part A: Policy and Practice, 124*, 354–369. https://doi.org/10.1016/j.tra.2019.04.004

Lotz, V., Kirste, A., Lidynia, C., Stumpf, E., & Ziefle, M. (2023). User Acceptance of Urban Air Mobility (UAM) for Passenger Transport: A Choice-Based Conjoint Study. In H. Krömker (Hrsg.), *Proceedings of the 25th International Conference on Human-Computer Interaction* (S. 296–315). https://doi.org/10.1007/978-3-031-35678-0_20

Lu, N., Cheng, N., Zhang, N., Shen, X., & Mark, J. W. (2014). Connected vehicles: Solutions and challenges. *IEEE Internet of Things Journal, 1*(4), 289–299. https://doi.org/10.1109/JIOT.2014.2327587

Lucke, D. (1995). *Akzeptanz. Legitimität in der Abstimmungsgesellschaft.* Springer Fachmedien Wiesbaden.

Maaz, K., Artelt, C., Buchholz, S., Kühne, S., Leerhoff, H., Rauschenbach, T., Schrader, J., & Seeber, S. (2022). *Bildung in Deutschland 2022: Ein indikatorengestützter Bericht mit einer Analyse zum Bildungspersonal*, Autor:innengruppe Bildungsberichterstattung. https://doi.org/10.3278/6001820hw

Masello, L., Castignani, G., Sheehan, B., Murphy, F., & McDonnell, K. (2022). On the road safety benefits of advanced driver assistance systems in different driving contexts. *Transportation Research Interdisciplinary Perspectives*, *15*, 100670. https://doi.org/10.1016/j.trip.2022.100670

Mayer, R. C., Davis, J. H., & Schoorman, F. D. (1995). An Integrative Model Of Organizational Trust. *The Academy of Management Review*, *20*(3), 709–734. https://doi.org/10.5465/amr.1995.9508080335

Mayring, P. (2022). *Qualitative Inhaltsanalyse. Grundlagen und Techniken* (13. Aufl.). Beltz Verlag.

Mayring, P., & Fenzl, T. (2022). Qualitative Inhaltsanalyse. In N. Baur & J. Blasius (Hrsg.), *Handbuch Methoden der empirischen Sozialforschung* (S. 691–706). Springer Fachmedien Wiesbaden.

McAllister, D. J. (1995). Affect- and Cognition-Based Trust as Foundations for Interpersonal Cooperation in Organizations. *Academy of Management Journal*, *38*(1), 24–59.

McKnight, D. H., & Chervany, N. L. (2000). What is Trust? A Conceptual Analysis and an Interdisciplinary Model. *Proceedings of the 2000 Americas Conference on Information Systems*, 382.

McKnight, D. H., Choudhury, V., & Kacmar, C. (2002). Developing and Validating Trust Measures for e-Commerce: An Integrative Typology. *Information Systems Research*, *13*(3), 334–359. https://doi.org/10.1287/isre.13.3.334.81

Menon, N., Barbour, N., Zhang, Y., Pinjari, A. R., & Mannering, F. (2018). Shared autonomous vehicles and their potential impacts on household vehicle ownership: An exploratory empirical assessment. *International Journal of Sustainable Transportation*, *13*(2), 111–122. https://doi.org/10.1080/15568318.2018.1443178

Merritt, S. M., Heimbaugh, H., LaChapell, J., & Lee, D. (2013). I Trust It, but I Don't Know Why: Effects of Implicit Attitudes toward Automation on Trust in an Automated System. *Human Factors*, *55*(3), 520–534. https://doi.org/10.1177/0018720812465081

Mobility-as-a-Service NRW. (2024). Projektbeispiele. Verfügbar 14. Januar 2024 unter https://maas.mobil.nrw/#Projekte

Möller, D. P. F., & Haas, R. E. (2019). Advanced Driver Assistance Systems and Autonomous Driving. In D. P. F. Möller & R. E. Haas (Hrsg.), *Guide to Automotive Connectivity and Cybersecurity. Trends, Technologies, Innovations and Applications* (S. 513–580). Springer Cham.

Moon, S. J., Costello, J. P., & Koo, D. M. (2017). The impact of consumer confusion from eco-labels on negative WOM, distrust, and dissatisfaction. *International Journal of Advertising*, *36*(2), 246–271. https://doi.org/10.1080/02650487.2016.1158223

Moosbrugger, H., & Brandt, H. (2020). Itemkonstruktion und Antwortverhalten. In H. Moosbrugger & A. Kelava (Hrsg.), *Testtheorie und Fragebogenkonstruktion* (3. Aufl., S. 67–89). Springer-Verlag GmbH Deutschland.

Morgan, D. L. (2014). *Integrating qualitative and quantitative methods: A pragmatic approach*. SAGE Publications Inc.

Morgan, P. L., Williams, C., Flower, J., Alford, C., & Parkin, J. (2019). Trust in an autonomously driven simulator and vehicle performing maneuvers at a T-junction with and without other vehicles. In N. Stanton (Hrsg.), *Proceedings of the 9th*

International Conference on Applied Human Factors and Ergonomics (S. 363–375). https://doi.org/10.1007/978-3-319-93885-1_33

Morgan, R. M., & Hunt, S. D. (1994). The Commitment-Trust Theory of Relationship Marketing. *Journal of Marketing*, *58*(3), 20–38. https://doi.org/10.2307/1252308

Muir, B. M. (1987). Trust between humans and machines, and the design of decision aids. *International Journal of Man-Machine Studies*, *27*(5-6), 527–539. https://doi.org/10.1016/S0020-7373(87)80013-5

Muir, B. M. (1994). Trust in automation: Part I. Theoretical issues in the study of trust and human intervention in automated systems. *Ergonomics*, *37*(11), 1905–1922. https://doi.org/10.1080/00140139408964957

Narayanan, S., Chaniotakis, E., & Antoniou, C. (2020). Shared autonomous vehicle services: A comprehensive review. *Transportation Research Part C: Emerging Technologies*, *111*, 255–293. https://doi.org/10.1016/j.trc.2019.12.008

Naumann, M. (2023). Mobilitätsarmut – ein Thema für die bundesdeutsche Raumentwicklung? *Standort*, 1–6. https://doi.org/10.1007/s00548-023-00888-5

Nobis, C., & Kuhnimhof, T. (2018). *Mobilität in Deutschland – MiD Ergebnisbericht.*, Studie von infas, DLR, IVT und infas 360 im Auftrag des Bundesministers für Verkehr und digitale Infrastruktur (FE-Nr. 70.904/15). www.mobilitaet-in-deutschland.de

Nordhoff, S., de Winter, J., Madigan, R., Merat, N., van Arem, B., & Happee, R. (2018). User acceptance of automated shuttles in Berlin-Schöneberg: A questionnaire study. *Transportation Research Part F: Traffic Psychology and Behaviour*, *58*, 843–854. https://doi.org/10.1016/j.trf.2018.06.024

Nordhoff, S., de Winter, J., Payre, W., van Arem, B., & Happee, R. (2019). What impressions do users have after a ride in an automated shuttle? An interview study. *Transportation Research Part F: Traffic Psychology and Behaviour*, *63*, 252–269. https://doi.org/10.1016/j.trf.2019.04.009

Nordhoff, S., Malmsten, V., van Arem, B., Liu, P., & Happee, R. (2021). A structural equation modeling approach for the acceptance of driverless automated shuttles based on constructs from the Unified Theory of Acceptance and Use of Technology and the Diffusion of Innovation Theory. *Transportation Research Part F: Traffic Psychology and Behaviour*, *78*, 58–73. https://doi.org/10.1016/j.trf.2021.01.001

Nordhoff, S., Stapel, J., van Arem, B., & Happee, R. (2020). Passenger opinions of the perceived safety and interaction with automated shuttles: A test ride study with 'hidden' safety steward. *Transportation Research Part A: Policy and Practice*, *138*, 508–524. https://doi.org/10.1016/j.tra.2020.05.009

Offermann-Van Heek, J., Brauner, P., & Ziefle, M. (2018). Let's talk about TEX – Understanding consumer preferences for smart interactive textile products using a conjoint analysis approach. *Sensors*, *18*(9), 3152. https://doi.org/10.3390/s18093152

Osgood, C. E. (1952). The nature and measurement of meaning. *Psychological bulletin*, *49*(3), 197–237. https://doi.org/10.1037/h0021468

Paddeu, D., Parkhurst, G., & Shergold, I. (2020). Passenger comfort and trust on first-time use of a shared autonomous shuttle vehicle. *Transportation Research Part C: Emerging Technologies*, *115*, 102604. https://doi.org/10.1016/j.trc.2020.02.026

Paddeu, D., Shergold, I., & Parkhurst, G. (2020). The social perspective on policy towards local shared autonomous vehicle services (LSAVS). *Transport Policy*, *98*, 116–126. https://doi.org/10.1016/j.tranpol.2020.05.013

Paddeu, D., Tsouros, I., Parkhurst, G., Polydoropoulou, A., & Shergold, I. (2021). A study of users' preferences after a brief exposure in a Shared Autonomous Vehicle (SAV). *Transportation Research Procedia, 52*, 533–540. https://doi.org/10.1016/j.trpro.2021.01.063

Pakusch, C., & Bossauer, P. (2017). User Acceptance of Fully Autonomous Public Transport. In M. van Sinderen, M. S. Obaidat & E. Cabello (Hrsg.), *Proceedings of the 14th International Joint Conference on e-Business and Telecommunications* (S. 52–60). https://doi.org/10.5220/0006472900520060

Parasuraman, R., & Riley, V. (1997). Humans and Automation: Use, Misuse, Disuse, Abuse. *Human Factors, 39*(2), 230–253. https://doi.org/10.1518/001872097778543886

Patel, R. K., Etminani-Ghasrodashti, R., Kermanshachi, S., Rosenberger, J. M., Pamidimukkala, A., & Foss, A. (2023). Identifying individuals' perceptions, attitudes, preferences, and concerns of shared autonomous vehicles: During- and post-implementation evidence. *Transportation Research Interdisciplinary Perspectives, 18*, 100785. https://doi.org/10.1016/j.trip.2023.100785

Pavlou, P. (2003). Consumer Acceptance of Electronic Commerce. Integrating Trust and Risk with the Technology Acceptance Model. *International Journal of Electronic Commerce, 7*(3), 101–134. https://doi.org/10.1080/10864415.2003.11044275

Petermann, T., & Scherz, C. (2005). TA und (Technik-)Akzeptanz (-forschung). *Technikfolgenabschätzung – Theorie und Praxis, 14*(3), 45–53.

Pettigrew, S., Dana, L. M., & Norman, R. (2019). Clusters of potential autonomous vehicles users according to propensity to use individual versus shared vehicles. *Transport Policy, 76*, 13–20. https://doi.org/10.1016/j.tranpol.2019.01.010

Philipsen, R., Brell, T., & Ziefle, M. (2019). Carriage Without a Driver – User Requirements for Intelligent Autonomous Mobility Services. In N. Stanton (Hrsg.), *Proceedings of the 9th International Conference on Applied Human Factors and Ergonomics* (S. 339–350). https://doi.org/10.1007/978-3-319-93885-1_31

Pöhler, G., Heine, T., & Deml, B. (2016). Itemanalyse und Faktorstruktur eines Fragebogens zur Messung von Vertrauen im Umgang mit automatischen Systemen. *Zeitschrift für Arbeitswissenschaft, 70*(3), 151–160. https://doi.org/10.1007/s41449-016-0024-9

Porst, R. (2009). *Fragebogen. Ein Arbeitsbuch* (2. Aufl.). GWV Fachverlage GmbH.

Portouli, E., Karaseitanidis, G., Lytrivis, P., Amditis, A., Raptis, O., & Karaberi, C. (2017). Public attitudes towards autonomous mini buses operating in real conditions in a Hellenic city. *Proceedings of the 28th IEEE Intelligent Vehicles Symposium*, 571–576. https://doi.org/10.1109/IVS.2017.7995779

Quintero, C. (2022). A review: accessible technology through participatory design. *Disability and Rehabilitation: Assistive Technology, 17*(4), 369–375. https://doi.org/10.1080/17483107.2020.1785564

Rammert, A. (2019). Barrieren für eine integrierte Verkehrsplanung in deutschen Kommunen. *Verwaltung & Management, 25*(3), 142–150. https://doi.org/10.5771/0947-9856-2019-3-142

Rana, M. M., & Hossain, K. (2023). Connected and Autonomous Vehicles and Infrastructures: A Literature Review. *International Journal of Pavement Research and Technology, 16*(2), 264–284. https://doi.org/10.1007/s42947-021-00130-1

Rauber, J., Lell, O., & Muster, V. (2022). *Weniger Verkehr, mehr Lebensqualität. Leitfaden zur Kommunikation von Suffizienz als Ziel kommunaler Verkehrspolitik*, Umweltbundesamt.

Rehrl, K., & Zankl, C. (2018). Digibus©: results from the first self-driving shuttle trial on a public road in Austria. *European Transport Research Review*, *10*(51), 1–11. https://doi.org/10.1186/s12544-018-0326-4

Rempel, J. K., Holmes, J. G., & Zanna, M. P. (1985). Trust in Close Relationships. *Journal of Personality and Social Psychology*, *49*(1), 95–112. https://doi.org/10.1037/0022-3514.49.1.95

Renn, O. (2005). Technikakzeptanz: Lehren und Rückschlüsse der Akzeptanzforschung für die Bewältigung des technischen Wandels. *TATuP - Zeitschrift für Technikfolgenabschätzung in Theorie und Praxis*, *14*(3), 29–38. https://doi.org/10.14512/tatup.14.3.29

Renn, O., & Zwick, M. M. (1997). *Risiko- und Technikakzeptanz*. Springer Berlin Heidelberg.

Roche-Cerasi, I. (2019). Public acceptance of driverless shuttles in Norway. *Transportation Research Part F: Traffic Psychology and Behaviour*, *66*, 162–183. https://doi.org/10.1016/j.trf.2019.09.002

Rogers, E. (1962). *Adoption and Diffusion of Innovations*. The Free Press.

Rohs, M., & Flore, G. (2023). *Mobilitätskonzepte für einen nachhaltigen Stadtverkehr 2050: Metaanalyse, Maßnahmen und Strategien (Abschlussbericht)*, Umweltbundesamt.

Rotter, J. B. (1967). A new scale for the measurement of interpersonal trust. *Journal of Personality*, *35*(4), 651–665. https://doi.org/10.1111/j.1467-6494.1967.tb01454.x

SAE International. (2021). *Taxonomy and Definitions for Terms Related to Driving Automation Systems for On-Road Motor Vehicles J3016_202104*. https://www.sae.org/standards/content/j3016_202104/

Saleh, K., Hossny, M., & Nahavandi, S. (2017). Towards Trusted Autonomous Vehicles from Vulnerable Road Users Perspective. *Proceedings of the 11th Annual IEEE International Systems Conference*, 1–7. https://doi.org/10.1109/SYSCON.2017.7934782

Salonen, A. O. (2018). Passenger's subjective traffic safety, in-vehicle security and emergency management in the driverless shuttle bus in Finland. *Transport Policy*, *61*, 106–110. https://doi.org/10.1016/j.tranpol.2017.10.011

Santos, G. (2018). Sustainability and Shared Mobility Models. *Sustainability*, *10*(9), 3194. https://doi.org/10.3390/su10093194

Sauer, A., Luz, F., Suda, M., & Weiland, U. (2005). *BfN Schriften 144 - Steigerung der Akzeptanz von FFH-Gebieten*, Bundesamt für Naturschutz.

Schäfer, M., & Keppler, D. (2013). *Modelle der technikorientierten Akzeptanzforschung. Überblick und Reflexion am Beispiel eines Forschungsprojekts zur Implementierung innovativer technischer Energieeffizienz-Maßnahmen [discussion paper Nr. 34/2013]*, Zentrum Technik und Gesellschaft.

Schendera, C. F. (2007). *Datenqualität mit SPSS*. Oldenbourg Verlag.

Schneider, T., Jessup, S., Stokes, C., Rivers, S., Lohani, M., & McCoy, M. (2017). The influence of trust propensity on behavioral trust. *Poster session presented at the meeting of Association for Psychological Society*.

Schomakers, E.-M., Biermann, H., & Ziefle, M. (2021). Users' Preferences for Smart Home Automation – Investigating Aspects of Privacy and Trust. *Telematics and Informatics, 64*, 101689. https://doi.org/10.1016/j.tele.2021.101689

Schuh, G., Spangenberg, M., & Stuerken, J. (2021). On the Definition of Development Objectives for Air Taxis derived from a Holistic Stakeholder Analysis. *Deutscher Luft- und Raumfahrtkongress*, 550096.

Schuh, G., & Bender, D. (2012). Grundlagen des Innovationsmanagements. In G. Schuh (Hrsg.), *Innovationsmanagement. Handbuch Produktion und Management 3* (2. Aufl., S. 1–16). Springer Vieweg.

Schuh, G., & Dölle, C. (2021). Marktentwicklung. In G. Schuh & C. Dölle (Hrsg.), *Sustainable Innovation. Nachhaltige Werte schaffen* (2. Aufl., S. 39–102). Springer Vieweg.

Schwedes, O., Daubitz, S., Rammert, A., Sternkopf, B., & Hoor, M. (2018). *Kleiner Begriffskanon der Mobilitätsforschung. 2. Auflage [IVP-Discussion Paper, No. 2018 (1)]*, Technische Universität Berlin, Fachgebiet Integrierte Verkehrsplanung.

Selting, M., Auer, P., Barth-Weingarten, D., Bergmann, J., Bergmann, P., Birkner, K., Couper-Kuhlen, E., Deppermann, A., Gilles, P., Günther, S., Hartung, M., Kern, F., Mertzlufft, C., Meyer, C., Morek, M., Oberzaucher, F., Peters, J., Quasthoff, U., Schütte, W., ... Uhmann, S. (2009). Gesprächsanalytisches Transkriptionssystem 2 (GAT 2). *Gesprächsforschung – Online-Zeitschrift zur verbalen Interaktion, 10*, 353–402.

Shaheen, S., & Cohen, A. (2018). Shared ride services in North America: definitions, impacts, and the future of pooling. *Transport Reviews, 39*(4), 427–442. https://doi.org/10.1080/01441647.2018.1497728

Siegrist, M. (2001). *Die Bedeutung von Vertrauen bei der Wahrnehmung und Bewertung von Risiken [Arbeitsbericht Nr. 197 / September 2001]*, Akademie für Technikfolgenabschätzung in Baden-Württemberg.

Siegrist, M., & Cvetkovich, G. (2000). Perception of Hazards: The Role of Social Trust and Knowledge. *Risk Analysis, 20*(5), 713–720. https://doi.org/10.1111/0272-4332.205064

Sitkin, S. B., & Roth, N. L. (1993). Explaining the Limited Effectiveness of Legalistic "Remedies" for Trust/Distrust. *Organization Science, 4*(3), 367–392. https://doi.org/10.1287/orsc.4.3.367

Söderström, E. (2009). Trust Types: An Overview. In G. Dhillon (Hrsg.), *Proceedings of the 8th Annual Security Conference. Discourses in Security Assurance & Privacy* (S. 1–12).

Sønderskov, K. M., & Daugbjerg, C. (2011). The state and consumer confidence in eco-labeling: Organic labeling in Denmark, Sweden, The United Kingdom and The United States. *Agriculture and Human Values, 28*(4), 507–517. https://doi.org/10.1007/s10460-010-9295-5

Sønderskov, K. M., & Dinesen, P. T. (2016). Trusting the State, Trusting Each Other? The Effect of Institutional Trust on Social Trust. *Political Behavior, 38*, 179–202. https://doi.org/10.1007/s11109-015-9322-8

Statistisches Bundesamt. (2023a). Ältere Autofahrerinnen und -fahrer sind bei Unfällen häufiger Hauptverursachende [Pressemeldung Nr. N064 vom 4. Dezember 2023]. https://www.destatis.de/DE/Presse/Pressemitteilungen/2023/12/PD23_N064_46241.html

Statistisches Bundesamt. (2023b). Bevölkerung: Deutschland, Stichtag, Altersjahre (12411-0005) [Datensatz]. https://www-genesis.destatis.de/genesis/online

Statistisches Bundesamt. (2023c). Bevölkerung: Deutschland, Stichtag, Geschlecht (12411-0003) [Datensatz]. https://www-genesis.destatis.de/genesis/online

Statistisches Bundesamt. (2023d). Statistischer Bericht – Verkehrsunfälle Zeitreihen – 2013-2022 [Datensatz]. https://www.destatis.de/DE/Themen/Gesellschaft-Umwelt/Verkehrsunfaelle/Publikationen/Downloads-Verkehrsunfaelle/statistischer-bericht-verkehrsunfaelle-zeitreihen-5462403227005.html

Steg, L. (2005). Car use: lust and must. Instrumental, symbolic and affective motives for car use. *Transportation Research Part A: Policy and Practice*, *39*(2-3), 147–162. https://doi.org/10.1016/j.tra.2004.07.001

Tabachnick, B. G., & Fidell, L. S. (2007). *Using Multivariate Statistics* (5. Aufl.). Pearson.

Tan, H. H., & Tan, C. S. (2000). Toward the Differentiation of Trust in Supervisor and Trust in Organization. *Genetic, Social, and General Psychology Monographs*, *126*(2), 241–260.

Thadani, T., Lerman, R., Piper, I., Siddigui, F., & Uraizee, I. (2023). The final 11 seconds of a fatal Tesla Autopilot crash [The Washington Post vom 06. Oktober 2023]. https://www.washingtonpost.com/technology/interactive/2023/tesla-autopilot-crash-analysis/

Thøgersen, J. (2000). Psychological Determinants of Paying Attention to Eco-Labels in Purchase Decisions: Model Development and Multinational Validation. *Journal of Consumer Policy*, *23*(3), 285–313. https://doi.org/10.4324/9781351154529-27

Thøgersen, J., Haugaard, P., & Olesen, A. (2010). Consumer responses to ecolabels. *European Journal of Marketing*, *44*(11), 1787–1810. https://doi.org/10.1108/03090561011079882

Thøgersen, J., & Nielsen, K. S. (2016). A better carbon footprint label. *Journal of Cleaner Production*, *125*, 86–94. https://doi.org/10.1016/j.jclepro.2016.03.098

Timans, R., Wouters, P., & Heilbron, J. (2019). Mixed methods research: what it is and what it could be. *Theory and Society*, *48*(2), 193–216. https://doi.org/10.1007/s11186-019-09345-5

Tong, W., Hussain, A., Bo, W. X., & Maharjan, S. (2019). Artificial Intelligence for Vehicle-to-Everything: A Survey. *IEEE Access*, *7*, 10823–10843. https://doi.org/10.1109/ACCESS.2019.2891073

Urbanek, A. (2021). Potential of modal shift from private cars to public transport: A survey on the commuters' attitudes and willingness to switch – A case study of Silesia Province, Poland. *Research in Transportation Economics*, *85*, 101008. https://doi.org/10.1016/j.retrec.2020.101008

Vanhala, M., Puumalainen, K., & Blomqvist, K. (2011). Impersonal trust: The development of the construct and the scale. *Personnel Review*, *40*(4), 485–513. https://doi.org/10.1108/00483481111133354

Vanhala, M., & Tzafrir, S. S. (2021). Organisational trust and performance in different contexts. *Knowledge and Process Management*, *28*(4), 331–344. https://doi.org/10.1002/kpm.1681

Venghaus, S., Henseleit, M., & Belka, M. (2022). The impact of climate change awareness on behavioral changes in Germany: changing minds or changing behavior? *Energy, Sustainability and Society*, *12*, 8. https://doi.org/10.1186/s13705-022-00334-8

Venkatesh, V., & Bala, H. (2008). Technology Acceptance Model 3 and a Research Agenda on Interventions. *Decision Sciences*, *39*(2), 273–315. https://doi.org/10.1111/j.1540-5915.2008.00192.x

Venkatesh, V., & Davis, F. D. (2000). A Theoretical Extension of the Technology Acceptance Model: Four Longitudinal Field Studies. *Management Science*, *46*(2), 186–204. https://doi.org/10.1287/mnsc.46.2.186.11926

Venkatesh, V., Morris, M. G. ., Davis, G. B., & Davis, F. D. (2003). User Acceptance of Information Technology: Toward a Unified View. *MIS Quarterly*, *27*(3), 425–478. https://doi.org/10.2307/30036540

Venkatesh, V., Thong, J., & Xu, X. (2012). Consumer Acceptance and Use of Information Technology: Extending the Unified Theory of Acceptance and Use of Technology. *MIS Quarterly*, *36*(1), 157–178. https://doi.org/10.2307/41410412

Verband Deutscher Verkehrsunternehmen. (2023a). Autonome Shuttle-Bus-Projekte in Deutschland. Verfügbar 31. Dezember 2023 unter https://www.vdv.de/liste-autonome-shuttle-bus-projekte.aspx

Verband Deutscher Verkehrsunternehmen. (2023b). Mobilitätsdienstleistungen. Verfügbar 31. August 2023 unter https://www.mobi-wissen.de/Verkehr/Mobilit%C3%A4tsdienstleistungen

Walk, H., Nölting, B., & Keppler, D. (2011). Die Suche nach Wegen für eine Energiewende in Ostdeutschland: Eine Herausforderung für die sozialwissenschaftliche Energieforschung. In D. Keppler, B. Nölting & C. Schröder (Hrsg.), *Neue Energie im Osten - Gestaltung des Umbruchs: Perspektiven für eine zukunftsfähige sozial-ökologische Energiewende* (S. 49–71). Lang.

Ward, C., Raue, M., Lee, C., D' Ambrosio, L., & Coughlin, J. F. (2017). Acceptance of Automated Driving Across Generations: The Role of Risk and Benefit Perception, Knowledge, and Trust. In M. Kurosu (Hrsg.), *Proceedings of the 19th International Conference on Human-Computer Interaction* (S. 254–266). https://doi.org/10.1007/978-3-319-58071-5_20

Webb, J., Wilson, C., & Kularatne, T. (2019). Will people accept shared autonomous electric vehicles? A survey before and after receipt of the costs and benefits. *Economic Analysis and Policy*, *61*, 118–135. https://doi.org/10.1016/j.eap.2018.12.004

Wolking, C. (2021). Öffentliche Mobilität und neue Mobilitätsdienstleistungen – Rahmenbedingungen und Gestaltungsperspektiven. In O. Schwedes (Hrsg.), *Öffentliche Mobilität. Voraussetzungen für eine menschengerechte Verkehrsplanung* (S. 105–138). Springer VS.

Wu, M., & Yuen, K. F. (2023). Initial trust formation on shared autonomous vehicles: Exploring the effects of personality-, transfer- and performance-based stimuli. *Transportation Research Part A: Policy and Practice*, *173*, 103704. https://doi.org/10.1016/j.tra.2023.103704

Wu, Z., Zhou, H., Xi, H., & Wu, N. (2021). Analysing public acceptance of autonomous buses based on an extended TAM model. *IET Intelligent Transport Systems*, *15*(10), 1318–1330. https://doi.org/10.1049/itr2.12100

Xu, Z., Zhang, K., Min, H., Wang, Z., Zhao, X., & Liu, P. (2018). What drives people to accept automated vehicles? Findings from a field experiment. *Transportation Research Part C: Emerging Technologies*, *95*, 320–334. https://doi.org/10.1016/j.trc.2018.07.024

Yap, Y. Y., Tan, S. H., & Choon, S. W. (2022). Elderly's intention to use technologies: A systematic literature review. *Heliyon*, *8*(1), e08765. https://doi.org/10.1016/j.heliyon.2022.e08765

Zentralverband Karosserie- und Fahrzeugtechnik. (2024). Fachbetrieb für E-Mobilität. Verfügbar 16. Februar 2024 unter https://www.zkf.de/leistungen/e-mobilitaet-fachbetrieb

Zhang, T., Tao, D., Qu, X., Zhang, X., Lin, R., & Zhang, W. (2019). The roles of initial trust and perceived risk in public's acceptance of automated vehicles. *Transportation Research Part C: Emerging Technologies*, *98*, 207–220. https://doi.org/10.1016/j.trc.2018.11.018

Zhao, X., Lynch, J. G., & Chen, Q. (2010). Reconsidering Baron and Kenny: Myths and truths about mediation analysis. *Journal of Consumer Research*, *37*(2), 197–206. https://doi.org/10.1086/651257

Zidi, C., Sondi, P., Mitton, N., Wahl, M., & Meddahi, A. (2023). Review and Perspectives on the Audit of Vehicle-to-Everything Communications. *IEEE Access*, *11*, 81623–81645. https://doi.org/10.1109/ACCESS.2023.3301182

Ziefle, M. (2013). Ungewissheit und Unsicherheit bei der Einführung neuer Technologien. Nutzungsbarrieren am Beispiel von Medizintechnologien im häuslichen Umfeld. In S. Jeschke, E.-M. Jakobs & A. Dröge (Hrsg.), *Exploring Uncertainty. Ungewissheit und Unsicherheit im interdisziplinären Diskurs* (S. 83–104). Springer Gabler.

Ziefle, M., & Jakobs, E.-M. (2010). New challenges in Human Computer Interaction: Strategic Directions and Interdisciplinary Trends. *Proceedings of the 4th International Conference on Competitive Manufacturing*, 389–398.

Zoellick, J. C., Kluy, L., Rössle, S., Witte, J., Schenk, L., Kuhlmey, A., & Bühler, S. (2021). I'm curious, I'm open to it, I test it, I trust it! A focus groups study to understand a-priori trust in automated buses. *Transportation Research Part F: Psychology and Behaviour*, *81*, 55–64. https://doi.org/10.1016/j.trf.2021.05.016

Anhang

A.1 Interviewstudien: Szenarien und Fragen

Interviewstudie Nr. 1: In Ihrem Wohnort wird als Ergänzung zu bereits existierenden öffentlichen Verkehrsmitteln ein Fahrdienst mit selbstfahrenden Elektroautos eingerichtet. Dieses Mobilitätsangebot ist von jedem individuell buchbar, ist nicht an feste Haltestellen oder Fahrpläne gebunden und kann sowohl Einzelpersonen als auch kleine Gruppen von bis zu 15 Personen befördern. Individuell buchbar heißt in diesem Fall, dass Sie als Fahrgast nicht nur, wie bei konventionellen Taxis, über Abholzeit und -ort sowie das Ziel der Fahrt entscheiden können, sondern weitere Möglichkeiten haben den Fahrtverlauf oder die Fahrzeugausstattung zu beeinflussen.

Interviewstudie Nr. 2: [...] Nutzeranforderungen an ein autonomes On-Demand-Shuttle. Die Besonderheit dieses Shuttles ist die Möglichkeit einer individuell angepassten Nutzung. Ein Shuttle on demand bedeutet hier, ein Fahrzeug nach Bedarf oder auf Abruf zur Verfügung zu haben. Mit individuell angepasst ist die persönliche Festlegung des Shuttle-Weges, der Abfahrtzeit und des Nutzungszwecks gemeint.

Interviewstudie Nr. 3: In Ihrem Wohnort wird als Ergänzung zu bereits existierenden öffentlichen Verkehrsmitteln ein Fahrdienst mit einem autonom fahrenden Fahrzeug eingerichtet. Dieses Mobilitätsangebot ist von jedem individuell buchbar, ist nicht an feste Haltestellen oder Fahrpläne gebunden und kann sowohl Einzelpersonen als auch kleine Gruppen von bis zu 15 Personen befördern. Individuell buchbar heißt in diesem Fall, dass Sie als Fahrgast nicht nur, wie bei konventionellen Taxis, über Abholzeit und -ort sowie das Ziel der Fahrt entscheiden können, sondern weitere Möglichkeiten haben, den Fahrtverlauf oder die Fahrzeugausstattung zu beeinflussen, beispielsweise, wenn Sie Gegenstände transportieren müssen oder einen Kindersitz brauchen.

Interviewstudie Nr. 4: In Ihrem Wohnort wird als Ergänzung zu bereits existierenden öffentlichen Verkehrsmitteln ein elektrifizierter autonomer Shuttlebus angeboten. Dieses Mobilitätsangebot ist von jedem individuell buchbar und ist weder an feste Haltestellen noch an Fahrpläne gebunden und kann darüber hinaus sowohl Einzelpersonen als auch kleine Gruppen von bis zu 15 Personen befördern. Individuell buchbar heißt in diesem Fall, dass Sie als Fahrgast Folgendes selbst bestimmen können: Abholzeit und -ort, Fahrtverlauf und Fahrzeugausstattung. Sie haben von dem neuen Mobilitätsangebot der autonomen Shuttlebusse gehört und möchten dies jetzt ausprobieren.

Interviewstudie Nr. 5: Versetzen Sie sich jetzt bitte in die Situation, dass in Ihrem Wohnort als Ergänzung zu bereits existierenden öffentlichen Verkehrsmitteln ein Fahrdienst mit einem autonom fahrenden Fahrzeug integriert wird. Dieses Mobilitätsangebot ist von jedem individuell per App on demand buchbar, ist nicht an feste Haltestellen oder Fahrpläne gebunden und kann sowohl Einzelpersonen als auch kleine Gruppen von bis zu 15 Personen befördern. Individuell on demand buchbar heißt in diesem Fall, dass Sie als Fahrgast nur nur, wie bei konventionellen Taxis, über Abholzeit und -ort sowie Fahrtziel entscheiden können, sondern weitere Möglichkeiten haben, den Fahrtverlauf oder die Fahrzeugausstattung zu beeinflussen, beispielsweise, wenn Sie Gegenstände transportieren müssen oder einen Kindersitz benötigen. Die Shuttlebusse werden autonom, das heißt fahrerlos, gesteuert. Sensoren, wie Umfelderkennung, Selbstlokalisierung und Planungsalgorithmen unterstützen das System.

Tabelle A.1: Liste der Fragen in den halbstrukturierten Interviewstudien (IS) entlang der bearbeiteten Forschungsthemen

Informationsstand und -bedarf	
Haben Sie bereits von einem autonomen Shuttlebus auf Abruf gehört?	IS 2
Was möchten Sie über den autonomen Shuttlebus wissen?	IS 4
Nutzungsanreize und -hemmnisse	
Welche Vorteile (und Nachteile) sehen Sie?	IS 3 (IS 2)
Wo sehen Sie Vor- und Nachteile gegenüber dem konventionellen ÖPNV?	IS 1
Was spricht Ihrer Meinung nach für bzw. gegen den Einsatz?	IS 5
Welche Risiken sehen Sie hinsichtlich der Nutzung?	IS 3
Inwiefern können Sie sich vorstellen, den Dienst zu nutzen?	IS 3
Warum würden Sie den Dienst (nicht) nutzen wollen?	IS 2, IS 4
Welche Eigenschaften dürfte das Mobilitätsangebot auf keinen Fall haben, damit Sie bereit wären, es zu nutzen?	IS 1
Welcher Aspekt der Implementierung ist für Sie am wichtigsten?	IS 4
Nutzungsszenarien	
Für welche Zwecke bzw. auf welchen Strecken würden Sie eher alleine oder eher zusammen mit anderen Mitfahrern fahren?	IS 1
Was müsste der besprochene autonome Fahrdienst auf jeden Fall bieten, damit Sie vollständig auf ein eigenes, privates Auto verzichten würden?	IS 1
Vertrauensbildung	
Was würde Ihr Vertrauen fördern bzw. hemmen?	IS 3
Inwiefern würden Sie sich bei einer Fahrt sicher oder unsicher fühlen?	IS 4
Was soll, muss oder darf eine Servicezentrale von Ihnen wissen?	IS 4
Welche Daten dürfen (nicht) mit dem Fahrzeug geteilt bzw. gespeichert werden?	IS 4
Fahrgemeinschaft: Möchten Sie bestimmen, ob eine fremde oder bekannte Person auf Ihrer Route zusteigt? Wollen Sie wissen, wer an Bord ist, bevor Sie einsteigen? Welche persönlichen Daten würden Sie (nicht) mit bekannten oder fremden Passagieren teilen? Welche Informationen möchten Sie über die anderen Passagiere erhalten?	IS 4
Gütesiegel	
Achten Sie beim Kauf von Produkten oder Dienstleistungen auf Siegel? Halten Sie diese für sinnvoll und vertrauenswürdig?	IS 3
Welche Assoziationen wecken Gütesiegel bei Ihnen?	IS 5
Inwiefern beeinflusst ein Gütesiegel Ihr Vertrauen / Ihre Akzeptanz / Ihr Konsumverhalten?	IS 5
Autonomer Shuttlebus: Würde ein Siegel Ihr Vertrauen in den Fahrdienst fördern? Inwiefern beeinflusst ein Gütesiegel Ihr Vertrauen und Ihre Nutzungsbereitschaft?	IS 3, IS 5
Autonomer Shuttlebus: Was (bzgl. Vergabe, Gestaltung, Inhalt) wäre wichtig, damit Sie dem Gütesiegel vertrauen würden? Welche Informationen sollte ein Gütesiegel kommunizieren?	IS 3, IS 5

A.2 Kodierleitfaden

Tabelle A.2: Informationsstand und Informationsbedarf (IS steht für Interviewstudie)

Hauptkategorie	Unterkategorie(n)	Definition	Ankerbeispiel(e)
Informationsstand	Uninformiert	Unkenntnis von fahrerlosen Shuttlebussen (spezifisch, in Abgrenzung zu fahrerlosem Fahren allgemein)	Autonomes Fahren kennt man ja, aber das mit dem Shuttle hatte ich vorher noch nicht gehört. (weiblich, 24 Jahre, IS 2)
	Informiert	Kenntnis von fahrerlosen Shuttlebussen (spezifisch, in Abgrenzung zu fahrerlosem Fahren allgemein)	Ich habe schon recht viel davon gehört [...]. (männlich, 24 Jahre, IS 2)
Informationsquelle	RWTH Aachen	Universitäres Arbeitsumfeld an der RWTH Aachen University als Quelle für Informationen über fahrerlose Shuttlebusse	Dadurch, dass wir hier am RWTH Campus sind [...]. (männlich, 25 Jahre, IS 2)
	Bürgerdialog	Aachener Bürgerdialog als Quelle für Informationen über fahrerlose Shuttlebusse	[...] das war so eine Wochenendveranstaltung, die von der Stadt Aachen gehostet wurde, wo es um autonome Mobilität der Zukunft ging. Das war ein Bürgerdialog und da war eben ein Teil [...] das autonome Shuttle. (weiblich, 27 Jahre, IS 2)
	Science-Fiction-Filme	Science-Fiction-Filme als Quelle für Informationen über fahrerlose Shuttlebusse	In Science Fiction-Filmen kam das ein paarmal vor, aber mir war nicht bewusst, dass es so etwas im realen Leben gibt. (weiblich, 24 Jahre, IS 2)
Assoziation	Künstliche Intelligenz	Verknüpfung von fahrerlosen Shuttlebussen mit künstlicher Intelligenz und assoziierten Informations- und Kommunikationstechnologien	[...] die Autos konnten sprechen und du hattest eine App, mit der du die rufen konntest oder das war in dich rein implementiert, ein Chip oder so, das war eher so künstliche Intelligenz mäßig. (weiblich, 24 Jahre, IS 2)

Fortsetzung auf der nächsten Seite

Hauptkategorie	Unterkategorie(n)	Definition	Ankerbeispiel(e)
	e.Go Mover	Verknüpfung von fahrerlosen Shuttlebussen mit dem aus Forschung und Praxis bekannten e.Go Mover	[...] habe ich von dem e.Go Mover mitbekommen. Das ist halt ein Shuttle, der autonom durch bestimmte Strecken fährt und Leute auf dem Weg mitnehmen kann. Da passen ungefähr zehn Leute rein und der fährt halt komplett ohne Fahrer. (männlich, 25 Jahre, IS 2)
Informationsbedarf	Fahrzeug – Elektrifizierung – Automatisierung	Fahrzeugbezogener Informationsbedarf für Elektrifizierung (z. B. Stromerzeugung) und Automatisierung (z. B. Reaktionsverhalten)	Eine Sache, die mich definitiv interessieren würde, wäre, wo der Strom herkommt. Ob das ein erneuerbarer Strom ist oder nicht [...]. (weiblich, 24 Jahre, IS Nr. 4); Was passiert, wenn etwas Unvorhergesehenes passieren würde. Wie reagiert der Bus? (weiblich, 64 Jahre, IS 4)

Fortsetzung auf der nächsten Seite

Hauptkategorie	Unterkategorie(n)	Definition	Ankerbeispiel(e)
	Service – Buchung – Leistung – Kosten	Servicebezogener Informationsbedarf über Buchung (z. B. Medium), Leistungsumfang (z. B. Reisezeit, Platzkapazität, Komfort, Streckennetz) und Reisekosten	Mich würde interessieren, wie ich ihn buchen kann. Wenn ich ihn anrufen muss, dann wäre das für mich eine ziemlich große Hürde, weil ich es hasse zu telefonieren. Wenn es über eine App ginge, dann wäre die Hürde für mich, das auszuprobieren, viel geringer. (weiblich, 24 Jahre, IS 4); [...] wie viele Fahrgäste der mitnehmen kann, welche Reichweite der hat, welche Strecken buchbar sind. Wie schnell ist man. Wie komfortabel ist das Gefährt und, und, und. (männlich, 59 Jahre, IS 4); [...] also ich habe ja quasi ein Ticket für den öffentlichen Nahverkehr, sprich ich kann die normalen Busse gratis nutzen. Deshalb wäre der Preis auf jeden Fall auch wichtig. Je nachdem, wenn das super teuer ist, ob das sich überhaupt lohnen würde? (weiblich, 24 Jahre, IS 4)
	Nutzungserlebnis	Informationsbedarf zum Nutzungserlebnis, z. B. Erfahrungen von anderen	[...] ob das schon häufig genutzt wurde, vielleicht Erfahrungsberichte oder so, auch von Leuten, die den vielleicht schon mal benutzt haben oder das kennen oder so, würde mich wahrscheinlich interessieren. (weiblich, 24 Jahre, IS 4)

Tabelle A.3: Nutzungsanreize und -hemmnisse (IS steht für Interviewstudie)

Hauptkategorie	Unterkategorie(n)	Definition	Ankerbeispiel(e)
Anreize	Flexibilität – zeitlich – örtlich – räumlich	Unabhängigkeit von Fahrplänen, Haltestellen und festgelegten Routen (im Vergleich zum konventionellen ÖPNV)	Man kann also sagen, ich will von A nach B – Tür zu Tür – und muss nicht erst noch zur Bushaltestelle laufen, da dann warten, einsteigen, zu seiner Zielstation fahren und dort ggf. nochmal umsteigen. (männlich, 27 Jahre, IS 1); Flexible Streckengestaltung, Transport zu Orten, wo öffentliche Verkehrsmittel nicht gängig sind. (männlich, 25 Jahre, IS 2)
	Customization	Individualisierung der Mobilitätsdienstleistung	Das Individuelle ist natürlich der Riesenvorteil dabei – „customize" ist das – und dass ich eben jederzeit bestimmen kann, wann, wo und wie ich abgeholt werden kann. (männlich, 48 Jahre, IS 1)
	Digitalisierung	Digitale Mobilitätsdienstleistung (mobiler Zugang, digitale Buchung und Bezahlung, z. B. über eine Smartphone-App)	[...] dass alles mobil abläuft, dass man das über das Handy machen kann. Das ist natürlich immer praktisch. (weiblich, 18 Jahre, IS Nr. 5)
	Verkehrssicherheit	Gesteigertes Sicherheitsgefühl durch die Automatisierung des Fahrens und die Vermeidung menschlichen Fehlverhaltens (z. B. Fahren unter Müdigkeits-, Alkohol- und Drogeneinfluss, Verkehrsverstöße)	Ich glaube, dass autonomes Fahren generell, wenn das ausgereift ist, sicherer ist als menschliches Fahren. Also, ich würde eher den menschlichen Fahrer anzweifeln als ein System, was getestet ist. [...] ich habe halt das Gefühl, dass sich Menschen auch gerne müde ins Auto setzen und dann oft auch denken, leicht angetrunken kann ich trotzdem fahren. (weiblich, 27 Jahre, IS 2)

Fortsetzung auf der nächsten Seite

Hauptkategorie	Unterkategorie(n)	Definition	Ankerbeispiel(e)
	Transporteffizienz	Erwarteter Nutzungsvorteil für Verkehr und Transport durch höhere Fahrzeugauslastung	[...] gerade über einen autonomen Shuttle [...] kannst du das sehr gut steuern, dass du eine effiziente Fahrzeugausnutzung hast. Und ich glaube, das geht viel besser als wenn du so einen Individualverkehr hast. [...] dass das sozusagen den Straßenverkehr ein bisschen entzerren würde. (weiblich, 26 Jahre, IS 2)
	Umweltschutz	Erwarteter Nutzungsvorteil für Umwelt und Klima durch reduzierte Fahrleistung	[...] dass ich damit die Umwelt weniger belaste, indem ich Fahrten gemeinsam mache und den Shuttlebus gezielt buche, reduziere ich unnötige Fahrten. (männlich, 70 Jahre, IS 5)
	Geringere Kosten	Erwartete Kostenvorteile bei Betriebs- und Nutzungskosten durch Autoverzicht und Ridesplitting	[...] die Senkung der Fahrkosten. [...] On-Demand [...] zahlt man ja nur für dann, wenn man es hat und wenn man jetzt traditionell wie jetzt ein Auto hat, dann muss man ja das immer bezahlen und auch die Kosten für Steuer [...] und wenn was kaputt geht oder Inspektionen oder so. (weiblich, 24 Jahre, IS 2)
	Multitasking	Erwarteter Zeitvorteil durch die Nutzung der Reisezeit für andere Aktivitäten	[...] im Moment ist der Autofahrer ja gebunden, muss sich konzentrieren, ermüdet bei der Fahrt und kann sich nicht anderweitig beschäftigen. Beim autonomen Fahren hätte er dann Zeit, sich eben mit anderen Dingen zu beschäftigen, die Zeit wäre nicht verloren. (männlich, 34 Jahre, IS 1)

Fortsetzung auf der nächsten Seite

Hauptkategorie	Unterkategorie(n)	Definition	Ankerbeispiel(e)
	Kein Autofahren	Erwarteter Entlastungsvorteil durch die Automatisierung des Fahrens (nicht mehr selbst fahren müssen)	[...] ich finde Autofahren sehr stressig. Ich fahre nicht so unglaublich gerne Auto selber. Das heißt für mich, wenn ich irgendwo bin, wo keine gute Anbindung ist oder nachts, wenn man vielleicht nicht mehr gut mit öffentlichen Verkehrsmitteln nach Hause kommt, finde ich eine Option sehr bequem, wo ich tatsächlich abgeholt werde. (weiblich, 27 Jahre, IS 2)
Hemmnisse	Implementierung - mehr Verkehr - Mischverkehr	Sorge vor Verkehrsbelastungen beim Einsatz von fahrerlosen Shuttlebussen durch erhöhtes Verkehrsaufkommen und Aufteilung der Fahrbahnnutzung zwischen Fahrzeugen mit unterschiedlichem Automatisierungsgrad	[...] ob das überhaupt einen Mehrwert bringen würde, wenn man das implementieren würde. Und dazu kommt dann halt, dass die Sorge dann da ist, dass autonome Fahrzeuge einfach nur die Städte noch voller machen, dass die nichts anderes ersetzen, sondern einfach nur ein Zusatzangebot sind. (männlich, 25 Jahre, IS 2); [...] wenn [...] nicht alles autonom ist, sondern man halt so einen Mix-Verkehr hat. Und dann könnte ich es mir schon schwierig vorstellen mit den Berechnungen. (männlich, 25 Jahre, IS 3)
	Preis	Sorge vor hohen Nutzungskosten im Vergleich zu konventionellen Verkehrsmitteln	So ein Fahrdienst ist wahrscheinlich für den Otto-Normalverbraucher nicht bezahlbar. (weiblich, 39 Jahre, IS 1)
	Fahrerlebnis beeinträchtigt	Wahrgenommene Beeinträchtigungen des Fahrerlebens und fehlende Bereitschaft zum Verzicht auf ein eigenes (privates) Fahrzeug	[...] es gibt Leute, die genießen das Autofahren. Das Autofahren an sich macht Spaß. Das ist natürlich ein Punkt, der wegfallen würde. Das wird nicht für alle, aber doch für viele [...] vielleicht als Nachteil empfunden werden. (männlich, 34 Jahre, IS 1)

Fortsetzung auf der nächsten Seite

Hauptkategorie	Unterkategorie(n)	Definition	Ankerbeispiel(e)
	Monitoring	Wahrgenommene Überwachung durch das Vorhandensein von Überwachungstechnik an Bord (z. B. Kamera und Mikrofon)	Es dürfte keineswegs aufzeichnen, wann ich wo, was, wie benutze. Ich möchte nicht überall nachkontrolliert werden können. Ich möchte nicht überall gefilmt werden können. (weiblich, 71 Jahre, IS 1)
	Bordsicherheit	Wahrgenommene Sicherheitsrisiken durch fehlendes Bordpersonal und (unbekannte) Mitreisende	[...] weniger Sicherheit, dadurch dass halt kein Mitarbeiter von einem Unternehmen das fährt, sondern es sind halt einfach nur Fahrgäste drinnen und der sammelt ja auch unterschiedliche Fremde ein. (weiblich, 29 Jahre, IS 2)
	Datenschutz	Wahrgenommene Datenschutzbedenken	Angst vor dem Tracking, Datenmissbrauch. Ich mache mir da nicht so viele Sorgen als Einzelperson, sondern nur, dass große Unternehmen mit der Menge an Daten viel anfangen können. Für die einzelne Person sehe ich da keine Gefahr. (männlich, 25 Jahre, IS 2)
	Hacking	Wahrgenommene Risiken in Bezug auf Cybersicherheit	Angst davor, dass das Fahrzeug gehackt werden könnte. (männlich, 25 Jahre, IS 2)
	Technikversagen	Wahrgenommene Sicherheitsbedenken durch die Automatisierung des Fahrens	[...] es ist ja immer noch eine Maschine, das heißt eventuell kann das Zeichen falsch lesen und interpretieren. Ich arbeite ja teilweise mit Autos und da haben sich ganz viele User beschwert, dass das Auto eingegriffen hat, was gar nicht notwendig gewesen wäre, weil er einfach Zeichen falsch interpretiert hat. Und das ist natürlich sehr gefährlich [...]. (weiblich, 26 Jahre, IS 2)

Fortsetzung auf der nächsten Seite

Hauptkategorie	Unterkategorie(n)	Definition	Ankerbeispiel(e)
	Angstgefühle - Kontrollverlust - Innovationsangst - Misstrauen	Empfundene Ängste bei der Vorstellung an die Nutzung eines fahrerlosen Shuttlebusses	[...] ich glaube, im Moment ist es ein Nachteil [...] für viele Menschen, dass es sehr unheimlich ist. Dass sie halt nicht das Auto selbst steuern, sondern das Auto selbst fährt und sie keine Kontrolle haben. Dass es vielleicht auch Ängste schafft in gewisser Weise. (männlich, 34 Jahre, IS 1); Vielleicht bin ich immer noch so abgeschreckt, weil ich es einfach noch nicht kenne. Man hat ja eher Angst vor Sachen, die man nicht kennt als vor Sachen, die man kennt. (weiblich, 26 Jahre, IS Nr. 2); Ich habe kein hundertprozentiges Vertrauen in die Technik [...]. Wie sicher bringt es mich irgendwohin oder was kann da alles schief gehen? (weiblich, 24 Jahre, IS 2)

A.3 Fragebögen

Hinweis zu den folgenden Tabellen: Invers kodierte Items sind mit (R) (englisch: reverse) markiert.

Tabelle A.4: Erhebungsvariablen in Fragebogenstudie Nr. 1 (Kapitel 7)

Fragebogenitems	Quelle
Privatsphäredisposition Ich habe keine Probleme damit, wenn meine Daten an Dritte weitergegeben werden. Ich gebe gerne Auskünfte zu meinen Gewohnheiten und Vorlieben, weil so Produkte und Dienstleistungen entwickelt werden können, die mich wirklich interessieren. Es gibt Situationen, bei denen es wichtig ist, dass Informationen über mich im Netz sind. Ich habe kein Problem damit, meine Daten preiszugeben. Ich würde Informationen preisgeben, wenn ich einen finanziellen Nutzen aus der Verwendung meiner Daten ziehen könnte. Es ist mir wichtig zu wissen, was mit meinen Daten passiert. (R) Der Gedanke, dass detaillierte Profile von mir existieren, macht mir Angst. (R) Es ist mir wichtig, dass die Politik dem Datenschutz einen wichtigen Stellenwert zuschreibt. (R) Ich möchte jederzeit einen Überblick haben, welche Daten über mich gespeichert werden. (R)	selbst formuliert
Technikvertrauen Technische Geräte machen im Durchschnitt weniger Fehler als Menschen. Das Verhalten von Maschinen ist berechenbarer als das von Menschen. Man kann Maschinen nie zu hundert Prozent vertrauen. (R) Die Reaktionen von Maschinen sind nicht einschätzbar. (R) Ich fühle mich unwohl dabei, einem technischen Gerät die Kontrolle zu übergeben. (R)	selbst formuliert
Wahrnehmung von Automobilität Ich fühle ich sicher. Ungewohnte Situationen im Straßenverkehr überfordern mich schnell. Autofahren stresst mich. Ich habe Spaß.	selbst formuliert

Fortsetzung auf der nächsten Seite

Fragebogenitems	Quelle
Ich fahre gerne Auto und vermisse das Autofahren, wenn ich längere Zeit nicht gefahren bin. Manchmal fahre ich mit meinem Auto einfach durch die Gegend, ohne ein konkretes Ziel zu haben. Ich teste beim Fahren gerne die Grenzen meines Autos aus. Das Aussehen eines Autos ist mir wichtig. Ich nutze ein Auto primär für längere Strecken. Mir ist egal, welche Marke ein Auto hat, solange es gut aussieht. Ich habe kein Problem damit, auf ein privates Auto zu verzichten (wenn ein ausreichender öffentlicher Nahverkehr angeboten wird). Ich nutze ein Auto für fast alle Strecken, die ich im Alltag zurücklegen muss. Ich wünsche mir mehr Platz für Fußgängerzonen und Fahrradwege, auch wenn dafür weniger Platz für den motorisierten Verkehr bleibt. Das Aussehen eines Autos ist mir wichtig.	
Bereitschaft zum Ridepooling mit Bekannten Würden Sie das Fahrzeug mit Mitfahrern aus Ihrem Bekanntenkreis teilen? **Bereitschaft zum Ridepooling mit Unbekannten** Würden Sie das Fahrzeug mit Ihnen unbekannten Mitfahrern teilen?	selbst formuliert selbst formuliert
Auf welchen Fahrten würden Sie das Fahrzeug mit anderen Mitfahrern aus Ihrem Bekanntenkreis v mit anderen Ihnen unbekannten Mitfahrern teilen? Auf dem Weg zur Arbeit bzw. Ausbildungsstätte Auf dem Weg zum Einkaufen Auf dem Weg zu Freizeitaktivitäten Während sonstiger Erledigungen Grundsätzlich auf kurzen Strecken Grundsätzlich auf allen, auch langen, Strecken	selbst formuliert
Nutzungsbereitschaft Ich würde den autonomen Fahrdienst nutzen. Der autonome Fahrdienst ist nützlich.	nach Davis et al. (1989)
Voraussetzungen für Autoverzicht Wenn ein alternativer Fahrdienst günstiger als mein eigenes Fahrzeug wäre. Wenn ein autonomer Fahrdienst einen wesentlichen Beitrag zum Umweltschutz leistet. Wenn ein autonomer Fahrdienst hilft, den Straßenlärm entscheidend zu reduzieren.	selbst formuliert

Fortsetzung auf der nächsten Seite

Fragebogenitems	Quelle
Wenn ich einen autonomen Fahrdienst so flexibel bestellen könnte, wie ich mein eigenes Fahrzeug nutzen würde. Wenn der autonome Fahrdienst schneller ist, als mein eigenes Fahrzeug.	

Tabelle A.5: Erhebungsvariablen in Fragebogenstudie Nr. 2 (Kapitel 8)

Fragebogenitems	Quelle
Risikobereitschaft Wie risikofreudig sind Sie im Allgemeinen?	Beierlein et al. (2014)
Kontrolldisposition Für mein Verhalten in riskanten Situationen muss ich die Chancen und Risiken abschätzen können. Ich habe Situationen gerne selbst unter Kontrolle. Ich gebe gerne Verantwortung ab und lasse andere entscheiden. (R) Ich fühle mich unwohl, wenn andere Entscheidungen für mich treffen. Ich bin froh, wenn ich Kontrolle an andere abgeben kann. (R)	selbst formuliert
Interpersonales Vertrauen Im Allgemeinen kann man den Menschen vertrauen. Heutzutage kann man sich auf niemanden mehr verlassen. (R) Ich bin davon überzeugt, dass die meisten Menschen gute Absichten haben.	Beierlein et al. (2012)
Technikvertrauen Ich verlasse mich auf Technologien. Technologien sind vertrauenswürdig. Technologien helfen mir bei der Lösung vieler Probleme. Ich vertraue den Informationen, die ich von Technologien erhalte, nicht. (R) Wenn man Hilfe braucht, ist es eine gute Idee, sich auf Technologien zu verlassen. Im Allgemeinen vertraue ich Technologien.	Jessup et al. (2019)
Nutzungsbereitschaft Ich würde den autonomen Fahrdienst benutzen wollen. Ich bin an dem autonomen Fahrdienst interessiert. Mir gefällt der autonome Fahrdienst.	nach Davis et al. (1989)
Vertrauen Im Allgemeinen würde ich dem autonomen Fahrdienst vertrauen.	Jessup et al. (2019)

Fortsetzung auf der nächsten Seite

Fragebogenitems	Quelle
Ich glaube, der autonome Fahrdienst wäre vertrauenswürdig.	Pöhler et al. (2016)
Ich würde mich auf den autonomen Fahrdienst verlassen.	Jessup et al. (2019)
Ich würde den Entscheidungen des autonomen Fahrdienstes misstrauen.	Pöhler et al. (2016)
Ich glaube, die Handlungen des autonomen Fahrdienstes hätten negative Auswirkungen zur Folge.	Jessup et al. (2019)
Ich würde den Informationen, die ich von dem autonomen Fahrdienst erhalte, nicht vertrauen.	Jessup et al. (2019)
Informationsstand	selbst formuliert
Ich kenne mich gut mit dem Thema autonome Fahrdienste aus.	
Ich fühle mich gut über den aktuellen Forschungsstand autonomer Fahrdienste informiert.	
Ich interessiere mich für das Thema autonome Fahrdienste.	
Ich würde einem autonomen Fahrdienst eher vertrauen, wenn...	selbst formuliert
... ich wissen würde, welche Daten für welche Zwecke erhoben werden.	
... die gesamte Verkehrsinfrastruktur autonom fahren würde, es also keinen Mischverkehr aus autonomen und nicht-autonomen Fahrzeugen gäbe.	
... ich bereits vor der Etablierung des Fahrdienstes mit in die Entwicklung eingebunden werden würde, z. B. durch Befragungen.	
... ich weiterhin die Kontrolle über das Fahrzeug übernehmen könnte.	
... der Fahrdienstbetreiber haften würde, falls das Fahrzeug in einen Unfall verwickelt ist.	
... ich wüsste, dass das Fahrzeug des autonomen Fahrdienstes mit nachhaltigen Antriebstechniken betrieben werden würde, z. B. Elektromotor.	
... mir der autonome Fahrdienst unter realen Bedingungen vorgeführt werden würde, z. B. bei einer Probefahrt.	
... es im Fahrzeuginneren eine Kameraüberwachung gäbe.	
... ich während der Fahrt jederzeit die Möglichkeit hätte, mit einem Mitarbeiter des Fahrdienstes in einer Zentrale Kontakt aufzunehmen, z. B. via Telefon oder Bildschirm.	
... ich Informationen zum Fahrgeschehen erhalten würde, z. B. Streckeninformationen zu Beginn der Fahrt.	
... mir das Fahrzeug äußerlich sicher und stabil erscheinen würde.	

Fortsetzung auf der nächsten Seite

Fragebogenitems	Quelle
... die Sicherheit der Fahrzeuge erwiesen wäre, z. B. durch Statistiken über geringere Unfallhäufigkeiten im Vergleich zu nicht-autonomen Fahrzeugen.	
Ich würde einem autonomen Fahrdienst eher nicht vertrauen, wenn... ... meine Daten für gewinnorientierte Zwecke gesammelt werden würden. ... ich weiterhin die Kontrolle über das Fahrzeug übernehmen könnte. ... ich nicht in den Fahrdienst eingeführt werden würde. ... ich keine Informationen zum Fahrgeschehen erhalten würde. ... das Fahrzeug von außen instabil erscheinen würde. ... es im Fahrzeuginneren keine Kameraüberwachung gäbe. ... die Sitze entgegen der Fahrtrichtung ausgerichtet wären. ... andere mitfahrende Personen weiterhin die Kontrolle über das Fahrzeug übernehmen könnten. ... die Sicherheit des autonomen Fahrdienstes nicht gewährleistet wäre. ... ich Berichte über Unfälle des autonomen Fahrdienstes mitbekommen würde. ... ich nicht in die Entwicklung des Fahrdienstes eingebunden werden würde.	selbst formuliert

Tabelle A.6: Erhebungsvariablen in Fragebogenstudie Nr. 3 (Kapitel 9)

Fragebogenitems	Quelle
Risikobereitschaft Wie risikobereit sind Sie im Allgemeinen?	Beierlein et al. (2014)
Interpersonales Vertrauen Im Allgemeinen kann man den Menschen vertrauen. Heutzutage kann man sich auf niemanden mehr verlassen. (R) Ich bin davon überzeugt, dass die meisten Menschen gute Absichten haben.	Beierlein et al. (2012)
Privatsphäredisposition Ich habe keine Probleme damit, wenn meine Daten an Dritte weitergegeben werden. Ich gebe gerne Auskünfte zu meinen Gewohnheiten und Vorlieben, weil so Produkte und Dienstleistungen entwickelt werden können, die mich wirklich interessieren. Ich habe kein Problem damit, meine Daten preiszugeben.	selbst formuliert

Fortsetzung auf der nächsten Seite

Fragebogenitems	Quelle
Ich würde Informationen preisgeben, wenn ich einen finanziellen Nutzen aus der Verwendung meiner Daten ziehen könnte.	
Es ist mir wichtig zu wissen, was mit meinen Daten passiert. (R)	
Ich möchte jederzeit einen Überblick haben, welche Daten über mich gespeichert werden (R)	
Der Gedanke, dass detaillierte Profile von mir existieren, macht mir Angst. (R)	
Es ist mir wichtig, dass die Politik dem Datenschutz einen wichtigen Stellenwert zuschreibt. (R)	
Technikvertrauen (Automatisierung)	selbst formuliert
Das Verhalten von autonomen Fahrzeugen ist berechenbarer als das von Menschen.	
Ich fühle mich unwohl dabei, einem autonomen Fahrzeug die Kontrolle zu übergeben. (R)	
Autonome Fahrzeuge machen im Durchschnitt weniger Fehler als Menschen.	
Man kann autonomen Fahrzeugen nie zu hundert Prozent vertrauen. (R)	
Die Reaktionen von autonomen Fahrzeugen sind nicht einschätzbar. (R)	
Einstellung zu neuen Verkehrsdienstleistungen	selbst formuliert
Sharingangebote und Sammelfahrten sind mir zu umständlich.	
Ich denke, es ist zeitaufwändig, das Teilen eines Autos mit anderen Personen zu koordinieren.	
Wenn ich ein Auto mit anderen Personen teilen müsste, könnte ich nie sicher sein, dass dieses verfügbar ist, wenn ich es brauche.	
Information, Sicherheit und Kontrolle	
Im Buchungssystem darf gespeichert werden, mit welchen Passagieren ich gerne zusammen fahre.	selbst formuliert
Ich würde persönliche Informationen (z. B. bevorzugte Route, Lieblingsmusik) mit dem autonomen Shuttlebus teilen, um die Fahrt zu individualisieren.	selbst formuliert
Ich würde ein Fahrgastprofil anlegen, um Rabatte zu erhalten.	selbst formuliert
Ich würde persönliche Informationen (z. B. bevorzugte Route, besondere Bedürfnisse wie Barrierefreiheit) mit der Servicezentrale teilen, um personalisierte Auskünfte zu erhalten.	selbst formuliert
Im Buchungssystem darf gespeichert werden, mit welchen Passagieren ich nicht zusammen fahren möchte.	selbst formuliert

Fortsetzung auf der nächsten Seite

Fragebogenitems	Quelle
Ich würde ein Fahrgastprofil anlegen (z. B. bevorzugte Route, Kreditkarteninformation), um Zeit zu sparen bei der Buchung und Bezahlung.	
Ich würde persönliche Informationen (z. B. Name, Alter, Lieblingsmusik) mit anderen Passagieren teilen, um soziale Kontakte zu knüpfen.	selbst formuliert
Informationen, die ich mit anderen Passagieren teile, möchte ich auch über sie erhalten.	selbst formuliert
Ich bin überzeugt, dass autonome Shuttlebusse weniger Verkehrsunfälle verursachen würden als menschliche Fahrer.	selbst formuliert
Ich möchte persönliche Informationen (z. B. Name, Alter, Abhol- und Zielort) nur mit Passagieren teilen, die ich kenne.	selbst formuliert
Es würde mir schwer fallen, die Kontrolle über die Fahrt an den autonomen Shuttlebus abzugeben.	selbst formuliert
Wenn es draußen dunkel ist, würde ich mich im autonomen Shuttlebus unsicher fühlen.	selbst formuliert
Ich glaube, dass Menschen in unvorhergesehenen Situationen besser reagieren können als ein autonomer Shuttlebus.	selbst formuliert
Autonome Shuttlebusse sollten nicht im regulären Verkehr eingesetzt werden, sondern auf separaten Fahrbahnen.	selbst formuliert
Ich bin besorgt darüber, wer bei Unfällen und Schadensszenarien die Verantwortung trägt.	selbst formuliert
Ich fühle mich unwohl allein an Bord.	selbst formuliert
An Bord muss eine Gegensprechanlage zur Servicezentrale vorhanden sein.	selbst formuliert
Es müssen mehrere Ein- und Ausstiegstüren vorhanden sein, falls eine Tür blockiert ist.	selbst formuliert
Sicherheitseinrichtungen (z. B. Airbag, Sicherheitsgurte, Kopfstützen) müssen an Bord vorhanden sein.	selbst formuliert
An den Sitzen müssen Notrufknöpfe vorhanden sein, mit denen unbemerkt Hilfe gerufen werden kann.	selbst formuliert
Ich möchte entscheiden, wie viele Passagiere zusteigen können (z. B. Einzelpersonen oder Gruppen).	selbst formuliert
Es ist mir egal, ob weitere Passagiere während der Fahrt zusteigen.	selbst formuliert
Ich möchte die Fahrt jederzeit abbrechen und aussteigen können.	selbst formuliert
Ich fühle mich unwohl mit alkoholisierten Passagieren an Bord.	selbst formuliert
Ein Notstoppschalter muss an Bord vorhanden sein.	selbst formuliert
Ich möchte entscheiden, welche Passagiere zusteigen können (z. B. Bekannte oder Fremde).	selbst formuliert

Fortsetzung auf der nächsten Seite

Fragebogenitems	Quelle
Ich möchte entscheiden, ob weitere Passagiere während der Fahrt zusteigen können.	selbst formuliert
Ich fühle mich unwohl mit fremden Passagieren an Bord.	selbst formuliert
Ich möchte ungestört an Bord sein.	selbst formuliert
Ich freue mich, wenn ich Personen an Bord treffe, die ich kenne.	selbst formuliert
Informationen über regelmäßige Wartungen würden mein Sicherheitsgefühl erhöhen.	selbst formuliert
Ich glaube, dass mein Mobilitätsverhalten durch die Nutzung eines autonomen Shuttlebusses leicht nachvollziehbar wäre.	selbst formuliert
Ich steige lieber ein Stück abseits meiner Wohnung aus, damit andere Passagiere nicht meine Adresse kennen.	selbst formuliert
Ich glaube, der autonome Shuttlebus würde sicherer fahren als ein Mensch am Steuer.	selbst formuliert
Ich würde mich auch ohne Überwachung an Bord sicher fühlen.	Nordhoff et al. (2021)
Es sollte ein Steward an Bord sein, der bei Bedarf die manuelle Steuerung übernimmt.	Nordhoff et al. (2021)
Es muss eine Überwachung des fahrerlosen Shuttlebusses durch eine externe Leitwarte vorhanden sein, die bei Bedarf die manuelle Steuerung übernimmt.	Nordhoff et al. (2021)
Bei schlechtem Wetter (z. B. Regen, Nebel, Schnee) hätte ich in einem autonomen Shuttlebus Sicherheitsbedenken.	Z. Wu et al. (2021)
Ich halte einen Mischverkehr aus autonomen Shuttlebussen und anderen Fahrzeugen für gefährlich.	Z. Wu et al. (2021)
Ich befürchte, dass sich autonome Shuttlebusse strikt an die geltenden Geschwindigkeitsvorschriften halten und sich dadurch meine Reisezeit verlängert.	J. Chen et al. (2020)
Ich mache mir Sorgen, dass ich in autonomen Shuttlebussen von anderen Fahrgästen belästigt werden könnte.	J. Chen et al. (2020)
Vertrauenswürdigkeit von Informationsquellen	selbst formuliert
Gütesiegel (z. B. TÜV)	
Studien und Unfallstatistiken	
Informationen und Erfahrungsberichte aus den Medien (TV, Radio, Zeitung)	
Informationen und Erfahrungsberichte aus sozialen Netzwerken	
Werbung einer betreibenden Firma	
Informationen und Erfahrungsberichte aus dem persönlichen Umfeld (Freunde, Familie, Bekannte, Kollegium)	
Vertrauen	
Im Allgemeinen würde ich dem autonomen Fahrdienst vertrauen.	Jessup et al. (2019)

Fortsetzung auf der nächsten Seite

Fragebogenitems	Quelle
Ich glaube, der autonome Fahrdienst wäre vertrauenswürdig.	Pöhler et al. (2016)
Ich würde mich auf den autonomen Fahrdienst verlassen.	Jessup et al. (2019)
Ich würde den Entscheidungen des autonomen Fahrdienstes misstrauen.	Pöhler et al. (2016)
Ich glaube, die Handlungen des autonomen Fahrdienstes hätten negative Auswirkungen zur Folge.	Jessup et al. (2019)
Ich würde den Informationen, die ich von dem autonomen Fahrdienst erhalte, nicht vertrauen.	Jessup et al. (2019)
Ich vertraue traditionellen Autoherstellern, die autonome Shuttlebusse produzieren.	selbst formuliert
Ich vertraue den staatlichen Behörden, die den Einsatz autonomer Shuttlebusse regulieren und beaufsichtigen.	selbst formuliert
Ich vertraue Wissenschaftlern und Ingenieuren, die an autonomen Shuttlebussen forschen.	selbst formuliert
Nutzungsbereitschaft	
Ich beabsichtige, mein eigenes Auto zugunsten autonomer Shuttlebusse abzuschaffen, sobald diese verfügbar sind.	Nordhoff et al. (2021)
Ich erwarte eine hohe Nutzerakzeptanz für autonome Shuttlebusses.	Nordhoff et al. (2021)
Ich gehe davon aus, dass ich mit dem autonomen Shuttlebus alle meine Fahrten gut bewältigen könnte.	Nordhoff et al. (2021)
Der autonome Shuttlebus wäre eine nützliche Ergänzung zum konventionellen ÖPNV	Nordhoff et al. (2021)
Ich fände es erfreulich, einen autonomen Shuttlebus zu nutzen	nach Davis et al. (1989)
Wenn ein autonomer Shuttlebus in meiner Stadt verfügbar wäre, würde ich ihn nutzen	nach Davis et al. (1989)
Ich würde lieber den autonomen Shuttlebus als konventionelle öffentliche Verkehrsmittel nutzen	nach Davis et al. (1989)

Tabelle A.7: Erhebungsvariablen in Fragebogenstudie Nr. 4 (Kapitel 10)

Fragebogenitems	Quelle
Risikobereitschaft	Beierlein et al. (2014)
Wie risikobereit sind Sie im Allgemeinen?	
Kontrolldisposition	Kovaleva et al. (2014)
Ich habe mein Leben selbst in der Hand.	
Wenn ich mich anstrenge, werde ich auch Erfolg haben.	
Egal ob privat oder im Beruf: Mein Leben wird zum großen Teil von anderen bestimmt. (R)	
Meine Pläne werden oft vom Schicksal durchkreuzt. (R)	
Interpersonales Vertrauen	Beierlein et al. (2012)

Fortsetzung auf der nächsten Seite

Fragebogenitems	Quelle
Im Allgemeinen kann man den Menschen vertrauen. Heutzutage kann man sich auf niemanden mehr verlassen. (R) Ich bin davon überzeugt, dass die meisten Menschen gute Absichten haben.	
Privatsphäredisposition Ich habe keine Probleme damit, wenn meine Daten an Dritte weitergegeben werden. Ich gebe gerne Auskünfte zu meinen Gewohnheiten und Vorlieben, weil so Produkte und Dienstleistungen entwickelt werden können, die mich wirklich interessieren. Ich habe kein Problem damit, meine Daten preiszugeben. Ich würde Informationen preisgeben, wenn ich einen finanziellen Nutzen aus der Verwendung meiner Daten ziehen könnte. Es ist mir wichtig zu wissen, was mit meinen Daten passiert. (R) Ich möchte jederzeit einen Überblick haben, welche Daten über mich gespeichert werden (R) Der Gedanke, dass detaillierte Profile von mir existieren, macht mir Angst. (R) Es ist mir wichtig, dass die Politik dem Datenschutz einen wichtigen Stellenwert zuschreibt. (R)	selbst formuliert
Technikvertrauen (Automatisierung) Das Verhalten von autonomen Fahrzeugen ist berechenbarer als das von Menschen. Ich fühle mich unwohl dabei, einem autonomen Fahrzeug die Kontrolle zu übergeben. (R) Autonome Fahrzeuge machen im Durchschnitt weniger Fehler als Menschen. Man kann autonomen Fahrzeugen nie zu hundert Prozent vertrauen. (R) Die Reaktionen von autonomen Fahrzeugen sind nicht einschätzbar. (R)	selbst formuliert
Nutzungsbereitschaft Die Wahrscheinlichkeit ist hoch, dass ich einen autonomen Shuttlebus ausprobiere, wenn dieser verfügbar ist. Sobald der autonome Shuttlebus auf dem Markt verfügbar ist, werde ich diesen nutzen. Ich denke, dass autonome Shuttlebusse sicherer sind als ein herkömmlicher Bus mit einem menschlichen Fahrer. Ich hätte Sicherheitsbedenken hinsichtlich der Nutzung eines autonomen Shuttlebusses aufgrund der Anwesenheit von anderen Fahrgästen.	nach Davis et al. (1989)

Fortsetzung auf der nächsten Seite

Fragebogenitems	Quelle
Ich halte die Einführung von fahrerlosen Shuttlebussen für eine gute Idee.	
Vertrauen	
Im Allgemeinen würde ich dem autonomen Shuttlebus vertrauen.	Jessup et al. (2019)
Ich glaube, der autonome Shuttlebus wäre vertrauenswürdig.	Pöhler et al. (2016)
Ich würde mich auf den autonomen Shuttlebus verlassen.	Jessup et al. (2019)
Ich würde den Entscheidungen des autonomen Shuttlebusses misstrauen.	Pöhler et al. (2016)
Ich glaube, die Handlungen des autonomen Shuttlebusses hätten negative Auswirkungen zur Folge.	Jessup et al. (2019)
Ich würde den Informationen, die ich von dem autonomen Shuttlebus erhalte, nicht vertrauen.	Jessup et al. (2019)

Tabelle A.8: Erhebungsvariablen in Fragebogenstudie Nr. 5 (Kapitel 11)

Fragebogenitems	Quelle
Risikobereitschaft Wie risikofreudig sind Sie im Allgemeinen?	Beierlein et al. (2014)
Interpersonales Vertrauen Im Allgemeinen kann man den Menschen vertrauen. Heutzutage kann man sich auf niemanden mehr verlassen. (R) Ich bin davon überzeugt, dass die meisten Menschen gute Absichten haben.	Beierlein et al. (2012)
Einstellung zu Gütesiegeln Gütesiegel haben Einfluss auf mein Konsumentenverhalten oder die Nutzung eines Produktes oder einer Dienstleistung. Ich bin der Meinung, dass es zu viele Gütesiegel auf dem Markt gibt. (R) Gütesiegel haben Einfluss auf mein Vertrauen in ein Produkt oder eine Dienstleistung. Ich bin bereit, für eine Dienstleistung oder ein Produkt mehr zu zahlen, wenn diese/s ein Gütesiegel hat. Gütesiegel haben Einfluss auf meine Akzeptanz eines Produktes oder einer Dienstleistung.	selbst formuliert
Wahrnehmung von Gütesiegeln Vertrauen – Unglaubwürdigkeit Geprüftheit – Ungeprüftheit Hohe Qualität – Niedrige Qualität Positives – Negatives	selbst formuliert

Fortsetzung auf der nächsten Seite

Fragebogenitems	Quelle
Verlässlichkeit – Unzuverlässigkeit Neugier – Gleichgültigkeit Sicherheit – Gefahr Relevanz – Unwichtigkeit	
Nutzungsbereitschaft	nach Davis et al. (1989)
Mir gefällt der autonome Shuttlebus.	
Ich würde den autonomen Shuttlebus benutzen wollen.	
Ich bin an einem autonomen Shuttlebus interessiert.	
Vertrauen	
Im Allgemeinen würde ich dem autonomen Shuttlebus vertrauen.	Jessup et al. (2019)
Ich glaube, der autonome Shuttlebus wäre vertrauenswürdig.	Pöhler et al. (2016)
Ich würde mich auf den autonomen Shuttlebus verlassen.	Jessup et al. (2019)
Ich würde den Entscheidungen des autonomen Shuttlebusses misstrauen.	Pöhler et al. (2016)
Ich glaube, die Handlungen des autonomen Shuttlebusses hätten negative Auswirkungen zur Folge.	Jessup et al. (2019)
Ich würde den Informationen, die ich von dem autonomen Shuttlebus erhalte, nicht vertrauen.	Jessup et al. (2019)
Einstellung zum Mobilitätssiegel	selbst formuliert
Ein Gütesiegel würde mein Vertrauen in den autonomen Shuttlebus fördern.	
Das Gütesiegel wäre eine Grundvoraussetzung dafür, den autonomen Shuttlebus zu nutzen.	
Ich sehe ein Gütesiegel für den autonomen Shuttlebus als kritisch an, da sich Vertrauen nicht objektiv in einem Siegel abbilden lässt. (R)	
Ich finde ein Gütesiegel für den autonomen Shuttlebus wünschenswert.	
Ich finde ein Gütesiegel für den autonomen Shuttlebus sinnvoll.	
Ein Gütesiegel würde mein Vertrauen in den autonomen Shuttlebus nicht beeinflussen. (R)	
Ich wäre bereit, für eine Fahrt in einem autonomen Shuttlebus mit Gütesiegel mehr zu zahlen als für eine Fahrt in einem autonomen Shuttlebus ohne.	
Das Gütesiegel sollte darüber informieren, dass ...	selbst formuliert
... der Materialzustand des autonomen Shuttlebusses regelmäßig kontrolliert wird.	
... der autonome Shuttlebus sicher fährt.	
... der autonome Shuttlebus Komfort bietet.	
... der autonome Shuttlebus kundenfreundlich ist.	

Fortsetzung auf der nächsten Seite

Fragebogenitems	Quelle
... der autonome Shuttlebus regelmäßig von Experten geprüft wird.	
... das Gütesiegel von einer anerkannten Institution vergeben wurde.	
... die Geschwindigkeit des autonomen Shuttlebusses zwischen 30 km/h und 50 km/h liegt.	
... der autonome Shuttlebus zuverlässig ist.	
... der autonome Shuttlebus mehrere Monate/Jahre getestet wurde.	
... der autonome Shuttlebus nach den Richtlinien der Verkehrssicherheit getestet wurde.	
... der autonome Shuttlebus barrierefrei ist.	
... das Gütesiegel von Fachleuten vergeben wurde.	
... der autonome Shuttlebus unfallfrei fährt.	
... die Software des autonomen Shuttlebusses regelmäßig kontrolliert wird.	
... der autonome Shuttlebus TÜV-geprüft ist.	
... der autonome Shuttlebus getestet wurde.	
... das Gütesiegel von einer unabhängigen Institution vergeben wurde.	

A.4 Teststatistiken

Tabelle A.9: Clusterunterschiede bei der Zustimmung zu vertrauensfördernden Faktoren (Teststatistik, Freiheitsgrade, Signifikanzwert und Effektstärke) (Kapitel 8)

Items: Ich würde einem autonomen Fahrdienst eher vertrauen, wenn …	t	df	p	Cohen's d
… die Sicherheit der Fahrzeuge des autonomen Fahrdienstes erwiesen wäre, z. B. durch Statistiken über geringere Unfallhäufigkeiten im Vergleich zu nicht-autonomen Fahrzeugen	6.18	274.05	$< .001$	0.68
… der Fahrdienstbetreiber haften würde, falls das Fahrzeug in einen Unfall verwickelt ist	5.40	278.23	$< .001$	0.59
… mir das Fahrzeug äußerlich sicher und stabil erscheinen würde	5.58	379	$< .001$	0.58
… mir der autonome Fahrdienst unter realen Bedingungen vorgeführt werden würde, z. B. bei einer Probefahrt	4.68	378	$< .001$	0.49
… ich Informationen zum Fahrgeschehen erhalten würde, z. B. Streckeninformationen zu Beginn der Fahrt	4.68	285.08	$< .001$	0.51
… ich weiterhin die Kontrolle über das Fahrzeug übernehmen könnte	-3.90	369.55	$< .001$	-0.39
… ich wüsste, dass das Fahrzeug mit nachhaltigen Antriebstechniken betrieben werden würde, z. B. Elektromotor	3.72	359.21	$< .001$	0.38
… die gesamte Verkehrsinfrastruktur autonom fahren würde, es also keinen Mischverkehr aus autonomen und nicht-autonomen Fahrzeugen gäbe	3.58	378	$< .001$	0.37
… ich während der Fahrt jederzeit die Möglichkeit hätte, mit einem Mitarbeiter in einer Zentrale Kontakt aufzunehmen, z. B. via Telefon oder Bildschirm	3.23	378	.001	0.34
… ich wissen würde, welche Daten für welche Zwecke erhoben werden	1.77	379	.078	0.18
… es im Fahrzeuginneren eine Kameraüberwachung gäbe	1.80	355.02	.074	0.18
… ich bereits vor der Etablierung des Fahrdienstes mit in die Entwicklung eingebunden werden würde, z. B. durch Befragungen	1.27	378	.205	0.13

Tabelle A.10: Clusterunterschiede bei der Zustimmung zu vertrauenshemmenden Faktoren (Teststatistik, Freiheitsgrade, Signifikanzwert und Effektstärke) (Kapitel 8)

Items: Ich würde einem autonomen Fahrdienst eher nicht vertrauen, wenn …	t	df	p	Cohen's d
…die Sicherheit des autonomen Fahrdienstes nicht gewährleistet wäre	3.49	279.81	$<$ .001	0.38
…ich nicht in die Entwicklung des Fahrdienstes eingebunden werden würde	-2.96	379	.003	-0.31
…andere mitfahrende Personen weiterhin die Kontrolle über das Fahrzeug übernehmen könnten	2.37	378	.018	0.25
…die Sitze entgegen der Fahrtrichtung ausgerichtet wären	-2.54	379	.012	-0.26
…ich keine Informationen zum Fahrgeschehen erhalten würde	1.31	302.46	.193	0.14
…das Fahrzeug von außen instabil erscheinen würde	1.69	379	.092	0.18
…meine Daten für gewinnorientierte Zwecke gesammelt werden würden	1.71	379	.088	0.18
…ich nicht in den Fahrdienst eingeführt werden würde	0.20	379	.843	0.02
…ich Berichte über Unfälle des autonomen Fahrdienstes mitbekommen würde	-0.19	379	.853	-0.02
…es im Fahrzeuginneren keine Kameraüberwachung gäbe	0.21	356.22	.831	0.02
…ich weiterhin die Kontrolle über das Fahrzeug übernehmen könnte	1.06	379	.291	0.11

Tabelle A.11: Ergebnisse einer Hauptkomponentenanalyse (Varimax Rotation) mit Items zur Messung informations-, sicherheits- und kontrollbezogener Aspekte (Kapitel 9)

Item	Ladung
Komponente 1: Informationsaustausch	
Im Buchungssystem darf gespeichert werden, mit welchen Passagieren ich gerne zusammen fahre.	.76
Ich würde persönliche Informationen (z. B. bevorzugte Route, Lieblingsmusik) mit dem autonomen Shuttlebus teilen, um die Fahrt zu individualisieren.	.75
Ich würde ein Fahrgastprofil anlegen, um Rabatte zu erhalten.	.75
Ich würde persönliche Informationen (z. B. bevorzugte Route, besondere Bedürfnisse wie Barrierefreiheit) mit der Servicezentrale teilen, um personalisierte Auskünfte zu erhalten.	.74
Im Buchungssystem darf gespeichert werden, mit welchen Passagieren ich nicht zusammen fahren möchte.	.69
Ich würde ein Fahrgastprofil anlegen (z. B. bevorzugte Route, Kreditkarteninformation), um Zeit zu sparen bei der Buchung und Bezahlung.	.67
Ich würde persönliche Informationen (z. B. Name, Alter, Lieblingsmusik) mit anderen Passagieren teilen, um soziale Kontakte zu knüpfen.	.65
Informationen, die ich mit anderen Passagieren teile, möchte ich auch über sie erhalten.	.64
Ich bin überzeugt, dass autonome Shuttlebusse weniger Verkehrsunfälle verursachen würden als menschliche Fahrer.	.51
Ich würde mich auch ohne Überwachung an Bord sicher fühlen.	.42
Ich möchte persönliche Informationen (z. B. Name, Alter, Abhol- und Zielort) nur mit Passagieren teilen, die ich kenne.	.42
Komponente 2: Straßenverkehrssicherheit	
Bei schlechtem Wetter (z. B. Regen, Nebel, Schnee) hätte ich in einem autonomen Shuttlebus Sicherheitsbedenken.	.75
Es würde mir schwer fallen, die Kontrolle über die Fahrt an den autonomen Shuttlebus abzugeben.	.74
Ich halte einen Mischverkehr aus autonomen Shuttlebussen und anderen Fahrzeugen für gefährlich.	.73
Wenn es draußen dunkel ist, würde ich mich im autonomen Shuttlebus unsicher fühlen.	.70
Ich glaube, dass Menschen in unvorhergesehenen Situationen besser reagieren können als ein autonomer Shuttlebus.	.59
Es sollte ein Steward an Bord sein, der bei Bedarf die manuelle Steuerung übernimmt.	.57
Autonome Shuttlebusse sollten nicht im regulären Verkehr eingesetzt werden, sondern auf separaten Fahrbahnen.	.56
Ich bin besorgt darüber, wer bei Unfällen und Schadensszenarien die Verantwortung trägt.	.56

Fortsetzung auf der nächsten Seite

Item	Ladung
Ich befürchte, dass sich autonome Shuttlebusse strikt an die geltenden Geschwindigkeitsvorschriften halten und sich dadurch meine Reisezeit verlängert.	.54
Ich fühle mich unwohl allein an Bord.	.44
Komponente 3: Bordsicherheit	
Ein Notstoppschalter muss an Bord vorhanden sein.	.80
An Bord muss eine Gegensprechanlage zur Servicezentrale vorhanden sein.	.76
Es müssen mehrere Ein- und Ausstiegstüren vorhanden sein, falls eine Tür blockiert ist.	.76
Sicherheitseinrichtungen (z. B. Airbag, Sicherheitsgurte, Kopfstützen) müssen an Bord vorhanden sein.	.71
Es muss eine Überwachung des fahrerlosen Shuttlebusses durch eine externe Leitwarte vorhanden sein, die bei Bedarf die manuelle Steuerung übernimmt.	.68
An den Sitzen müssen Notrufknöpfe vorhanden sein, mit denen unbemerkt Hilfe gerufen werden kann.	.67
Ich möchte die Fahrt jederzeit abbrechen und aussteigen können.	.61
Ich fühle mich unwohl mit alkoholisierten Passagieren an Bord.	.45
Komponente 4: Personenkontrolle	
Ich möchte entscheiden, welche Passagiere zusteigen können (z. B. Bekannte oder Fremde).	.84
Ich möchte entscheiden, ob weitere Passagiere während der Fahrt zusteigen können.	.83
Ich möchte entscheiden, wie viele Passagiere zusteigen können (z. B. Einzelpersonen oder Gruppen).	.81
Es ist mir egal, ob weitere Passagiere während der Fahrt zusteigen.	-.71
Ich fühle mich unwohl mit fremden Passagieren an Bord.	.64
Ich möchte ungestört an Bord sein.	.63

In der Reihe **Schriften des HCI Center der RWTH Aachen University** zuletzt erschienen:

Biermann, Hannah:
Fahrerlose Shuttlebusse – Akzeptanz durch Vertrauen
ISBN 978-3-98555-235-1
Erscheinungsdatum: 16.09.2024

Hildebrandt, Julian Romeo:
Digitale Transformation der Arbeitswelt: Interventionen und Evaluationskriterien
ISBN 978-3-98555-215-3
Erscheinungsdatum: 22.05.2024

Schomakers, Eva-Maria:
Privatsphäre und die Akzeptanz von Ambient Assisted Living
ISBN 978-3-98555-125-5
Erscheinungsdatum: 15.12.2022

Linzenich, Anika:
Wahrnehmung und soziale Akzeptanz von Carbon Capture and Utilization
ISBN 978-3-98555-075-3
Erscheinungsdatum: 14.07.2022

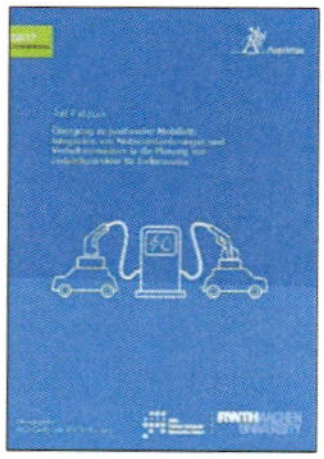

Philipsen, Ralf:
Übergang zu postfossiler Mobilität: Integration von Nutzeranforderungen und Verhaltensmustern in die Planung von Ladeinfrastruktur für Elektroautos
ISBN 978-3-98555-081-4
Erscheinungsdatum: 24.05.2022

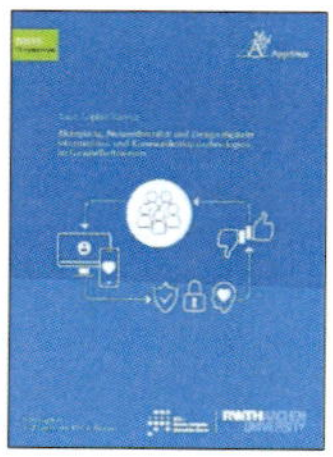

Vervier, Luisa Sophie:
Akzeptanz, Nutzerdiversität und Design digitaler Informations- und Kommunikationstechnologien im Gesundheitswesen
ISBN 978-3-98555-000-5
Erscheinungsdatum: 30.09.2021

Offermann-van Heek, Julia:
Perspektiven-abhängige Wahrnehmung von Altern und Pflege verbunden mit der Akzeptanz unterstützender Technik
ISBN 978-3-86359-970-6
Erscheinungsdatum: 25.05.2021

Himmel, Simon:
Medizintechnik für eine alternde Gesellschaft: Wirkung von Technik und Raum auf die nutzerzentrierte Akzeptanzbewertung von Ambient Assisted Living
ISBN: 978-3-86359-823-5
Erscheinungsdatum: 05.03.2020

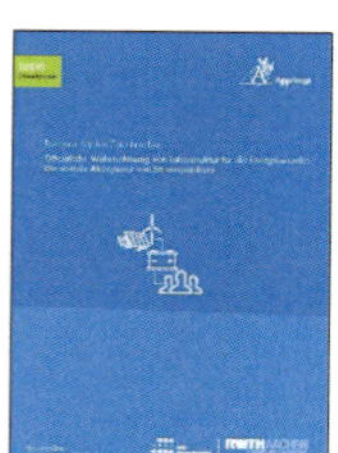

Zaunbrecher, Barbara:
Öffentliche Wahrnehmung von Infrastruktur für die Energiewende: Die soziale Akzeptanz von Stromspeichern
ISBN: 978-3-86359-782-5
Erscheinungsdatum: 22.11.2019

Edition Wissenschaft
Apprimus